BREAK

to be new and different

打開一本書
打破思考的框架，
打破想像的極限

高寶書版

水資源戰爭

揭露跨國企業壟斷世界水資源的真實內幕

Blue Gold

The Fight to Stop the Corporate Theft of the World's Water

莫德・巴洛（Maude Barlow）
東尼・克拉克（Tony Clarke） 著
張岳、盧瑩、謝伯讓　譯

Break書系 BK 013

水資源戰爭：揭露跨國企業壟斷世界水資源的真實內幕

Blue Gold: The Fight to Stop the Corporate Theft of the World's Water

作　　者：莫德・巴洛（Maude Barlow）、東尼・克拉克（Tony Clarke）
譯　　者：張岳、盧瑩、謝伯讓
編　　輯：蘇鵬元
校　　對：林雅萩、吳怡銘
出 版 者：英屬維京群島商高寶國際有限公司台灣分公司
Global Group Holdings, Ltd.
地　　址：台北市內湖區洲子街88號3樓
網　　址：gobooks.com.tw
電　　話：（02）27992788
E-mail：readers@gobooks.com.tw（讀者服務部）
pr@gobooks.com.tw（公關諮詢部）
電　　傳：出版部（02）27990909　行銷部（02）27993088
郵政劃撥：19394552
戶　　名：英屬維京群島商高寶國際有限公司台灣分公司
發　　行：希代多媒體書版股份有限公司/Printed in Taiwan
初版日期：2011 年 4 月

國家圖書館出版品預行編目資料

水資源戰爭：揭露跨國企業壟斷世界水資源的真實內幕 / 莫德・巴洛（Maude Barlow）、東尼・克拉克（Tony Clarke）著;張岳、盧瑩、謝伯讓譯. -- 初版. -- 臺北市 : 高寶國際出版 : 希代多媒體發行, 2011.4
面 ;　公分. --（Break書系 ; BK013）
譯自：Blue Gold: The Fight to Stop the Corporate Theft of the World's Water

ISBN 978-986-185-561-5（平裝）
1. 水資源　2. 水資源保育

554.61　　100000995

守護全球水資源，你也可以這樣做：

一、推動制定「水生命線憲法」
二、建立社區「水資源管理委員會」
三、推動通過「國家水資源保護法」
四、反對水資源商業貿易
五、支持反建壩運動
六、與國際貨幣基金組織和世界銀行進行抗爭
七、向全球水資源企業宣戰
八、爭取全球用水公平
九、宣傳「共同水資源條約草案」
十、推動制定「全球水資源公約」

各界推薦

一個憤怒、有說服力的論述。

美國《商業周刊》

作者在本書中宣稱，全世界的水資源正迅速淪為公司貪欲的犧牲品。對於關心環境問題與經濟全球化代價問題的讀者來說，書中列舉的大量事實肯定會使他們非常憤怒。

《出版人周刊》

本書以大量的事實為根據，以冷靜的筆調深入地分析了淡水危機的成因，及對有限水資源的私有化和公司控制。書中對立法、遊說與公民環境運動的建議很有價值，隆重地向各公共圖書館和學術圖書館推薦本書。

《圖書館雜誌》

陽光、空氣、水是上蒼賜給人類最好的禮物，但並不是取之不盡、用之不竭，尤其是水，沒有石油人還可活，沒有水，只有滅絕。

任何為私利竊取水資源的，都是人類的公敵，應該群起而攻之。

我們必須要向印地安人一樣，把水源地視為聖地。

中國廣播公司董事長　趙少康

【推薦序】

全球公民環境運動的一部範本

文化評論家　南方朔

「公民環境運動」乃是當代世界發展上最值得注意也最可讚揚的社會運動之一。加拿大作家，也是國際全球化論壇水資源委員會主席莫德・巴洛（Maude Barlow）所寫的這本《水資源戰爭：揭露跨國企業壟斷世界水資源的真實內幕》這部著作，可以說即是一部「公民環境運動」的里程碑著作。它以深刻的研究和動人的義憤，將當代水資源洞燭的危機，以及水資源被大型水公司剝削竊取做了有條理而又全面的探討。它說的都是我們不知道的，它喚醒了世人對水問題的良知。

如果我們把世界分兩層，上層由有權有錢的強人、富人所組成，他們由於壟斷了制定規則之權，這種規則遂在人民的眼中成了「必然性」，大家都根據這種規則深信不疑地如法炮製。

但事實上人們都知道，這種必然性的規則，都是片面而有瑕疵的，它所造成的缺點都由下層的人們所概括承受，當累積到某種臨界點時，下層民眾即會出現要求改變之聲。在這個意義上，大範圍的改變可說是都是下層所推動的，也正因此，近代遂有「由下所推動的歷史學派」（History from below）的出現，近代的大趨勢，諸如社區民主、生態環境、主權問題，幾乎沒有一項不是由下層所推動。這乃是公民運動之源起，特別是對生態環境問題，由於全球的金權與政治上層利益合一，它對人類生存環境的摧殘加速進行，它所形成的虛假必然性業已為人們察覺，開始由個別孤立的抗爭，逐漸在數量上增多，人們由這些事件的增多，已開始日益深化歸納，察覺到這些表面上孤立的事件，事實上都是被一組強勢的政商學為患的利潤邏輯所統一起來的，它從最表面的汙染自然環境，到過度剝削自然資源，到最後造成了整個地球生態及資源系統的超載，甚至到最後將是人類生存的價值都被摧毀的地步。正因全球公民環境運動在層次上已深化到如此程度，它遂能提升公民運動的境界與動能，在水資源問題上，可以說即是全球公民環境運動集大成的一支。

因此，《水資源戰爭：揭露跨國企業壟斷世界水資源的真實內幕》這本集大成的著作，乃是部不宜輕率閱讀的著作。而要深刻去探究它的義理之生態經濟哲學之著作。眾所週知，自從美元本位以來，美國為了維繫它的全球經濟支配性，其實是透過許多經濟操作和說辭，將全球體系均納入它的可支配範圍，例如它透過債務輸出，意圖取得各後進國資源礦產所有權；它藉著形成各種租稅天堂，使美元得以跨國自由流動，不受各國主權之管轄；它透過掌控世界銀行、國際貨幣基金組織及世界貿易組織等國際制訂規則之組織，俾形成一個有利於經濟強權的運作體系，所有這一切漸次層開的動作，終於在一九八九年透過世界銀行的經濟學家約翰．威廉斯（John Williams）制訂出了所謂的「華盛頓共識」，對於「華盛頓共識」，台灣的人並不注意，其實「華盛頓共識」乃是近代國際經濟領域一次重大的重要操作：

一、英國的《金融時報》後來分析表示：「華盛頓共識」乃是國際貪婪的跨國金融體系。經過十多年的努力，讓阿根廷及印尼等國家金融因為管理錯誤及腐化而為之動盪，而利用了這種債務炸彈的危機，美國遂得以在第三世界推動新自由主義的經濟秩序。美國等大國得以順利的接管各國的經濟公部門及資源部門，跨國資本集團因而得以更深入控制住各國經濟的深入肌理。

二、「華盛頓共識」透過國際貨幣基金組織、世界銀行及世界貿易組織，形成了一種以私有化為名，非法化了各國的主權，而使得跨國財團更能夠資本無國界的自由流動，在國際社會上套利套匯及從事金融狙擊，資本自由流動也使得各國在匯率利率等自主權蕩然無存，全球被迫走到今天這種超低利率的時代。全球後來的金融投機潮，其實都在「華盛頓共識」裡就已被埋下。

三、在深入的義理層次，「華盛頓共識」侵吞掉了第三世界的國家主權，跨國集團可以毫無阻力的全球縱橫，而在經濟上，則是它把一切可以標價的事務全都商品化與價格化，跨國集團可以買賣森林、土地，以及水資源，資本邏輯已被推到了它最極端的形式，世界貿易組織甚至還一度倡議各國的教育權也可以變做商品而買賣，在全球化這種說辭最高峰的時候，這都被「全球一體化」這種漂亮的口號所包裝。但這種泛商品化的新自由主義意識型態，在遇到像水資源這種課題時，它竟是人類的福祉？或是生態災難更加惡化的開端，已的確是個必須關注的嚴肅課題。

在本書裡，莫德．巴洛將水資源的問題做了全景式的觀照，作者指出水資源在資本邏輯的籠罩下，早已受到嚴重的剝削及破壞，包括河川湖泊的涸竭及汙染，地下含水層也遭到嚴重破壞，而藉著「華盛頓共識」新自由主義經濟學的深化，水的商品化其遺禍更大。在可見的將來，世界乾淨的水源將日益涸竭，廿一世紀某個時刻，人類可能會為了爭水而戰爭，就像廿世紀為爭石油而戰爭，作者在最後也主張全球應對投機資金得取「托賓稅」（Tobin Tax）用於水資源的保護與復原。

《水資源戰爭：揭露跨國企業壟斷世界水資源的真實內幕》，不只是本水資源的著作，當乃是當代公民環境運動的典範式著作，公民運動必須有視野、有價值關懷、有理論及研究，這乃是我讀了此書後最大的啟發。

【推薦序】
重新認識人跟水的關係

公平貿易倡議者
生態綠創辦人　徐文彥

走進便利商店，在視覺上最壯觀、最具有現代感，與傳統柑仔店有最大差異的莫過於是一整排冰冰涼涼、望而生津的飲料櫃。琳瑯滿目的各式飲料，有果汁、茶飲、汽水、瓶裝水，冰箱吊牌上標註各種搭配食物的折扣優惠，我想，這些優惠方案為許多上班族決定了他們三餐的飲食內容。此外，因珍珠奶茶而興起的各式飲料店，每日下午可以看到外送人員辛苦的拎著一大袋飲料送進辦公大樓，這項產業不僅林立在大街小巷，還揚名海外，儼然就是台灣美食的代名詞。

國際知名的環保人士范達娜・席娃博士（Dr. Vandana Shiva）在「水源危機」（*One Water*）一片中說：「地球表面有七〇％覆蓋著水，人體的重量也有七〇％是水，這不是一種巧合，而是人與地球的關係」。所以說，我們這種在街角就可以買飲料補充水分的生活方式，是何其有幸，又何其不幸。幸運的是，不用像印度婦女一樣，頭頂著水壺走好幾哩的路打水喝，也不用像非洲人一樣冒著生命危險喝不乾淨的水；不幸的是，我們花了好多錢在補充身體的水分（瓶裝水是自來水的千倍價錢），當然，除了水之外，我們順便補充了很多的糖和添加物。

本書引述可口可樂在二〇〇〇年的年度報告：「我們正在重新定義人體補充水分的方式」。在此恭喜可口可樂，他們辦到了。一瓶二百五十毫升的可樂，需要用到五百毫升的水，甚至在非洲，瓶裝水的價格都比可樂還貴，他們的確改變了我們補充水分的方式。

水，是上天賜給我們的無價且賴以為生的資源，可如今竟然有人喝不到、有人不屑喝、有人花很多錢喝。本書作者圍繞在一個核心議題在書寫：水是「需求」還是「權利」？

本書提到一個案例，南美洲的玻利維亞因為爭取世界銀行（World Bank）一筆二千二百萬美元的貸款，被迫出售國營的自來水公司。跨國企業貝泰（Bechtel）接手後，水費上漲了數倍之多，玻利維亞的人均月收入只有一百美元，當時水費居然高達二十美元，終於在二〇〇三年爆發大規模的警民衝突，造成一名青年死亡。

台灣為了加入世界貿易組織替工業產品增加出口競爭力，多間國營企業在服務業貿易總協定（General Agreement on Trade in Services）的要求下轉向民營，台灣自來水公司也在討論之列，我們要慶幸因為台灣的外債不多，不至於被強迫民營，所以民生用水的問題沒有變成玻利維亞的案例。

抵抗住民營化的壓力，所以台灣的水費很便宜，也因此政府常常要我們節約用水，或者少喝瓶裝水來節能減碳，可是我們對於工業用水的需索無度卻毫無辦法。加入世界貿易組織之後，原本的稻穀保價收購被迫轉休耕補貼以符合世界貿易組織的規範。休耕後的農業需水量減少，所以新設工業區的計畫都要染指農業用水，要求農田水利會移撥水權。近來引起很大爭議的「國光石化」就是如此，希望水利會每天調撥三萬噸的水來供應。這樣常態而非緊急的調撥計畫，意思是那些休耕的農地在政府的眼中不是休息，而是永遠安息。

除了永久廢耕問題外，長期關注南台灣石化工業與農業衝突的「地球公民基金會」成員曾在二〇〇七年點出「工業喝好水、農業喝毒水」的問題。所以，台灣水資源問題，我們大概可以有些圖像，加入世界貿易組織後，大量的水源從農業部門撥到工業部門；工業部門汙染了民生用水與農耕用水，我們只好吃毒米、花錢買飲料喝；台灣糧食自給率降低，所以我們愈來愈依賴他國水源所種植的糧食。全世界的水資源，只有一％

是可以使用的淡水，台灣沒有大湖泊，少了農田所涵養的地下水，我們稀少的水源就這樣流到科學園區或石化工業，變成工業製品外銷海外，排出來的毒水流到沒有加蓋的台灣海峽。慶幸的是，台灣四周都是海，不會有鄰國來抗議。

去年公平貿易影展放映「水資源大作戰」（*Blue Gold*）這部片子時，得到許多觀眾的迴響，原來水資源的問題不是只有節約用水、少喝瓶裝水，而是關乎人權、貧窮、國家安全、不公平貿易、國營企業民營化等重要議題。這部好看的記錄片是改編自全球暢銷書，如今終於有出版社將原著引進華文市場，讓台灣的讀者有機會深刻了解「水」，這關乎人類與所有物種的生存危機。

【推薦序】

人民有權監督管理水資源問題

台灣環境教育之父
台灣師範大學環境教育研究所創辦人　楊冠政

水是地球上人與生物賴以生存和發展的重要物質，可以說沒有水就沒有生命。水是生命的源泉，地球上的生命都源自水中。

水與生命關係密切，它是構成生物體的基礎，又是生物新陳代謝的一種介質。生物從外界環境中吸取養分，通過水把各種營養物質輸送到機體的各部分，又通過水把代謝物排出到機體之外，所以水是聯繫生物體營養過程和代謝過程的介質，維持生命的活動。此外，水對生物體還有散發熱量、調節體溫的作用。水也是人體與各種生物體中含量最多的一種物質，通常約占生物體重的三分之二以上。

此外，水與人類的各種活動均有密切關係，人類的活動依賴水的輸送；農業依賴水的灌溉，方能使植物生長；工業依賴水製造食品，清除廢物。質是之故，水量的充足與否嚴重影響人類的各種活動。

據本書《水資源戰爭：揭露跨國企業壟斷世界水資源的真實內幕》所稱，全球出現水資源短缺的現象，全世界河川、湖泊的水源涵養量日益減少，工業與化學廢水持續汙染水源，再加上世界人口劇增，據聯合國估計二〇四〇年全球的用水量要比現在高出三〇％。更不可思議的，有些國家將水資源私有化和商品化，導致全球生態系統破壞。甚而發生水費高貴，影響人民生活。

無可諱言的，若干國家為管理方便而將水權委託私人公司經營管理，而接受政府機關的監督，水費的高低應受限制，不能讓私人公司任意抬高價格。正如我國台灣各地區的水源委請私人組成水公司經營管理，不得任意抬高水價。

本書所稱國際投機客、重工業、瓶裝水供應商到世界各地奪取世界水資源，然後再將飲料包裝後高價賣給消費者。

就法律言，水資源應為國家公共財，應受國家的管理與監督，若有私人機構霸占水源及抬高水價，應是該國政府組織不夠健全，或是官商勾結才會發生的現象。就我國台北市言，自來水公司受市議會的監督，水費多年未調整，這是水資源管理的典範。

而本書稱，西元二〇〇〇年，玻利維亞政府將水權交給一家總部在美國舊金山的全球性營建公司經營，該公司壟斷玻利維亞水權後，水費竟然比食物還費，並且該公司要求民眾不得私自接用雨水，貧窮的玻利維亞人民組大規模的抗爭，沒想到抗爭之初，玻國政府不但沒有協助自己的人民，還對自己的人民開槍，射殺一個男孩，因而導致喪生。

由此可知，水資源問題是國家政治制度問題，一個自由民主的國家，人民握有監督與管理國家政治事務的權利，水資源應該不會成為爭論的問題。

最後，我們贊同本書關於分享和保護全球共同水資源的「條約草案」，該草案稱：地球水資源的內含價值高於其應用價值和商業價值，所以它必須受到所有政治、商業和社團的尊重和保護。

本書內容豐富，敘述詳細。筆者多年從事環境教育，對自然資源之珍惜特別深刻，願本書能廣為推廣，特綴數言予以推薦，是以為序。

【導讀】

從水資源戰爭看台灣水資源危機

台灣大學土木工程學系教授　李鴻源

時代在變，我們的視野也必須更不同！《水資源戰爭：揭露跨國企業壟斷世界水資源的真實內幕》這本書，帶給人們新觀點，除讓我們從不同視角了解世界水資源現況，更重要的是這本書帶出作者欲宣揚的理念；意即人民有「權利」享有水資源，政府應保障人民這項權利。本書並倡導水資源的「去私有化」，公部門應介入水資源的管理，避免大型企業操控水這項戰略資源。

台灣本身由於氣候、地理環境等因素，縱為海島卻缺水，我們的降雨是世界平均值的二・六倍，但是每人可分到的水是世界平均值的五分之一，所以是多雨的缺水國，生活在這的人普遍能感受水資源的緊張與匱乏。因此，「水」乃重要戰略資源的命題相信大家都能接受。

傳統上各國對水所產生的問題，普遍認為是水源缺乏、水汙染等。然而，隨氣候異常現象加劇，水資源問題早轉向成相互影響的綜合型危機，從局部性問題轉向流域性和區域性，甚或環境困境，且制約地區的經濟發展。

本書提出水資源衝突的數種主要形式，其一為水資源管理民營化產生的全球水閥到第三世界國家竊取水資源；其二在政府興建水壩對人為環境、居民遷徙後的生存問題和下游國家因上游國家興建水壩產生的影響等等。以上幾種狀況皆使地球村民更直接且殘酷地面對水資源管理失當產生的生存危機！

危機最主要仍肇因於水資源管理體制的不健全，本書中提出多國的案例佐證水資源管理去私有化的重要性。二次世界大戰後受到華盛頓共識和經濟全球化的影響，使各國希望在經濟活動中應排除政府的干涉。在此氛圍下，多數政府放鬆對各項經濟行為的控制，包括對自然資源的管理權，許多國家的水資源管理系統轉為民營化，而大型企業可前往第三世界國家取得水資源，並進行加工後出口至世界各地。這些問題皆源自於許多國家皆定義水資源為「需求」，而不是人人都享有的「權力」，導致人民若無法支付金錢，就無法取得水源，進而危害生命安全。

反觀台灣的水資源管理，乍看下沒有水資源管理去私有化問題，因為我國的水資源管理是由政府操控；然而水資源問題卻仍日趨突出，整體態勢越發嚴峻。因此，在向竊取水資源的公司宣戰的同時，或許我們也該付出更多關注，避免國家不夠周延，或不足因應現有環境的政策，導致公部門反成無力扭轉水環境趨劣、虛耗珍貴水資源的組織體！

台灣正面臨著水資源、水環境、水生態、水災害、水資源管理等錯綜複雜的水危機和挑戰。之所以如此，在於水資源管理體制不足、技術落後和思維未更新，這些綜合性的缺失導致各類水資源問題更趨嚴重。

我國現行的水資源管理體制基本上是一套自上而下的行政管理體制，無法完全適應新時勢的治水需求，大體而言，存在流域管理機制不健全、各部門合作機制未臻成熟、利益相關方和公眾參與意願不高等問題。隨市場經濟和水權改革的推進，自上而下的水資源管理體系可預見的將遇逢挑戰。在全球氣候變化和經濟社會快速發展背景下，我國正面臨著前所未有的水資源問題轉型，水資源、水環境、水生態、水災害、水資源管理等問題相互作用形成多重水資源危機，將成為政府面臨的嚴峻挑戰，影響國家競爭力與人民的居住安全。因此及早著手解決相關問題舒緩危機，乃當務之急。

水資源短缺是當今全球普遍存在的問題，到了二〇二五年，估計有三〇%、約廿三億人口、五十個國家面臨缺水問題。最嚴重的是中國大陸，一如海河、淮河和黃河等流域，由於水資源短缺、供需矛盾以及不斷造壩等人為水利工程建設，造成流域上下游、區域間水資源配置、地表水與地下水的衝突，缺水問題尤為嚴重。尤其在中國大陸建構三峽大壩、南水北調等案例中，我們可以看到即便透過工程手段解決水、電問題，但大規模資源系統變更下相伴產生的汙染與生態系統改變，卻是另項重大考驗，甚或衝擊的起點。

根據二〇〇九年三月聯合國教科文組織發布第三版「世界水資源開發報告」指出：到二〇三〇年，四七%世界人口將居住在用水高度緊張地區，水資源缺乏將影響人口流動，預計有二千四百萬到七億人口會因此離鄉背井，大規模人口遷徙，其背後潛藏高度社會成本付出與包含貧富差距、社會秩序，甚或資源爭奪戰等問題。水資源在自然——經濟——社會的可持續利用，是維持人類生存環境和促進人類社會永續發展的根本。因而，我們對水資源、環境和災害特性應統籌思考，透過綜合的水資源規劃與管理來實現自然和社會兩系統的耦合，達致區域良性水循環，進而維繫區域和平與穩定發展。

當代城市化過程中，往往出現資源環境剝奪的環境不正義現象。快速城市化和人口聚集，帶來大規模建設和城市擴張，在支撐經濟發展的同時卻也帶來嚴重環境衝擊，其中，水環境的破壞和消耗在城市化過程中最顯而易見。一如過度開發與水泥化導致滯洪設施的不足，甚或開發區位的錯置與濫用嚴重縮減疏洪動線的流暢，其結果就是即使花再多錢築構圍堤，人民卻難逃脫淹水惡夢。

台灣水環境總體惡化的發展態勢令人憂慮，目前最嚴重的問題是水汙染。水汙染不是單純的化學習題，而是關涉國家產業結構、地區產業發展與生態的課題。持續加劇的水資源供需矛盾會進一步加重水環境問題，而水汙染的加劇則造成區域和城鄉間多方面的矛盾。未來應整體擘劃，從國土建設、產業政策等多面向總合檢討來解決水環境問題，以提升國民的居住環境品質以及城市競爭力。

尤其，水環境受到破壞不僅影響到國民健康與安全，嚴重水汙染亦帶給生態環境巨且持久的破壞。再加上全球氣候變化對海河流域水資源的改變，水環境格局的安全更面臨考驗。目前部分生態環境雖然得到局部治理，但整體上生態環境日益脆弱且品質下降。台灣的水資源利用、區域生態環境保護等利益補償機制有待進一步強化。

在全球氣候暖化趨勢下，要處理「水」問題必須以治本的方式，從整體流域的視角來正視現實並提應對方案。同時台灣未來整體區域空間策略必須進一步從人口、資源、環境層面，結合水資源、土地利用的空間規劃制定調適策略，以構建水安全體系。唯有將此視為國家整體健全發展的上位目標，環環相扣、配套檢討並思考，施展各項應興應革新作為，才能徹底解決生活、生態、生產等基本民生問題，達到人民安居、產業樂業的可持續發展狀態！

水資源戰爭，人人都是參戰者，為捍衛自己與下一代的生存權。地球村民宣戰的對象或是貪婪虐奪資源的財閥企業，也可能是不當操作的國家機器與政策，甚或是每個人心裡那個自私、狹隘的惡魔……，對於珍貴的水資源，您我究竟如何運用？當政府基於國土安全、能資源運用通盤規劃，提出區域發展限制、產業調整方案，若身為關係人，您我又會怎麼看？

【導讀】氣候暖化與台灣水資源挑戰

中央研究院地球科學研究所　汪中和

水是生命的搖籃，也是生命延續的基礎。然而從二十世紀初期開始快速發展的氣候暖化，因為地表熱能不斷累積，帶動水文變化日趨激烈與極端，已經讓水資源成為二十一世紀全世界必須共同面對的重大難題，由此可見人類對環境所造成的破壞與影響有多厲害。

根據聯合國的報告，氣候變化和世界人口快速增加的交互影響，是當今水資源危機的主要根源，預計到二〇三〇年，近一半的世界人口將居住在嚴重缺水的地區。因此，水資源戰爭並不是危言聳聽，而是我們必須面對的嚴肅現實。

對台灣而言，降雨本來就是台灣最主要的維生命脈，它的強度變化直接地影響著島上的生態環境及生活品質。雖然台灣得天獨厚，是個天然海島，沒有與其他的國家接壤，不會有水資源共享產生的衝突，但是我們也有嚴重的危機與挑戰。

台灣過去一百年來的年均溫增加了攝氏一度以上，暖化現象相當明顯，主要原因就是全球溫室效應及區域人為開發的影響。整體而言，台灣在二十世紀前半期（暖化前），是一個氣溫緩慢上升及降雨變化相對穩定的時期，大致可說是風調雨順。然而自一九五〇年代暖化程度跨越百年平均值的門檻後，水文變化及降雨型態的演變開始呈現截然不同的面貌，不但幅度逐漸增大，乾旱期增長，降雨強度也從一九八〇年代以後快速增高，基本上與地表的升溫趨勢有著密切的相關性，顯示地球的自然作用正以快速且極端的交互變化，在回應並調節地表溫度的揚升，同時也對我們的水資源帶來深遠的影響。

台灣自一九五〇年暖化後，降雨型態所表現的主要特點有：一、降雨量的時空變化趨向兩極發展，南北區域性的差異逐漸擴大；二、降雨日數全島性的全面降低；以及三、各區降雨強度逐漸增強。簡單的說，氣候暖化所造成的極端水文變化，使得台灣在新竹及花蓮之間形成一條隱形的乾溼水文分隔線，北側降雨量還在增多，南側則逐漸減少，是台灣水資源管理最大的隱憂。

更麻煩的是，暖化的快速增溫使得日夜溫差遞減，降低大氣溼度，也使得結霜、起霧的日數減少，進一步縮減每年的降雨日數。因而整個台灣的年平均降雨日數自一九五〇年以來，都呈現持續遞減的態勢。以區域而言，北部地區相對和緩，西南部及東部地區則是明顯且快速的減少，尤其一九九〇年以後，西南部及東部地區的年降雨日數比一九五〇年代以前都整整降低了一個月以上。

另一方面，台灣的平均降雨強度與降雨日數的變化型態剛好相反，自一九五〇年來的長期變化都呈持續升高的情形。尤其豐雨期的降雨強度，北部地區由於降雨量的增加，降雨強度的上升率是東部的二倍，西南部地區近年更不斷增高，屢破過去記錄，成為防災的噩夢。

台灣水資源的來源包含了地表水及地下水二個主要部分，而過去半世紀以來的不利降雨趨勢變化，確實已經對台灣水資源的運用產生下面幾方面的衝擊：一、地表水的引用量日漸降低；二、地下水超限的比重居高不下；三、水庫的淤積快速升高。

台灣年用水量自一九五〇年逐漸成長，到一九八〇年之後就呈現停滯的態勢，但大體上仍勉力維持在每年供水一百八十億噸左右的範圍。但其中地表水（含河川及水庫的總和）所占的比例，自一九八〇年以後，則呈現明顯降低的趨勢。這個情形，基本上反映了台灣降雨量長期以來南北差異性擴大，以及降雨日數全面降低的影響；加上近三十年來河川因人為汙染嚴重，又進一步縮減可用的地表水量，因而造成了近年來台灣地表水引用量難以按需求增長的困境。

由於地表水的供應量持續減少，相對地下水的抽取量自一九八〇年代以後就不得不大幅增加，以因應各項標的用水（農業、工業、民生）的需求。但地下水的抽取量已經開始超越安全抽取界線（約為年供水量的二〇％），尤以一九九〇年代初期最嚴重，該時期地下水抽取量更高達年用水量的四〇％（每年抽取地下水約七十億噸）。由於地下水的抽取是以農業灌溉為主，超限區域就都集中在抽取量最大的西南部。地下水資源長期透支下來，已經產生出地下水位下降、沿海地區地層下陷、海水入侵、地下水質惡化等許多問題。

近年夏季豐水期的水患，除了都市地區排水系統承受不住又急又大的降雨而淹水外，從彰化、雲林、嘉義、台南、高雄到屏東的淹水地區大部分都位在超抽地下水的地層下陷區。三十年來，台灣地層下陷累積的面積已達二千六百平方公里，接近十個台北市的總和。地層下陷區平時就排水不良，豪雨來時更是只進不出，這些不只是永久性的國土損害，也是地下水超限使用的後果，更使得台灣每年耗費數百億元去進行修補的工作。

台灣是歐亞板塊與菲律賓海板塊相互擠壓造成，地質作用原本相當活躍，由於近年來降雨強度逐漸升高，加上一九八〇年代以後的鬆綁政策，山坡地的開發日趨普遍，山區水土侵蝕作用大幅度增強，對台灣四十四個重要水庫帶來激烈的沖刷與沉重的淤積壓力。二〇〇四年艾利颱風及二〇〇九年的莫拉克颱風所帶來的超強豪雨，分別給北部的石門水庫，以及南部的曾文、南化水庫造成嚴重淤積的影響。未來降雨強度還會進一步增高，這個危機仍會持續威脅水庫的壽命，近一步降低地表水資源的供應穩定與水質的安全。

氣候暖化對台灣所帶來的水文極端性升高的趨勢，將使台灣旱澇更頻繁發生，防災工作也相對更棘手。展望未來，除了氣候將繼續加速暖化，帶來更極端的天氣變化外，海平面上升更是跨越百年以上的持久威脅，不但將會逐漸淹沒沿海低平的地區，影響產業及身家安全，也會縮減水資源（包括地表水及地下水）的有效使用，因此對台灣衍生的衝擊絕對不能輕忽。

面對未來水資源的艱鉅挑戰，我們必須用全新的思維去面對。因此，在下列課題上做好相關的因應與準備，是我們國家最重要的工作與目標：一、開拓多元化的水源，減少浪費；二、加強區域性的水源調配，增設備援的供水系統；三、充分利用山麓區河川的伏流水，進行地下水人工補注；四、預防海平面上升的衝擊，即刻開始進行沿海低窪區的遷移規劃。

要解決未來缺水的問題，除了「開源」以外，「節流」跟「減少浪費」更是管理上重要的考量。因為如果不節制無謂的支出，提升用水的效率，即使開發再多的水也是不夠的。在開源方面，要推廣雨水儲留系統、開發海水資源、降低海水淡化成本；在節流方面，提高灌溉效率、加強廢水回收使用、建立合理水價及有價水權制度、降低自來水漏水率，都是要努力推動的工作。

台灣豐水期的河川流量非常豐沛，然而受到降雨強度及濁度的影響，每年降雨量的整體使用率只有一五％以下，絕大部分都平白流失，十分可惜。若能大規模開發河川位於山麓區的伏流水，不但水量穩定，水質良好，還可以大幅度提高河川的引用率。同時，利用豐沛的伏流水進行地下水人工補注，是結合地表水及地下水聯合運用的方式，可以充分利用台灣平原地區地表下目前透支的蓄水空間，加速天然地下水庫的儲存水量，擴大蓄水的效益，延長地表及地下水的使用期，突破蓄水瓶頸及調節水資源的困境。

二〇〇九年十二月在丹麥哥本哈根舉行的全球氣候高峰會議中，有關二一〇〇年之前海平面上升的預估，已經從二〇〇七年的最高五十公分，大幅度上修到至少一公尺，等於是加快了二倍以上。面對氣候暖化加速演變的緊迫情勢，我們不但要重新規劃台灣的城鄉發展與配置，將沿海地區重要的政經設施逐步遷移到較高的安全地區，更需要未雨綢繆，嚴肅審視國土資源的長期規劃，有效利用可用的資源，這是我們無法迴避的重要課題。

世界氣象組織已經發出警訊：在全球暖化過程中，異常的高溫、乾旱、颱風、豪雨、寒潮、暴風雪等，都將在世界各地頻繁的出現。除了氣候的變化日趨極端，海平面上升也無可避免，如同聯合國所說，這是個全球性的「水炸彈」危機，會影響世界的穩定，以及國家的發展。

面對這些外在不利情勢的發展，不論是台灣生態環境的保護，國土及水資源的管理規劃，防災工程設計的準則，我們的政府實在需要加緊腳步，大刀闊斧的採取更有效的對策去因應；而一般民眾也要從觀念及生活層面做根本的改變，開始努力建構一個節水、省能、低碳的社會型態，不但可將氣候暖化所帶來的衝擊降到最低，進而還可扭轉劣勢，導引台灣邁向永續且建康的方向。

【導讀】

水資源戰爭早已開始

美國康乃爾大學水資源與環境系統博士
台灣師範大學環境教育研究所教授兼所長　葉欣誠

我在一九九二年到美國康乃爾大學攻讀博士，前去拜訪我的指導教授，也是國際之知名水資源專家Prof. D. P. Loucks。請教他我該如何安排修課計畫時，他告訴我，選擇水資源規劃管理當作主修，必須要選經濟學作為副修。我問他問什麼？他表示，水資源議題與經濟的關係非常密切，無法分割。若不了解經濟學，對於水資源議題的理解無法透徹與實際。我在一九九六年回到台灣，開始擔任教職這十餘年以來，每每想起恩師當年的教誨與先見之明。我目前在學校開設環境經濟學多年，也深覺環境與資源議題，包括我現在身處的環境教育領域在內，均無法與經濟學脫鉤。其根本的原因就是：我們活在一個經濟社會中。

高寶書版出版的這本《水資源戰爭：揭露跨國企業壟斷世界水資源的真實內幕》就是一個很好的範例。相信大部分的讀者對於「很多地方都在缺水」或「世界水資源枯竭」這樣的說法都不陌生。離我們遙遠的地球之肺——亞馬遜河流域雨林區在二〇一〇年再度乾涸見底，造成原本應該吸收十五億噸二氧化碳的雨林反而釋放出五十億噸二氧化碳！二〇一〇年初中國大陸西南部大旱，居民連維生基本用水需求都產生問題；而二〇一一年初的華北大旱更造成小麥收成大受影響。包括旱災在內的各種水資源時空分配不均的問題，在我們一般的理解中多肇因於天然條件、全球暖化或氣候變遷、農業用水過量、人為開發、管理失當等因素。然而，在本書中，作者明確地提醒我們，水資源的匱乏與可以看到的未來更加嚴重的危機很大的比重是人類社會中的金錢遊戲造成的！

本書一開始說明水資源是怎麼枯竭的，除了讓我們了解現在地球的現況之外，也提點我們事實上在人類的文明發展歷程中，水資源枯竭已經造成了諸多朝代的傾圮。在西元二〇〇〇年時，全球已經有超過十億人，約二〇%的全球人口，無法取得安全的用水，而當時聯合國的千禧年發展目標（UN Millennium Development Goals, MDG）中便敘明，要在二〇一五年之前將這個比例降一半。然而，二〇一五年馬上就要到了，這個狀況並沒有明顯地改善。在本書的第一部中也提到水資源匱乏對生態與人類造成的直接與間接的危害。雖然很多內容對於讀者而言都已經耳熟能詳了，但還是給我們諸多警惕。事實上，身處台灣的我們是非常幸運的！我們雖然有經常性的颱風與水災，但與世界上很多地方比較起來，水的供應算是相當穩定的，且我們也有能力為了水而消費。不知道您知不知道，我國每人每日平均用水量達三百公升以上，在全世界各國中屬於非常浪費水的國家。

第二部是本書的核心，作者直接點明水資源成為一種私人公司用以買賣牟利的商品，而一般民眾卻僅能任其宰割。「政治抗爭」是第二部的標題，也點出政治力與經濟力的不能分割，且經濟利益由少數企業經營者所把持的現象與政治或治理有密切的關係。我記得在我小時候，台灣並沒有任何瓶裝水這樣的商品，可以喝到玻璃瓶裝的汽水對於小朋友而言，是非常稀罕的事情，且通常只有在過年過節時才會發生。當時的商品是飲料，且一般自來水與飲用水質比現在更糟，但瓶裝水並未普遍。到現在，瓶裝水成為許多人的生活必需品，除了象徵我們生活水準的提高之外，也代表原來我們的基本權利：「取得可以飲用的水」要用為數不貲的金錢來換取，且這些錢都進了資本家的口袋。現在一瓶六百CC的小瓶裝水售價約為二十元台幣，折合下來與汽油的價錢相仿！

糧食危機與水資源高度相關，且因為這幾年許多居糧倉地位的國家或地區發生氣候危機，造成糧食收成大減，成為國際的熱議題。糧食作為一種全球化市場的商品，一般人比較容易理解，而糧食價格除了與產地供應量與穩定度、國際市場需求與背後的氣候、水資源因素有關之外，還有一個關鍵就是國際炒手在其中的翻雲覆雨。在這本書中，作者以許多明確的資料，讓我們了解，水資源竟然也成為一種商品，讓跨國公司蠶食鯨吞，使得水的價格居高不下。更重要的是，這不僅剝奪了民眾取得用水的基本權利，更造成了資源的浪費與環境的破壞！台灣的自來水目前由台灣省自來水公司與台北市自來水事業處經營，其性質仍屬準公家單位，雖然也因許多問題面臨各界的挑戰，但我們至少不需要看跨國公司的臉色，甚至被外國商人控制水源。然而，在本書中，作者指出許多國家的水權已經經由國際標或官商勾結轉讓給了跨國公司，表面上是為了提高服務品質或增進服務效率，但事實上水成為了愈來愈貴重的商品，對於收入偏低的人，更構成了用水危機。某一國的國內民生用水也可以成為全球化經濟下的犧牲品，讓我們深刻體會到，全球化這隻無所不在的怪獸的影響力滲透到了所有的領域，從諸如鑽石黃金等奢侈財到黃豆小麥等基礎糧食，現在還包括了生命之源：水。在一些好萊塢的影片中描述了未來地球大氣層遭受嚴重汙染之後，可以呼吸的空氣也成為了一種管制商品，並且受到政府或大公司的控制。這樣的情境是否有一天會真的發生呢？在陽光、空氣、水三種生命基本要素中，水已經淪陷了！下一個輪到誰呢？

本書的第三部討論我們對於這種不公義、不永續的全球化剝削狀況的反制作為，其實也是告訴我們：事情還是有希望的。從完全競爭市場的配置效率原則來看，水權市場不能作為一種商品，因為水不具有可替代性，且經營操作這個商品是有進入門檻的。管理與經營水的產業是國家與政府的基本義務，而不是權利。當然，國家更不能夠將這個權利變成少數企業主的權利。任何公司，包括公營事業私有化後的公司都是以營利為目的，也就是經濟學上所說的「追求利益最大化者」（profit maximizers），既然是這樣，就不可能將社會福祉列為優先順位。當然，也有人主張由跨國公司與專業經理人來經營會讓配置效率提高，但這是二個不同市場的比較，而由私人公司來經營水，其生產者剩餘（producer surplus）是歸屬於私人公司，而可能是外國公司的，對於社會本身的福祉而言，是再一次的剝奪，而不是獲得。

聯合國自二〇〇五年開始，在全世界推動「永續發展教育十年」（UN Decade of Education for Sustainable Development, UNDESD），目的在訓練所有人成為世界公民，而不只是一位人類而已。當所有人對於權利義務概念有更深刻的理解，對於爭取權益的技能也都更熟悉之後，現在由跨國公司與部分政府共同把持的資源就有可能以更合理與具效率與公義原則的方式讓全人類分享。這本書相當適合作為我國推動永續發展教育的高階教材，在我國環境教育法初公布實施之時，更具有不同凡響的意義！

目錄｜ contents

BLUE GOLD:

The Fight to Stop the Corporate Theft of the World's Water

謹以本書獻給
基米・帕尼亞・多米科（KIMY PERNIA DOMICO）
你為了維護當地原住民的水權持續戰鬥，
二〇〇一年六月二日在哥倫比亞準軍事部隊手中「失蹤」。
我們深深懷念你。

前言

「各個水域就像家庭成員一樣，密切地交集在一起。放大來看，水文網像地球上不同種族的人類，例如塞爾維亞人、俄國人、阿拉斯加的印第安人、埃米什人（Amish）[1]和十幾億的中國人一樣，遇到了種種麻煩，但想找出解決問題的方法卻不容易。深究原因，你會發現它們緊密地聯繫在一起。大江大河就像你的國家，經常會出點問題；湖泊像你的表兄弟、小溪像你的姐妹、池塘像你的孩子。不論富裕或是貧窮，不論有病或沒有病，你都離不開水。」

——麥克·帕菲特（Michael Parfit），《國家地理》雜誌

我們突然發現這個世界的水資源正在枯竭。人類正以驚人速度汙染和消耗水：這個生命的根源。人們對水的需求愈來愈大，但自然水源卻無法跟著增加。每過一天，世界

1 埃米什人（Amish）：居住在美國俄亥俄州、賓州、印第安那州的一群基督新教再洗禮派門諾會信徒，拒絕現代物質文明和生活方式。

上又多了數千人暴露在無水可用的風險中。缺水成為社會、政治與經濟上一種不安定的因素，我們經常聽到各地因為水引發衝突的新聞。簡而言之，除非人類根本改變目前的用水方式，否則在二十五年內，全世界將有三分之一到一半的人處於極度缺水的狀態。

這一切發生得無聲無息。十年前，只有水文學家、工程師、科學家、城市規劃人員、氣象預報員等專家才會關注淡水問題，而絕大多數的人都覺得擁有充足的水是那麼天經地義，不是什麼問題。現在，有愈來愈多的團體——如世界觀察研究所（Worldwatch Institute）、世界資源研究所（World Resources Institute）、聯合國環境保護組織（United Nations Environment Programme）、國際河流聯盟（International Rivers Network）、綠色和平組織（Greenpeace）、乾淨水聯盟（Clean Water Network）、山脈俱樂部（Sierra Club）以及國際地球之友（Friends of the Earth International）等組織，正與全球數千個社團一起向世界發出警報：全球性的水資源危機有可能成為我們是否有辦法生存繼續在地球的最大威脅。

不幸的是，這個時代的國際行為準則是由所謂的「華盛頓共識」（Washington Consensus）所引導，這個「華盛頓共識」實際上是一個經濟學模型，它的最基本信念是：自由經濟是全世界唯一的經濟體系。這個「共識」的關鍵點是要將人類的共同財產商品化。換言之，任何東西都可作為商品出售，包括社會服務和過去被認為是人類共同遺產的自然資源。很多國家正在放棄保護境內自然資源的責任，而授權給民營企業開發資源牟利。

面對當前這場水資源危機，很多國家和國際組織卻開出「華盛頓共識」這個藥方，就是將水利事業民營化和商品化。他們異口同聲地說，市場將解決所有的問題。對他們來說，這個問題已經沒有繼續討論的必要。按照世界銀行和聯合國的定義，水是人的「需求」，而不是人的「權利」。我們並不是在這裡咬文嚼字地討論語意學問題，但區別這兩個詞至關重要。人的「需求」，特別對有錢的人來說，可以有多種不同滿足的方法，但人的「權利」卻是不可買賣的。

在二〇〇〇年三月海牙（Hague）舉行的第二屆「世界水資源論壇」上，水被定義為商品。同一個時間舉行的部長級會議對此不僅沒有進行任何反擊，反而大開綠燈，使民營企業能藉由賣水謀利。於是在世界銀行和國際貨幣基金組織（International Monetary Fund, IMF）的支持下，一些跨國企業正在加緊步伐，買斷自來水系統，大幅提高水價，靠賣水（特別是向缺水的第三世界國家賣水）大發橫財。有一些人直言不諱地誇口說，目前的水資源危機正是水資源企業及投資者發財的好機會。他們認為，水資源的買賣與其他商品沒有差別，追求最高獲利就是一切行為的準則。

同時，很多國家拱手將其國內的自來水系統出讓給多國貿易協定或組織，例如北美自由貿易協定（North American Free Trade Agreement, NAFTA）、美洲自由貿易區（Free Trade Area of the Americas, FTAA）和世界貿易組織，這些全球性的貿易組織對跨國企業占領簽約國自來水系統大開方便之門。現在有一些跨國企業控告一些國家，嫌它們對自來水供水市場所做的讓步不夠大。它們自恃有國際貿易協定的支持，開始考慮大規模將水資源從一地轉賣到另一地，以攫取最大獲利。

到目前為止，以上這些活動大部分都在公眾毫不知情的情況下發生。具有強大影響力的政府和大型企業們宣稱討論已經結束，「所有人」都支持水資源商業化。實際上沒有人給全世界的公民一個真正的機會，來討論水資源相關問題，包括誰擁有水資源？私人可以擁有水資源嗎？如果水利事業民營化，那麼當大自然需要水的時候，誰必須供水給大自然？怎麼保證貧民也能用到水？誰給跨國企業買斷整個自來水系統的權利？如果水利事業民營化，誰負責保護水資源？政府應在水資源管理中負起什麼責任？擁有豐富水資源的國家如何與缺水國家共用水資源？誰是大自然「生命的血液」監護人？在這場討論中，一般民眾應該扮演什麼角色？

本書試圖對以上問題提供一些答案。當然我們的答案跟「華盛頓共識」的原則理念截然不同。我們認為，水資源是屬於地球以及生活在地球上的所有生物，任何人無權藉此謀利。水資源是全世界的共有財產，必須制定強有力的法律來保證在維護與使用時都受到人民的監督。現在，「公共資源」這個概念受到嚴厲的挑戰，我們堅信這種資源必須加以保護，才能流傳到我們的後代。

我們認為，基本生活用水的權利是最根本的人權之一。對生命至關重要的水資源不應被當做商品賣給出價最高的買主。每一代都應該保證水資源的質和量不因為人類行為而受損。我們必須採取行動來恢復已經受到損害的水生生態系統（aquatic ecosystem），並保護其他尚未受損的水生生態系統。各地社團必須採取行動，監督這些寶貴資源的使用狀況。

最重要的是，我們必須從根本上改變我們的社會結構和生活方式，將地球表面正在逐漸乾枯的過程逆轉。我們必須學會在大自然可以負荷的範圍內使用資源，並揚棄一種似是而非的說法：浪費水資源不是什麼大不了的事，科技以後一定可以解決水資源短缺的問題。實際上，沒有任何科學技術能讓一個耗盡水資源的星球起死回生。

如何公平有效地使用地球水資源的辯論還沒有結束，它其實才剛剛開始，我們將在本書中揭開全球水資源危機的起因、民營大型企業對水資源作為公共財產的攻擊，以及一些國家和國際組織是如何共謀竊取水資源的過程。更重要的是，我們在本書中將講述各國人民正在怎麼進行著一場「以公民為基礎」的政治抗爭。他們拒絕將水資源商品化，正以行動奪回當地水資源的控制權，並監控其使用狀況。這些改革者是我們心目中的英雄，他們的勇氣和遠見令我們由衷欽佩。如果我們都以他們為學習的榜樣，那麼也許在地球水資源徹底枯竭前，我們可以找出拯救方法。

新版前言

自從《水資源戰爭》出版之後（現已譯成二十七種語言），關於世界水資源逐漸短缺的爭論就愈來愈激烈。

法國蘇伊士——昂地歐集團（Suez-ONDEO）、斐凡迪——威立雅集團（Vivendi-Veolia）以及德國的萊茵——泰晤士集團（RWE-Thames）是世界前三大自來水公司，它們的影響力正逐漸增強。蘇伊士和斐凡迪集團掌控全世界七〇％以上的水資源產業，而且獲利成長高得驚人。早在十年前，斐凡迪的水資源產業相關獲利就高達五十億美元；到了二〇〇二年，獲利更成長到一百二十億美元。這三家公司都是世界前百大企業，它們二〇〇二年的總營收超過一千六百億美元，而且每年還以一〇％的速度成長，遠遠超過許多國家的經濟成長率。此外，斐凡迪在全球就雇用二十九萬五千人，蘇伊士十七萬三千人，他們的員工人數比大多數國家的公務員還多。

雖然這些公司快速成長，卻也面臨到一些困難。無論是在富裕還是貧窮的國家，都出現激烈的地方反對運動，有些公司被迫放棄當地的水資源事業，有些則尋求世界銀行（World Bank）和當地政府對損失做出實質補償。到目前為止，世界銀行投入貧窮國家水利事業民營化計畫的資金已經成長三倍。國際新聞記者調查聯盟（International Consortium of

Investigative Journalists）二〇〇三年的研究發現，過去五年，世界銀行對大多數的水資源計畫貸款都加入一項規定，就是要求貸款國家必須把公家的水利事業民營化。

同樣地，龐大的瓶裝水產業（幾乎沒有受到任何管制）也如火如荼的擴張。二〇〇一年，瓶裝水產業每年的獲利是兩百二十億美元，現在已經高達四百六十億美元。平均每個歐洲人每年會消耗一百公升的瓶裝水，付出的金額比自來水貴出一千一百倍。同時，瓶裝水產業每年使用的塑膠也高達一百五十萬噸，這些塑膠最後大多進入掩埋場和下水道，毒化我們的土地和水源。

在水資源產業的發展過程中，最不能錯過的就是那些抵抗水利事業民營化的草根反對運動。這些社群遍及世界各地，反對把原本公有的自來水系統民營化，他們不讓大型瓶裝水公司在他們的土地上鑿取地下水，並阻止這些公司將地下水商業輸出。

在非洲，每年都有幾百萬人因為缺乏潔淨飲用水而死亡，也因此有許多地方組織一直在設法取回當地水資源的掌控權。在迦納、莫三比克、塞內加爾、尚比亞等地，都有地方社團對世界銀行的結構性改革計畫（包括水利事業民營化計畫）提出抗爭。以南非為例，水是南非憲法所保障的基本人權，一個規模龐大的鄉鎮串聯草根運動組織：反民營化論壇（Anti-Privatization Forum），現在正與南非城市勞工聯盟（South Africa Municipal Workers Union）合作反對當地實行的自來水供水計畫。

在亞洲許多地方，針對水利事業民營化的激烈抗爭也正在形成，其中更有不少令人驚喜的成功案例。例如蘇伊士集團旗下的馬尼拉自來水公司（Maynilad Water）就正在放棄在菲律賓首都馬尼拉的經營權，因為當地的高水價已經引起公眾強烈反彈；在印尼雅加達，蘇伊士集團從已經下台的蘇哈托政權手中取得城市自來水系統的經營權，現在環保人士與學生正透過激烈的遊行來向政府表達對合約的不滿；在印度，地方團體與公務員正在聯合反對新德里市的自來水系統民營化，歷經兩年的強烈抗爭之後，喀拉拉省（Kerala）的普拉奇馬達（Plachimada）居民終於合法取回過去被印度斯坦可口可樂公司（Hindustan Coca-Cola Company）長期掌控的水利事業。

在拉丁美洲，幾乎每個國家都有社團在爭取水資源的使用權或反對水利事業民營化。巴西正考慮將所有的私有水利事業收回政府手中；烏拉圭的地球之友（Friends of the Earth）也在推動一項關於水利事業民營化的全國公民投票；二〇〇三年的夏天，布宜諾斯艾利斯的一次公開反對活動幾乎讓當地的蘇伊士集團陷入倒閉；同一個夏天，來自十六個美洲國家的四十七個草根團體齊聚薩爾瓦多的聖薩爾瓦多市（San Salvador），他們共同發起一個名為「紅色生命」（RED VIDA）的嶄新運動，並且發布聖薩爾瓦多捍衛水權宣言（San Salvador Statement for the Defence and the Right to Water）。

在北美洲，反對水利事業民營化的抗爭活動已經讓許多城市的相關計畫停頓或受限，包括紐奧良、亞特蘭大、萊辛頓（Lexington）、查塔努加（Chattanooga）、查爾斯頓（Charleston）、多倫多以及溫哥華等地。威斯康辛州的許多社團強迫沛綠雅礦泉水公司（Perrier）放棄在該州的一項大型取水計畫，類似的行動也發生在新罕布夏州和密西根州。二〇〇三年，加州最大的農業公司卡地斯（Cadiz Inc.）試圖要把莫哈維沙漠（Mojave Desert）底下豐富的地下水賣給洛杉磯市來謀利，但這個計畫最後被環保團體擋下。同樣地，社團也阻擋民營的阿拉斯加水資源出口公司（Alaska Water Exports）從瓜拉拉河（Gualala River）與艾倫比亞河（Albion River）以巨形水袋將水運送到聖地牙哥市的計畫。

另外，徵收金融交易稅援助公民聯合會（Association for the Taxation of financial Transactions for the Aid of Citizens）、國際公務員聯合會（Public Services International）、跨國企業歐洲觀察公會（Corporate Europe Observatory）、國際水公約組織（Global Water Contract）以及國際地球之友也開始聯手挑戰歐洲境內的大型自來水公司。現在，歐盟正根據世界貿易組織的服務貿易總協定在強力推廣水資源企業的利益，而這些團體們則努力反對著這項邪惡的商業協定。此外，他們也針對許多水資源企業進行研究，並提供優質的研究報告來幫助世界各地的地方團體抵抗這些大企業。

二〇〇三年三月，第三屆世界水資源論壇（World Water Forum）開幕，這些草根團體也一起來到日本京都，這是世界水資源公會（World Water Council）召開有史以來討論世界水資源最大型的會議。在「水即生命」（Water Is Life）這項計畫的號召之下，數百位社運人士參與所有議程，他們召開記者會、舉辦示威遊行，並明確地表達出反對水利事業民營化的共識：跨國水公司的水利事業民營化企圖絕不可能實現。事實上，世界水資源公會網站上的報告清楚地指出，在第三屆世界水資源論壇中，各國對於水利事業民營化以及跨國水資源企業在未來水資源發展過程中所扮演的角色等議題上，確實出現明顯分歧的意見，而這樣的結果乃是與會的社運人士所達成的一項重要里程碑。

二〇〇四年一月，六十三國社運人士再次齊聚於印度新德里，發起一項新的國際運動來爭取用水權利。例如，其中「人類的世界水資源運動」（Peoples' World Water Movement）的提議就獲得全體與會人士一致支持，這項運動包括許多計畫，包括成立支持組織來幫助各地的人們爭取水資源的使用權，促成「聯合國水資源公約」（UN Convention on Water）將用水視為基本人權，並發起抵抗世界貿易組織、世界銀行，以及專門針對可口可樂公司和蘇伊士集團的反對運動，之所以會選定這些目標，是因為這些公司對地方社群與環境的破壞實在太過惡名昭彰，而且他們也早已是許多地方團體努力反抗的對象。

歡迎進入「水資源戰爭」的世界，同時，也歡迎大家參與這個時代中最重要的一場抗爭與奮鬥。

莫德・巴洛

【條約草案】

分享和保護全球共同水資源的條約草案

我們鄭重宣布以下普遍適用且不可分割的原則：

地球水資源的內含價值高於其應用價值和商業價值，所以它必須受到所有政治、商業和社團的尊重和保護。

地球水資源為地球及所有生活在地球上的生物所有，所以它不應被視為私有商品來買賣圖利。

地球水資源是全人類的共同遺產、公共財產和基本人權，所以保護它的健康也是全人類的責任。

然而，現在世界上有限的水資源正在被快速汙染、轉移和耗盡，以至於數千萬人及其他生物被剝奪對生命至關重要的用水權，而世界各國並不能保護境內寶貴的水資源。

所以，全世界所有國家共同宣布，世界水資源是地球的共同財產，愛護和保護這個財產是世界各地的人民、社團和各級政府的共同責任。水資源不能被民營化、商品化、用於貿易或出口圖利。在雙邊或多邊的國際貿易協定中，必須立即廢除水利事業民營化和水資源商品化的相關條款，並保證在未來簽署的此類協定時，將不會有類似的條款。

本條約的簽署國一致同意將地球水資源視為公有財產。各簽約國在境內有管理、保護和決定如何分享水資源的權利和義務。世界各國必須立即宣布境內的水資源是公共財產，並制定嚴格的法律來保護它。由於地球水資源屬於全人類，所以它不應被任何個人、公司、機構或政府用來貿易圖利。

——以上草案由莫德・巴洛（Maude Barlow）和傑里米・里夫金（Jeremy Rifkin）起草，並經三十五個國家八百名代表在二〇〇一年七月八日於溫哥華舉行的「水、人與自然」高峰會上一致通過。

致謝

我們首先要向那些為保衛全人類的共同遺產——水——而戰的各國勇士們致以深深的敬意。雖然這裡無法一一列舉他們的名字，但他們是鼓舞我們寫作本書的精神泉源。我們要特別感謝藍色星球計畫（Blue Planet Project）和加拿大人評議會（the Council of Canadians）的傑米・鄧恩先生（Jamie Dunn），他孜孜不倦地為國際護水運動而奔忙。我們還要特別感謝北極星研究所（Polaris Institute）的達恩・普斯克斯先生（Darren Puscas），他對於跨國自來水公司的研究非常出色。加拿大人評議會的派翠西雅・普度女士（Patricia Perdue）像以往一樣，總是給予我們無私的幫助和鼓勵。斯托達特出版社的唐・巴斯蒂安（Don Bastian）先生給了我們很大的精神鼓舞。我們的編輯凱瑟琳・德昂（Kathryn Dean）女士細緻的專業性指導再次使我們獲益匪淺。我們還要感謝我們的家庭，他們表現出的理解和支持對本書的面世助益極大。

讀者若對「藍色星球計畫」有興趣，可瀏覽加拿大人評議會的網頁：www.canadians.org。

莫德・巴洛
東尼・克拉克
二〇〇一年十二月於加拿大渥太華

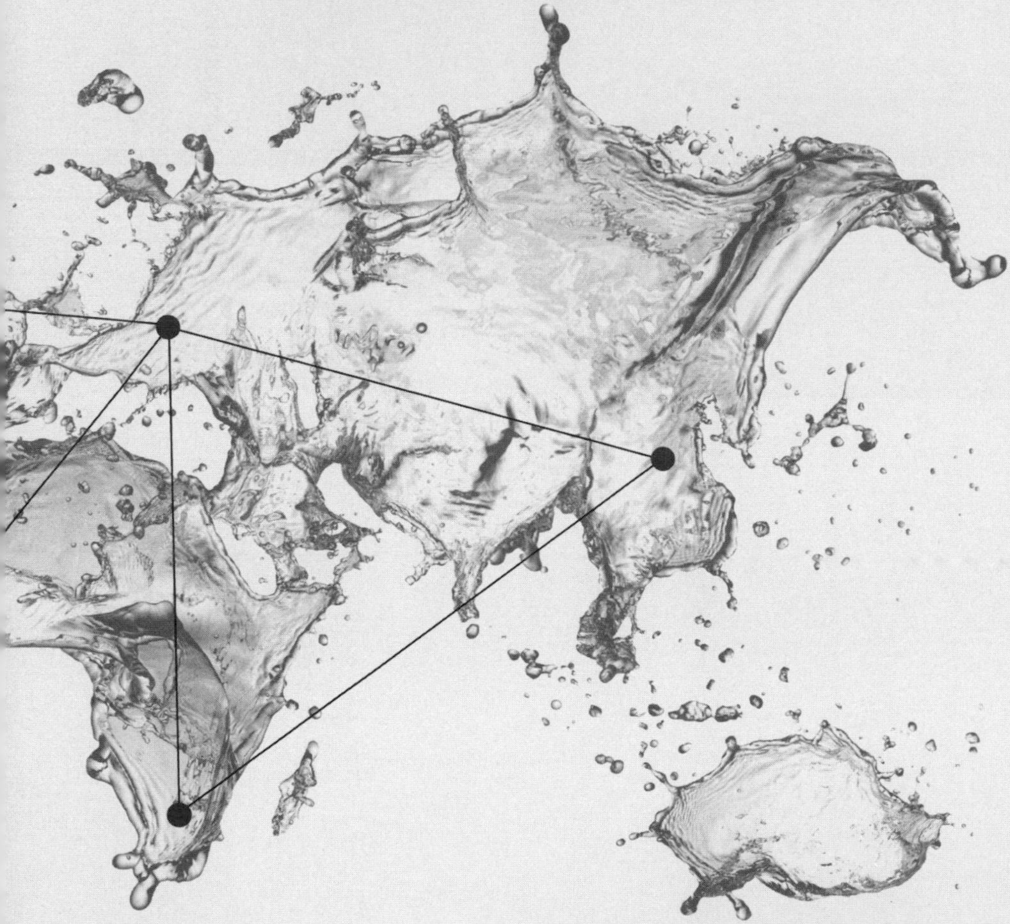

BLUE GOLD:

The Fight to Stop the Corporate Theft of the World's Water

第一部　危機

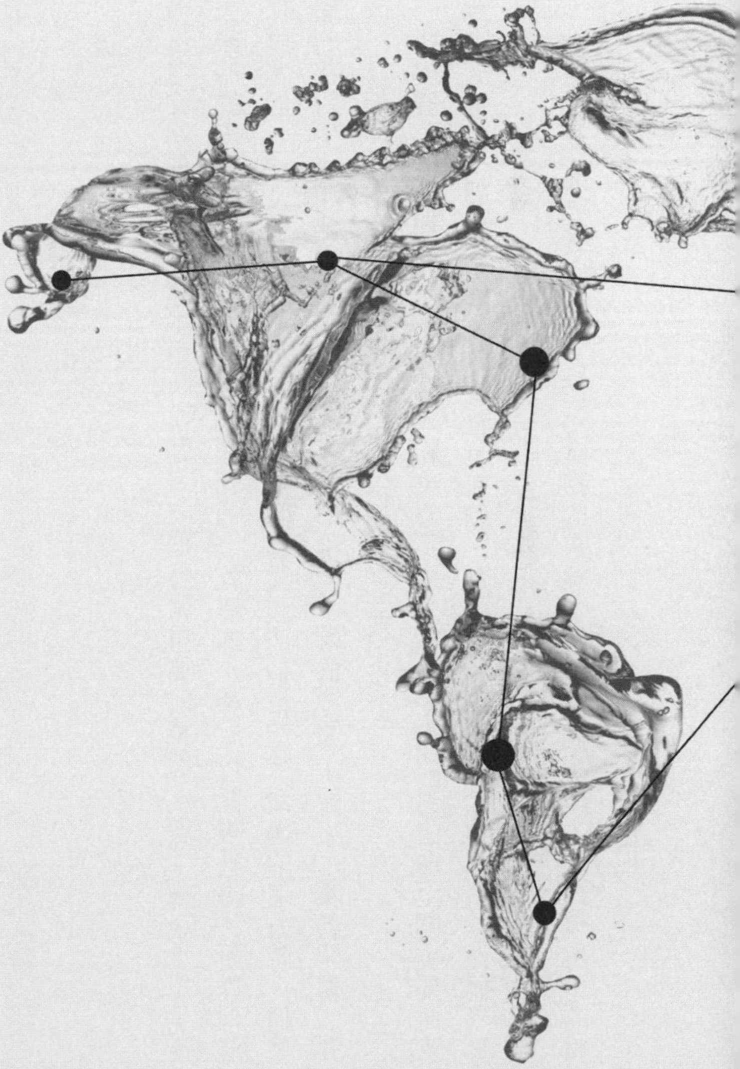

第一章　紅色警報

世界水資源是怎麼逐漸枯竭的……

在許多古老文明的傳說和歷史中，水都是一個非常重要的象徵。與二十一世紀生活在已開發國家的城市居民不同，過去的人都知道，乾淨的水源有可能被耗盡，所以他們盡可能地保護水源。按《聖經》所說，當以撒回到父親亞伯拉罕生活過的地方時，他發現父親開鑿的井對生命如此重要，以至於成為部落間爭端的源頭。後來，雅各開鑿的井被精心保護，直到耶穌誕生的幾個世紀後，人們都還在使用它。

另外一些族群，如早期的愛斯基摩人和美索不達米亞人，也將對生命至關重要的水置於至高無上的地位。愛斯基摩人的主食是海獅、魚、海象等海洋動物，所以他們崇拜水神紐利亞朱克（Nuliajuk）。傳說中紐利亞朱克是個殘忍卻公正的女王，而她的所有力量都來自水。她送給愛斯基摩人海洋，作為食物的來源；送給他們冰塊，作為建房子的材料。如果惹惱了她，她就會停止供應這些禮物，這樣所有的人都會死去。

早期美索不達米亞人對水的崇拜卻出於完全不同的原因，在遷徙到豐饒的北伊拉克谷地之前，他們生活在南部乾旱的平原上，因此不得不精細地利用十分有限的水來灌溉農田，所以在他們的神壇上，水神恩奇（Enki）享有非常特殊的地位。

中國則有個神話，講的是后羿為了避免世界乾枯，而把九個太陽先後射下來的故事。古代的中國人認為，水是構成世界萬物的五大要素之一，這五大要素之間存在某種平衡，而這種平衡絕不允許被破壞。每當自然的循環被打亂，例如旱災或水災發生的時候，皇帝就要採取某些措施，如對災區採取減稅或從國家倉庫中撥糧給災民。今天，自然的循環正被全球氣候變遷和人類破壞全世界水源的行為所打亂，而我們的政府卻不能像古代皇帝那樣站出來承擔責任，他們放棄保護和節約用水的責任，並把水資源的管理權出讓給民營企業。

由於水對於生命非常重要，民營企業對世界水資源及其分配方式的控制是對全人類的威脅。所有現存的生態系統都靠水和水文循環來維持。古代人和生活在大自然週遭的人都知道，毀滅水源即是毀滅生命。只有現代那些由貪婪和自我優越感所產生的所謂「先進」菁英文明，才會完全無視水的尊嚴。產生的惡果在世界各個角落都顯而易見：乾透的沙漠與城市、被毀壞的溼地、被汙染的水源，以及正在死去的孩子和動物。

大自然不會無限寬厚，這就像被愛斯基摩人所崇拜的紐利亞朱克女神一樣，它不會對人類無止境的掠奪永遠保持沉默。種種跡象表明，如果我們不迅速制止破壞水源的行為，以及維持健康的生態系統，那麼人類所累積的財富和知識都將變得毫無意義。今天人類對水的依賴與我們的祖先並沒有差別，可是很多人沒有意識到寶貴的水正隨時間流逝，一點一點地從地球上消失。

有限的水源

人類一廂情願地認為地球水資源可以無限供應，因此很多人毫無省水觀念，好像水永遠不會枯竭一樣，但是這個假定是個悲劇性的錯誤。事實上，實際可被利用的水資源只占地球總水量不到〇・五％，其餘的是海水、南北極的冰塊，以及地球深處無法利用的水。冷酷的現實是，人類正以極快的速度毫不留情地消耗和汙染地球上可用的水資源，以至於所有的生物，包括人類，都正面臨致命的危險。

地球的水資源有限，從創世紀到現在，地球上的水源並沒有增加。有一種理論認為，有少部分的水可能以「雪彗星」的方式從太陽系外進入大氣層。但即使這個理論正確，新增加的水量是如此少，對於解決缺水危機也無濟於事。

地球上的總水量約十四億立方公里。加拿大自然學家埃福蘭・克里斯汀・皮耶魯（Evelyn Christine Pielou）解釋，如果這十四億立方公里是一個正立方體，那麼每邊的長度大約一千一百二十公里，這個長度差不多是蘇必略湖（Lake Superior）[2]的兩倍。然而全球的淡水卻只有三千六百萬立方公里，只占總水量的二・六%，其中的一千一百萬立方公里能快速地循環，這只占總水量的〇・七七%。然而，淡水只能透過降雨的形式來反覆利用，全球只有三萬四千立方公里的雨水可以通過河流和地下水流回海洋，這才是實際上人類可以使用的淡水總量。

降雨是水文循環的中心環節。這個循環分布在距離地表十五公里高的大氣層到地表以下五公里之間。水氣從海洋和陸地蒸發到大氣層，形成地球的保護罩，當水氣逐漸飽和，就形成了雲層，雲層遇冷則產生降雨，雨水落到地面，滲入地下，形成地下水，地下水又成為小溪和河流的泉源，地表水遇熱又蒸發到大氣層，開始新的一輪循環。

地球上大部分的淡水儲藏在地底下，深淺不一。地下水的體積是地表水的六十倍。地下水有不同的種類，但對人類來說，其中最重要的一類稱為「天水」（Meteoric Water），也就是參與水文循環並不斷注入江河湖泊的地下水。地下水的含水層因為被岩石包圍，

2 蘇必略湖（Lake Superior）是北美五大湖之一，為世界最大淡水湖。

相對比較穩定。許多地區是封閉的含水層，這意味它們並不靠「天水」來補充水量。理論上開鑿至含水層中取水的水源比較穩定，因為這些含水層的蓄水量很大，但要保證這種水源可以長期穩定供給，消耗的水必須得到等量新水源補充。可是今天人們卻只取不補，不停地抽取地下水，來彌補地表水的不足。

多重威脅

基於種種原因，以上提到的各種水源正趨近它們的使用極限。首先，世界人口急劇膨脹，二〇一二年，印度將增加二・五億人口，而巴基斯坦人口將達到二・一億人。在世界上五大爭水「熱點」（鹹海地區、恆河流域、約旦河流域、尼羅河流域及底格里斯河——幼發拉底河流域），這些地區的人口預期在二〇二五年成長四五％到七五％，中國將比二〇〇二年增加兩億多人，全世界人口將從二〇〇二年的六十一億人口增加五七％。聯合國農糧組織（U.N. Food and Agriculture Organization）認為，全球的農業產量必須增加五〇％才能滿足人口成長的需要。毋庸贅言的是，對水的需求也將有爆炸式的成長。阿姆斯特丹生態管理基金會（Ecological Management Foundation）的阿勒德・斯帝克（Allerd Stikker）說：「我們面臨的問題是，一方面自然降雨仍是唯一可再利用的淡水水源……

（但水量有限），而另一方面全球人口大約以每年八千五百萬人的速度成長，顯而易見的結果就是平均每人的可用水量必然急劇減少。」

現在愈來愈多人遷往城市，稠密的城市人口讓有限的自來水系統產生壓力，公共衛生服務成為難以解決的問題。今天，城市與非城市人口數量相同，這在歷史上從來沒發生過。目前人口超過一千萬的大城市有二十二個，聯合國更預估，到二〇三〇年，大城市數目將增加一六〇%，屆時城市人口將比農村人口多一倍。

另一個不容忽視的現象是，基於各種原因，平均每人用水量也在急劇增加。全球總用水量每二十年就增加一倍，這比人口成長的速度高出一倍以上。特別是已開發國家的居民，在科技和衛生系統的發展下，產生不必要的用水浪費。加拿大每個家庭平均每年消耗五十萬公升的水。一個抽水馬桶沖一次水就耗去十八公升，而許多家庭擁有不止一個抽水馬桶。在很多國家，還有大量的水在運送過程中白白漏掉。雖然個人用水爆發性成長，但這些家庭和社區用水只占人類總用水量十分之一。

然而，工業用水還是用水大宗，約占總用水量二〇%至二五%，而且逐年急劇增加。依照目前這種趨勢，到二〇二五年，全球工業用水將增加一倍。在世界各大洲，尤其是拉丁美洲和亞洲，過去自給自足為主的小農生產方式迅速轉為以出口為導向的農業企業化經營，導致農業用水量大幅增加，破壞長期保持的人與自然間的平衡。拉丁美洲和其他第三世界國家現在有八百個以上的自由貿易區，大批生產的消費產品出口到已開發國家，使當地的水源供應更趨緊張。

很多新興產業都需要大量用水，生產一輛小客車需要耗水四百公噸，電子業需要大量的去離子水來維持生產。單單在美國，工業用水每年將很快超過十五億噸，同時還產生三億公噸的廢水。高科技產業曾一度被認為是「乾淨」的行業，實際上，在其不算長的歷史發展中已經留下令人吃驚的汙染記錄。美國環保署「有害汙染源」的名單中，位於矽谷的公司比美國其他任何地區都多，矽谷還有超過一百五十處被汙染的地下水源，其中大多數都與高科技生產有關。在亞利桑那州的鳳凰城，有將近三〇%的地下水源被汙染，其中一半以上都是高科技產業造成。

全球總用水量中剩下的六五%到七〇%是農業灌溉用水，這其中只有一部分是使用第三世界國家傳統的小農生產方式，比例愈來愈高的農業企業化生產則以大量浪費水而為人所知。已開發國家和納稅人給這些農企種種優惠，使緩慢滴灌這種較省水的耕作方式逐漸被淘汰。其實這些農業用水有大部分其實應該當成工業用水，因為現代企業化農業生產與傳統的小農生產方式已經沒有什麼共同點。

除了人口與每人平均用水量的成長，另一個影響水源持續供給的因素是淡水水源受到大規模汙染。全球性的森林濫伐、溼地破壞、農藥與化肥對水源的汙染，以及全球氣候暖化，都使有限的水資源系統愈來愈脆弱（第二章對此有更詳細的討論）。另一種形式的汙染則來自於水壩的修建和迫使河流改道，它們有可能導致水中的汞及其他有害物質聚集，而這類工程愈來愈多。一九五〇年，全世界只有大約五千個大型水壩，而現在，這個數字已經增加到四萬。為了航運迫使河流改道的例子則從一九〇〇年的不到九千例，成長到接近五十萬例。在北半球，世界主要河流中有四分之三的水都用於發電，供應城市用電需求。

同時全球主要河流的過度開發也威脅著有限的水資源。美國麻州安姆赫斯特（Amherst）的全球水資源政策計畫（Global Water Policy Project）主持人珊德拉・波斯特爾（Sandra Postel）警告：「由於修建水壩、迫使河流改道以及過度取用河水，埃及的尼羅河、南亞的恆河、中國的黃河以及美國的科羅拉多河，大部分的時間都只有少量甚至完全沒有任何河水流進大海。」

實際上，科羅拉多河因為在流過七個州的過程中被過度取用，入海前基本上已經沒有水了。位於美國與墨西哥間的格蘭德河（Rio Grande River）和科羅拉多河上游的水量預期在一百年內分別減少七五％和四五％。二〇〇一年，格蘭德河有史以來首次在進入墨西哥灣前乾枯。

北美五大湖的水位也在近幾年創下最低記錄。二〇〇一年，蒙特婁港的水位比平均值低了一公尺以上，密西根湖和休倫湖低了五十七毫米。許多環境保護組織警告，因為聖勞倫斯河（St. Lawrence River）的流量受五大湖水位的影響，將來某一天它會在進入大西洋之前乾枯。

逐漸乾枯的地球

斯洛伐克非政府組織（Slovakian NGO）的水文工程師麥克・克拉維克（Michael Kravcik）與他的同事在一份報告中詳細地描述人類活動如何影響水源地。克拉維克是斯洛伐克科學院院士，多年來研究城市化、農業工業化、森林的消失、高速公路的修建、城市的基本設施及水壩的修建對斯洛伐克及周圍國家水資源的影響。他得出的結論是，破壞水源地不但對人類和動物造成危機，還大量減少全球的淡水總量。

克拉維克在報告中描述水文循環的過程。一滴雨水必須先從植物、地表、沼澤、河流、湖泊或海洋蒸發到大氣層，然後遇冷才落回地面。如果這滴水落到森林、湖泊、草地或農田裡，它會很容易被吸進土壤或森林，參與大自然的水文循環。但如果它落到公路表面或城市的建築上，就不能被吸進土壤，而是通過某種途徑歸入海洋。這就意味著地面和河流裡的水變少了，當然蒸發量也隨之變少，這將造成內陸國家雨水變少，因為一部分本來應該屬於那裡的水已經通過上述的過程進入海洋。

克拉維克解釋：「只有當海洋蒸發的水量與河川匯入海洋的水量相等時，大自然的水文循環才會平衡。」然而，有時從地表向地下滲透的水量會減少，這種現象稱為「毛細作用減少」，它有可能是因為地表上有太多的建築物。如果雨水不是落在森林或土地上，而是落在公路路面或建築物上，它就不可能被滲透到地下，而是跑到河流和海洋裡，後果就是寶貴的淡水變成鹹澀的海水。

克拉維克和同事還發現，地球表面的「硬殼化」，就是森林和草原的消失與天然泉水和小溪的逐漸乾枯，會造成河川流域地區的降雨量減少。他們形容，當雨水落到沒有樹木的公路和建築物密集區時，就像落到一個巨大的雨傘上面，傘下仍然是乾的，而寶貴的雨水都從傘邊流走。雨水和雪水在森林和草原上很容易被留下，而一旦落到「硬殼化」的地區，就會直接滑到邊緣進入海洋。克拉維克認為，讓一滴水回到森林和草原是它們的基本權利，但這種權利卻被人們粗暴地侵犯了。

為了讓這個理論更精確，他們分析斯洛伐克的情況。斯洛伐克是中歐的一個小國，近幾年在很短的時間內迅速城市化。昔日農村變成「現代化」城市，自來水系統也大幅調整以適應城市化的需要。這些科學家有確實的證據，證明人為對斯洛伐克河流系統的改造，使雨水從陸地流向海洋的速度加快。他們的報告點出新建築物、停車場、高速公路使得淡水減少的確切數字：斯洛伐克每年損失約二‧五噸的淡水，相當於全國河水總量一％。從第二次世界大戰結束以來，斯洛伐克的年降雨量減少三五％！城市建築的大量增加，使沼澤和池塘減少，一部分的雨水也因此失去參與在這些溼地聚集、蒸發，然後再落回地面的機會。

報告中更對全球情況作出可怕的預測：全世界如果都以斯洛伐克差不多的速度城市化，因此產生地表「硬殼化」，這就意味著全球每年要損失一‧八兆噸的淡水，同時使海平面每年增高五毫米。如果這個趨勢繼續下去，那麼再過一百年，全球將損失一百八十兆噸的淡水，這大約與現在全球水文循環的總水量相當！

另外，這些科學家們還警告說，世界上有愈來愈多的地區從富水區變成缺水區。在不遠的將來，可能發生的後果包括旱災、全球氣候變暖以及伴生的極端氣候現象、大氣層保護作用的降低、陽光輻射的增強、地球上生物的減少、南北極冰冠的融化、陸地的沉陷及大規模的沙漠化等。用麥克‧克拉維克的話說，這將最終導致「世界崩潰」。

二〇〇一年十一月，美國加州大學聖地牙哥分校的史奎普斯海洋研究院（Scripps Institution of Oceanography）發表一篇報告。他們發現，人類汙染過程中產生的懸浮物可能也會對全球的水文循環有不利影響。煤、石油、天然氣等礦物燃料在燃燒過程中產生的空中懸浮顆粒——硫酸鹽、硝酸鹽、飛灰、礦物粉塵等部分阻擋陽光對海洋的照射，結果造成海水蒸發量減少，進而導致降雨量減少。參與此項研究的這一百五十名優秀科學家還指出，這些空中的懸浮物本身就可沾住一部分水量而使降雨量減少。

瘋狂的尋找

當地表淡水水源遭到廣大的破壞時，對各社區、農民以及各類工業來說，瘋狂把尋找新水源的目光轉向地下水源就毫不奇怪了。地下水分為淺層地下水和較深的含水層地下水兩種。全世界有十五億人口（約占總人口的四分之一）的飲用水是依靠地下水。亞洲大部分國家的用水依靠地下水的比例在五〇％到一〇〇％之間，這也包括中國和印度這兩個人口最多的國家。有些國家，如巴貝多、丹麥、瑞典幾乎完全依賴地下水。法國、加拿大、英國的用水也有大約三分之一來自地下水，而美國則超過五〇％。對地下水日復一日的取用，造成地下水入不敷出與含水層枯竭，這在許多農業地區已經是很嚴重的問題，而對許多大城市來說，已經接近生死攸關的地步了。

含水層的大小可以相差很多，按照自然學家皮耶魯的解釋，地下水必須具備以下兩個條件才算是含水層：它的體積必須夠大；也必須有足夠的滲透性來保證存水能以一種可接受的速度取用。含水層分為兩種：一種是封閉型，意思是被一層岩石或其他沉積物所包圍，裡面的水不能往上逃逸。另一種是非封閉型，當蓄積的水夠多時，水就會向上湧到離地表較近的位置，在這樣的含水層上鑽孔鑿井比較容易，因為不需要打穿堅硬的岩層。人們在尋找新的地下水源時，最常用的方法是鑿試驗井。鑿井取水已有千百年的歷史，但如此大規模抽取地下水卻是二十世紀後期才出現的現象，原因是現在的電力和鑿井設備都相對便宜許多。

在許多地區，抽取地下水用來灌溉是天經地義，因為它能使農作物常年生長。這讓具爭議的「亞洲綠色革命」成為可能。在第三世界國家，特別是印度，所進行的「綠色革命」實際上是個巨大的試驗，希望能在有限的可耕地面積上獲得最高的收成。為了達到這個目標，單一作物取代多種作物，並使用大量的農藥和化肥。儘管這樣做確實大幅增加糧食產量，但這場「革命」現在引發很大的質疑，因為這會消滅作物的多樣性，增加化學汙染並過分依賴大規模灌溉。「綠色革命」導致曾經長期和平相處的農民為了爭水而屢生衝突，並讓傳統處理水災、旱災和水資源分配的方法顯得過時。「綠色革命」依靠大量用水、化肥及農藥，播下它日後失敗的種子。

地下水的另一個問題是由於無法直接看到，所以農民要到再也打不出水來才知道地下水已經枯竭。另外，對地下水的過度取用不僅會造成含水層枯竭，還會使附近地區的地下水位大幅下降，造成取水成本逐漸升高，並增加可溶性礦物質汙染程度。更嚴重的是，因為地下水是山泉、河流和湖泊的主要來源，所以即使過度取用地下水還未使含水層徹底枯竭，它卻有可能導致這些地表水源消失，例如江河流量可能減少，池塘和沼澤可能消失，沿海地區的海水可能侵入乾枯的地下含水層。印尼和菲律賓首都的水質就因為海水入侵而急劇惡化。有些地區，特別在大城市附近，乾枯的含水層可能崩陷。所以，對地下水的過度取用會持續降低全球的蓄水能力。

另外，全球採礦業、製造業及石油開採業對地下水的汙染也愈來愈嚴重。聯合國環境保護組織在《世界資源》（*World Resources*）的報告中指出，第三世界國家在迅速工業化的過程中讓含水層遭受重金屬、酸以及有機汙染物的汙染，而這些含水層常是當地唯一可用的水源。

光是在加拿大的亞伯達省（Alberta），每年就有高達二億零四百公噸的水被注入油井，尤其大部分是含水層的地下水，藉著對油田加壓以提高原油產量。這些水足夠讓加拿大紅鹿地區的七萬居民使用二十年。可悲的是，當這些油井廢棄之後，裡面的水都不可能再為人類和自然服務了，因為它含有高濃度的礦物質和採油過程中引入的汙染物。

最近，加拿大政府和幾家石油公司投入大筆資金開發位於亞伯達省北部的焦油砂礦。焦油砂是原油的一種，這個油砂礦估計占世界原油儲量三分之一，甚至高於沙烏地阿拉伯的原油儲量。不過將原油從焦油砂中分離需要使用大量的水，這使得該地區的小溪和江河流量已經開始減少。更為嚴重的是，加拿大水利專家傑米・林頓（Jamie Linton）指出，在提煉過程中用過的水會汙染到難以再生的地步，所以只好無限期將汙染的水儲存於廢水池中。另外，為了從深層油砂中取油，需要橫向鑽井並在裡面注入高溫蒸汽。這個技術平均需要耗九桶水才能生產一桶原油，科學家預估這將引起當地嚴重缺水。

煤層氣生產時，大量的含鹽地下水也會從煤層邊的含水層中抽取出來。每口礦井每天平均抽出約六十噸地下水，而這些富含鹽分的水通常排進河流中，直接威脅很多水生生物的生存。僅僅美國蒙大拿一個州，就計畫在十年內開發一萬四千到四萬口煤層口氣井。如果取中間值二萬四千口計算，這意味著每天將損失地下水一百四十四萬公噸。十年內，地下含水層的水位將降低十公尺，同時對附近的水源造成嚴重的鹽化汙染。

基於此類用水呈指數成長的現實，世界資源研究所發出令人震驚的警告：「在二十一世紀，全球性缺水有可能成為最緊迫的問題之一。在很多情況下，水資源入不敷出，地表水源的水量愈來愈少，而地下水也在逐漸枯竭。」用經濟學的術語來講，對於有限的淡水資源，我們本應只用它的「利息」，可是我們現在已經在用它的「本金」，在不遠的將來，我們將徹底「破產」。

被烘烤的美國

很多北美人都覺得缺水只是第三世界國家的問題，可是實際上，北美的缺水危機也愈來愈明顯。在美國，二一%的灌溉用水是抽取地下水，取水速度超過地下水的補給速度，意味著像美國中西部奧加拉拉含水層（Ogallala Aquifer）也在逐漸乾枯。結果是當地的農民經常遇到嚴重的旱災，而且井水水量愈來愈少，每年造成的農田損失超過四千億美元。

奧加拉拉含水層可能是全世界最著名的地下含水層，它是北美洲最大的一個水源，位於美國高原地區，面積超過五十萬平方公里。它從德州的西北部一直延伸到南達科他州，據說儲水量達四兆噸，比北美五大湖中的休倫湖水量還多二〇%。這個含水層很深，幾千年來很少得到補充。如今，二十萬口以上的水井無情地從中抽水來灌溉三百三十萬公頃的農田，占全美國灌溉農田的五分之一。目前，從奧加拉拉含水層中取水的速度是每分鐘五萬公噸，是大自然補水速度的十四倍。從一九九一年開始，這個含水層的地下水面每年至少下降一公尺，減少的地下水量非常多。有些人估計，現在這個含水層的水量只剩下不到一半。

對奧加拉拉含水層的破壞大概是美國發生水資源危機過程中最惡名昭彰的一個例

子，美國其他地區也有類似情況。舉例來說，加州也遇到相同嚴重的問題。加州的地下水正在逐漸枯竭，科羅拉多河水的取用到了極限，聖華金（San Joaquin）地區的地下水面在過去的五十年下降將近十公尺。加州中部谷地對地下水的過度取用，使加州所有的人造水庫水量損失超過四〇%。據加州水資源部估計，如果不能找到新的水源，到二〇二〇年，全州缺水量將幾乎等於今天全州城市淡水總用量。

在美國西南部缺水的沙漠地區，人口呈現爆炸式成長，僅土桑市（Tucson）的人口就超過八十萬人，亞利桑那州的人口也在七十年內成長十倍，達到四百萬人。土桑市多年來依賴地下水源，使地下水面和地表的距離從一百五十公尺變成現在的四百五十公尺，現在土桑市已經不得不開始使用科羅拉多河的水，而且還購買周圍的農地取水，而這又導致大片農田荒蕪。另外，鳳凰城以每小時一英畝的速度擴大，使得城東的地下水位下降超過一百二十公尺。有人預測，如果新墨西哥州亞伯古基市（Albuquerque）按目前的速度繼續抽取地下水，地下水位在二〇二〇年將再下降二十公尺，當地的主要城市將在十到二十年內將耗盡水源。

即使在多雨的西雅圖郊區，水也是出多進少，預計二十年內將出現短缺。在乾燥得多的德州艾爾帕索（El Paso），預計二〇三〇年前所有的水源都將枯竭。而在堪薩斯州東北部，為了解決嚴重的缺水問題，當地官員正計畫修建輸水管從已經不堪重負的密蘇里河取水。幾百萬生活在芝加哥和密爾瓦基的居民，則以位於伊利諾州和威斯康辛州邊界的巨大砂石含水層為主要水源，一百年來不間斷地取用使得地下水位不斷下降，科學家們預言，如果不降低取水量，這個含水層將在可預見的未來徹底枯竭。

往東一些的肯塔基州，在全州一百二十個縣中，有超過半數在二〇〇一年的夏天面臨缺水的情況。在大西洋沿海，維持長島用水的封閉型盆地含水層正遭受逐漸乾枯與工業廢水排放汙染的雙重打擊。同時，麻塞諸塞州的伊普斯威奇河（Ipswich River）的流量愈來愈小；而以水質差聞名的費城和首都華盛頓等東部城市也不得不向更遠的地區尋找長期的可靠水源。

與奧加拉拉含水層相似，東南部的佛羅里達含水層系統的水也是出多進少。這個含水層位於佛羅里達和附近幾個州，雖然面積有二十萬平方公里，但從該含水層系統取水的速度每分鐘高達六千六百公噸，使得地下水位下降到危險的地步，海水也已經入侵這個含水層系統。令人無法置信的是，當時的佛羅里達州長傑布・布希（Jeb Bush，也就是小布希的弟弟）還鼓吹一項提案，要用未經處理、被各種雜質汙染的地表水來灌注這個日趨枯竭的地下水源。

絕境中的墨西哥

從美國往南的情況更為惡劣。墨西哥城在歷史上一度是個綠洲，是阿茲特克人（Aztec）[3]的生活中心，當時被稱為特諾徹特蘭（Tenochtitlan）。這是個名副其實的島城，四周環湖，以三條堤道與大陸相連，周圍交錯著豐富的運河、溝渠、堤防、橋樑，並有「漂浮的花園與浴室的天堂」美稱。可是一五二一年西班牙入侵後，他們拆毀阿茲特克精美的建築和堤防，並驅使當地無數的居民將湖泊填為平地。此外，還以墨西哥城作為新西班牙的首都，不過西班牙人認為墨西哥城應當更像一個偉大的西班牙城市，而不該像威尼斯，所以也毫不留情地毀掉了附近的森林。

墨西哥城的人口曾經在五百年內保持不變，一八四五年也只有二十四萬人，突然間人口開始增加，一九三〇年衝破百萬大關，到今天已經發展到令人瞠目的兩千兩百萬人。缺乏整體規劃的市區無限擴張，導致「水泥森林」崛起，並覆蓋原來的下水道和自來水系統。幾百年前建成的脆弱基礎設施遠不能適應日益增加的負擔，大約四〇％的水在運輸過程中滲漏流失。雨水得不到合理的使用，直接流入巨大的城市下水道系統與骯

3　阿茲特克人（Aztec）是墨西哥印第安人。

髒的汙水混合，然後再被水泵抽出灌溉附近的農田。

墨西哥城的地下水源所面臨的嚴酷壓力顯而易見。墨西哥全國用水量七〇％來自地下含水層，取水速度比補充速度快五〇到八〇％。墨西哥城三分之一的用水量需要抽高到海拔二千三百公尺，其中一部分需要從三百公里外抽取。專家們說，墨西哥市可能在十年內處於完全無水可用的境地。

幾十年來對地下水的過度取用使得原來地下水的空間被空氣取代，導致墨西哥城逐漸下陷。這個過程類似生產煤礦或油井造成的下陷，稱為地層下陷（subsidence）。在世界的大城市中，墨西哥城是第一個經歷這種由於地下水流失而導致的沉降，原因是地下土壤結構呈海綿多孔狀，用水愈多，城市就沉降得愈厲害。在這過程中，陳舊的下水道和輸水管被擠破，建築出現裂痕而搖晃。經過這幾十年來持續地下沉，近年來沉降速度已達到每年五十毫米。

危機不僅限於墨西哥谷地區，連年的旱災使索諾拉省（Sonora）西北部地區乾燥得像根骨頭，該省三十五年前在蒙提祖馬河（Moctezuma River）築壩建成的巴圖克水庫（Batuc Reservoir）已經見底，裸露出當年修水庫時沉在水底的教堂和墓地。索諾拉省以北沿著美墨邊境，稱為馬奎拉多拉（Maquiladora）的加工出口區，在那裡有數百萬年輕墨西哥人賺取奴隸般的工資，在不安全甚至有毒的環境中工作。那個地區的淡水十分珍貴，很多社區只靠每週一次的卡車或馬車從外地運水。華瑞茲市（Ciudad Juarez）每年增加五萬個居民，而賴以生存的地下含水層水面卻以每年一・五公尺的速度在下降。以這種速度，二十年後將徹底無水可用。

中東危機

幾乎所有的中東國家都面臨著歷史性的水資源危機。在阿拉伯半島，地下水的取用與補給速度比例接近三：一。沙烏地阿拉伯全國用水量的七五%來自地下含水層，按照現在的取水速度，地下水在五十年內將徹底枯竭。為了達到糧食自給自足的目標，沙烏地阿拉伯曾以補貼的方式鼓勵農民利用地下水灌溉農田，但是這樣做的代價很大，每增加一噸糧食需要花的水量是以前的三倍，而地下含水層水位的降低迫使政府停止這個政策，不過全國水資源已經遭受嚴重的破壞；在伊朗，人們正經歷幾十年來最嚴重的缺水危機。官方的伊斯蘭共和國新聞社（The Islamic Republic News Agency）報導，伊朗農業正面臨十二億噸水的缺口，連年的旱災更使得缺水狀況雪上加霜。

在以色列，二十五年來地下水的取水量超過補水量二十五億噸，而且沿海地區的地下含水層有一三%遭受海水和化肥汙染。官員預測，到二〇一〇缺水將達三・六億噸。

可是在二〇〇一年七月，以色列政府就已經宣布，全國正面臨有史以來最深刻嚴峻的缺水危機，連續三年的乾旱使以色列政府不得不考慮推行禁澆草坪政策。以色列水資源委員會主任西蒙・塔爾（Shimon Tal）警告，在計畫中的海水淡化廠開始運轉以前，全國必須將用水量降到「勉強糊口」的地步。

以色列的水源有一半取自加利利湖（Lake Kinneret）。加利利湖的水源來自於約旦河（Jordan River），但湖水近年來已降到危險的標準，並開始被鹽水侵蝕。以色列另一半水源主要來自山地含水層和東方含水層，在有爭議的西岸和胡雷山谷（Huleh Valley）定居的居民和農民主要就靠這兩個含水層。胡雷山谷在一九四八年以前屬於敘利亞，這個地區大規模抽取地下水的農作方式大規模地破壞當地的水資源。馬克・維里耶（Marq de Villiers）在《水》（*Water*）中描述這一切發生原因：溼地消失了，地下水位開始下降，小溪和泉水逐漸乾枯。為了解決水中含鹽的問題，農民轉而種植抗鹽作物，但並不成功。就像發生在墨西哥城的事情一樣，含水層乾枯了，地表向下沉降，有的地區甚至整棟房子都被吸入地下而徹底消失。

巴勒斯坦和約旦也面臨類似的問題。巴勒斯坦的加薩走廊是全世界人口成長率最高的地區之一，而且幾乎完全依靠地下水當做水源。然而，地中海的鹽水對地下水的侵蝕已經深入到內陸一英哩之遠，有專家預言，巴基斯坦的地下水將被完全鹽化；約旦河則是約旦僅有的地表水資源，當以色列開始從中攔截，取水灌溉南以色列的農田時，約旦河的水位開始下降。目前約旦河的水位只有五十年前的八分之一，約旦人只好轉向有限的地下水，而現在地下水也是入不敷出。約旦的地下水取用速度比補充速度快二〇%。約旦河水位下降對死海帶來悲劇性影響，地球之友中東分部指出，過去三十年裡，約旦河水位下降超過二十五公尺，而且現在正以更快的速度下降。地球之友中東分部說，死海正在死去，死海南部的海底已經全部露出，變成一片工業區，而沿著原海岸線則出現很多致命的陰溝。

在約旦，還有一處具有極大象徵意義的地下水系統遭到破壞。在約旦沙漠深處的阿茲拉克綠洲（the Oasis of Azraq），過去幾個世紀被來往的動物、人類、遷徙的鳥類作為一處理想的歇腳地，曾經擁有超過十處地下泉水。這塊綠洲在一九七七年被命名為世界溼地遺產，可見對約旦的重要性。可是在二十年前，為缺水所困擾的約旦人終於開始將阿茲拉克綠洲的水供給首都安曼，一開始的取水速度是每小時九百噸，之後取水的規模不斷擴大，取水速度也超過一開始的三倍，超過阿茲拉克承受的能力。《環球郵報》（*The Globe and Mail*）記者艾倫娜・米切爾（Alanna Mitchell）報導，到一九九三年，這塊昔日的綠洲已變成塵土飛揚的垃圾場，映入眼簾的是深深的裂縫中冒出的一股股熱氣。

不幸的是，這些慘痛的教訓並沒有改變人類的行為。在用光常態水源並過度抽取沿海含水層的地下水後，利比亞在十年前決定從努比亞含水層（Nubian Aquifer）取水。努比亞是全世界占地最大的含水層之一，位於撒哈拉沙漠之下，橫跨查德、埃及、利比亞、蘇丹四國。同時，利比亞還花將近三百二十億美元雇用一家韓國公司，修建一條長達一千八百六十公里的輸水管，從撒哈拉沙漠的庫夫拉盆地（Kufran Basin）下的含水層抽取地下水提供給利比亞北部的農村和城市。這項工程已接近完工，有近一千口水井從沙漠下抽水，目前的年取水量略高於十億噸，未來全線運轉的年取水量將達四百億噸，與世界上任何一條大河的流量相當。利比亞國家總統格達費（Moammar Gadhafi）將這項工程稱為「偉大的人造河」，又稱它是「世界第八奇蹟」。以這種取水速度，這個含水層將在四十到五十年內徹底乾枯，這不光影響到利比亞，而且會影響其他鄰國。

中國「奇蹟」

在世界缺水危機的報告中，或許中國這個世界人口最多的國家最令人感到不安。中國擁有將近四分之一的世界人口，卻只擁有六%的世界淡水量。在全國各地，水井不斷地神祕乾枯，地下水位下降，江河、溪流、湖泊的水位也在下降。大型工業向地底深處抽取地下水的同時，數百萬農民發現他們的水井乾枯了。中國西半部主要是沙漠和山區，而全國十二億人口多數依賴的幾條大河已經愈來愈難滿足用水需求。以黃河為例，一九七二年是歷史上第一次在入海之前乾枯，那一年黃河的乾枯期有十五天，從那以後乾枯期每年都在成長，到一九九七年竟達二百二十六天，中國的其他河流也都有類似的經歷。

被稱為「中國麵包籃」的華北平原，當地的地下水位每年下降一・五公尺。中國北部現有的八個地下含水層都處於入不敷出的狀態。六百個城市中有四百個城市、超過全國一半人口的居民面臨著嚴重的缺水問題。儘管政府祭出政策將灌溉用水調往北京，首都的地下水位仍在過去的四十年內下降三十七公尺，北京的缺水危機已經很嚴重，專家也在懷疑中國政權是否會因此產生變化。

缺水時代已經來臨。保守估計，在未來二十年內，中國的工業用水將從現在的每年五百二十億噸成長到二千六百九十億噸。另外隨著居民收入的增加，數百萬中國人將安裝包括淋浴和沖水馬桶等室內抽水裝置。世界觀察研究所預測，中國將成為世界上第一個不得不改變其經濟結構以因應缺水問題的國家。

世界觀察研究所還警告，中國農民面臨意料之外的缺水危機有可能對全世界糧食供應造成威脅，因為有限的水資源不斷地調度給工業和城市居民。中國城市規劃者估計，同樣的水如果用在工業上，比用在農業上可以高出六十倍以上的經濟效益，因此政治領導人打算將更多中國城市用水轉移給工業使用。但當面臨糧食生產不足的時候，中國對進口糧食的需求量可能會超出世界糧食市場可以供給的出口量。也許短期對中國可能不是太大的問題，因為迅速發展的經濟和巨額貿易順差使它有足夠的購買力。然而，中國不斷增加的進口糧食需求將推升世界糧食價格，帶動其他第三世界國家的城市引發社會和政治動亂，並威脅到全世界的糧食供應。

災難蔓延全球

類似的情形也在其他國家和地區發生。許多非洲國家本來水源就很有限，而旱災、人口成長、工業汙染使情況更加惡化。世界最大的沙漠——撒哈拉沙漠——所處的非洲正在進一步沙漠化，沙漠下本來有巨大的含水層，但利比亞總統格達費的巨大取水工程使這些含水層的儲水量急劇下降。目前這些含水層的水量估計每年減少一百億噸，當利比亞取水工程完工後，減少速度只可能進一步增加。馬克．維里耶在《水》一書中說，以下二十二個非洲國家只能為當地不到一半的人口提供乾淨的用水：幾內亞比索、幾內亞、獅子山、聖多美普林西比、馬利、尼日、奈及利亞、喀麥隆、剛果共和國、剛果民主共和國、安哥拉、賴索托、史瓦濟蘭、蒲隆地、莫三比克、馬達加斯加、烏干達、肯亞、衣索比亞、索馬利亞、吉布地、厄利垂亞。然而，全世界取用地下水最過度的國家是印度。在印度多數省分，耗水量為自然補水量的兩倍，導致地下水位每年下降一到三公尺。情況特別嚴重的地區是被稱為印度「麵包籃」的旁遮普省（Punjab）、哈里亞那省（Haryana），還有位於西北地區的古吉拉特省（Gujarat）。古吉拉特省有九〇%的水井水位嚴重下降。坦米爾那都省（Tamil Nadu）的地下水位三十年來下降約三十公尺，許多含水層已經完全乾枯。在拉吉斯省（Rajasthan）的久德浦爾市（Jodhpur），地下水的枯竭引起自來水系統爆炸。儘管旁遮普省和孟加拉每年都有水災，但那些地區的地下水位下降得比中國還嚴重。根據國際水管理研究所（International Water Management Institute）的預測，在不遠的將來，地下含水層的枯竭將使印度的糧食減產四分之一。

紅色警報響起

根據聯合國的統計，世界有三十一個國家正面臨嚴重的缺水問題。超過十億人無法得到乾淨的飲水，將近三十億人沒有公共衛生設施。到二〇二五年，全世界將增加二十六億人口，其中三分之二在缺水的環境中生活，而三分之一在絕對缺水的環境中生活，屆時全世界對水的需求將超過可供給水量的五六%。

許多在北半球工業化國家生活的人可能很難想像無水可用的情景。我們有穩定的自來水系統，卻從來不知珍惜。以現在這種用水速度，有一天我們將會面對缺水危機。現在，一方面因為工業化的發展、農業用水需求增加，以及人口的成長，全球用水需求逐漸增加，同時可用水源卻在加快枯竭。我們本來應該盡量省水來應付這個危機，可是對地下含水層的過度取用、膨脹的城市化人口和不加控制的汙染卻在不斷透支世界的水資源戶頭。下一章我們會看到，溼地的消失、有毒物質的排放及其他形式的環境汙染也在威脅著世界尚存的寶貴水資源。今天，我們星球面臨的水資源危機無論怎樣強調都不過分。現在，警報正隆隆作響，人們，你們聽到了嗎？

第二章　瀕臨滅絕的地球

水資源危機怎樣使地球及生物瀕臨絕種

加拿大環境學家大衛・鈴木（David Suzuki）巡迴世界各國演講，向聽眾們解釋他的環境破壞幾何級數（exponential environmental destruction）。他說，環境問題並不是呈線性破壞，其中很多步驟很難用肉眼觀察，一個生態系統可能受到不同方向的破壞，而這種破壞又可能以各種不同的方式發生，一個生態系統可能第一天好像還沒有任何問題，而第二天卻突然死了。這不是二加二、四加四或八加八的問題，而是二乘二、四乘四、十六乘十六的問題。

鈴木用一個謎語來說明這個觀點。他要求聽眾想像一個湖中有一株荷花，只要荷葉沒有長得到處都是，荷花就會很漂亮，可以與湖和平共處。但如果荷葉將整個湖面都蓋滿，氧氣就無法進入湖中，湖就會死去。假設在六十天內，荷花呈幾何級數成長，到第六十天，荷葉將完全覆蓋湖面，這個湖就會死去。請問：在第五十九天，這個湖看上去怎麼樣呢？答案是荷葉只覆蓋一半的湖面，這個湖看上去一切正常。

如果對環境的破壞是等比例的速度發展，那麼在產生問題之後，我們應該有相同時間來解決這個問題，可以每天觀察問題的發展，並評斷危險性。但是，如果這種破壞是呈幾何級數發展，那來自不同方向累積起來的破壞效應就可能在沒有警告的情況下同時爆發。應用這個理論，鈴木會說，在水資源危機這個問題上，地球正處在第五十九天。

地球的淡水十分豐富，卻又不成比例地處於危險之中。儘管與陸地和海洋相比只占很小的一部分，但它卻滋養著比其他環境更高比例的各種生物。每單位淡水滋養的生物比陸地高一〇%，比海洋高一五〇%。在不到全球一%面積的地表淡水中，生活著一二%的動物物種，包括已發現的四一%魚類。然而在過去幾十年，淡水魚種中，至少三五%受到嚴重威脅，不是瀕臨絕種，就是已經滅絕了，而整個淡水動物區系都消失了。在北美，生活在淡水中的動物滅絕可能性是陸地動物的五倍。

這些物種消失的速度令人不安。廣受尊敬的《科學》雜誌（*Science*）報導，目前物種滅絕的速度是人類誕生前的一百到一千倍。如果在一個世紀內那些未受威脅的物種也滅絕的話，那將使整個物種滅絕的速度比人類誕生前高一千到一萬倍。珍妮・亞伯拉莫碧（Janet Abramovitz）在「可持續的淡水生態系統」一文中引用美國國立博物館生物學家喬納森・科丁頓（Jonathan Coddington）的話說，我們將面臨「生物多樣化赤字」，即生物物種和生態系統滅絕的速度將超過大自然產生它們的速度。

這場災難並不是平白無故發生，部分原因是人類對地球淡水系統破壞的累積，而這種破壞現在每天都還在繼續發生。

有毒物質的排放：汙水與化學物質

對淡水生物最大的威脅來自於汙染。每天都有大量的農藥、化肥（包括硝酸鹽和磷酸鹽）、細菌、醫院廢棄物、化學物質及放射性物質，從成千上萬的工廠、大農場和城市排放或滲透進入我們的水源。它們含有過量的有機物質和營養元素，如氧和磷，這些物質會造成藻類滋生，而藻類可以從水中奪取氧。汙染物還帶進可致病的隱孢子蟲（cryptosporidium）一類的病原體，以及導致動植物生長環境窒息的沉積物。藻類耗氧的速度叫做生物需氧量（biomedical oxygen demand），是衡量水汙染程度的一項指標，這個過程叫做「急性海藻汙染」。

水中有一些汙染物則是透過大氣傳染，它們從工廠的煙囪和摩托車排放的廢氣進入大氣中，工業廢氣中硫和氮的氧化物溶解於雨水中，形成酸雨，酸雨落下後將地表水酸化，可能殺死湖泊和生活在其中的所有生物。在加拿大某些地區，酸雨使湖中魚的種類減少四〇%。然而，加拿大自然學家皮耶魯指出，酸雨並不是造成地表水酸化的唯一原因，煤礦或金屬採礦時排放出的酸性廢水會產生硫化物，雖然可以利用這些硫化物商業化生產硫酸，但不幸的是，在大自然中，這些硫化物也可與氧和水混合而生成硫酸，從地表滲入湖泊和溪流中。

地下水汙染有多種不同的途徑，比如：洩漏的汽油油罐和汙水池、城市垃圾場、飼養家禽家畜的排泄物、礦井殘渣、化糞池破裂、原油洩漏、農藥殘餘、甚至清除道路積雪所用的鹽粒，這些都可能引起地下水汙染。它們可以形成「滲出水」，隨著雨水進入地下水。非封閉型的含水層最容易受到汙染，因為汙染物可以更容易地進入並迅速擴散。汽油一類的汙染物比水輕，它們浮在含水層頂部或沿著地下河流動，而較重的汙染物液體則沉降到含水層的底部。有些較重的汙染物危害十分嚴重，例如，一罐標準規格的二百公升油性工業溶劑三氯乙烯，需要用六百億公升的水來稀釋才會無害。另一種致命的重汙染物則是甲醇衍生的汽油添加物，叫做甲基第三丁基醚（Methyl tert-butyl ether），只要幾滴就可以汙染一個中等大小的含水層，在加州有數千個水井中都發現有甲基第三丁基醚滲入。

根據《國家地理》雜誌的報導，美國每年要用掉大約五億公斤的除草劑和殺蟲劑，其中大部分都滲入地下水系統中，這使美國將近四〇％的河水和溪水受到高度汙染，無法釣魚、游泳或飲用，生活在其中的魚和其他水生生物都變成毒物帶原者。三七％的淡水魚瀕臨絕種，六四％的淡水小龍蝦和四〇％的兩棲動物處於危險之中，六七％的貝類已經絕種或瀕臨絕種。山脈俱樂部的科羅拉多河工作隊警告說：「美國西部所有河川流域的生態系統都被人們破壞了。」

沿著墨西哥——美國邊境，在馬奎拉多拉自由貿易區，工人以令人難以置信的低工資為世界生產各種商品，這個地區產生很多工業和一般廢棄物，卻只有三分之一的廢水和汙水在進入河川前經過處理。一個環保組織將墨西哥——美國邊境稱為「三千四百公里的紐約愛河」（Love Canal）[4]。約書亞・卡令那（Joshua Karliner）在《大公司主宰全球》（*The Corporate Planet*）書中描繪這個地區的淡水系統破壞情況。從墨西哥流經加利福尼亞州到美國帝王谷的新河（New River）已經被一百多種有毒化學物質汙染，美國衛生部官員甚至警告居民不要走近這條河。一份政府的報告說，在馬奎拉多拉自由貿易區，七五％的工廠直接在河中傾倒有毒廢物，然而許多家庭仍然不得不依靠當地的河流作為生活水源，在那些河裡充滿著有毒工業廢物、垃圾，甚至因為飲用河水而被毒死的動物屍體。

4　愛河（Love Canal）位於紐約州北部，原設計用來疏通水運的一條運河，後來被丟棄化學汙染物，成為美國著名的汙染點。

充滿毒物的世界淡水系統

現在，世界上大多數河流都遭受工業汙染，而且看不出任何解決問題的跡象。根據聯合國工業發展組織（United Nations Industrial Development Organization）預測，到二〇二五年，工業用水將比現在多出兩倍，而工業汙染很可能增加四倍。另一個嚴重威脅世界河川的問題是未經處理的汙水排放。在第三世界國家中，九〇%的廢水不經處理就直接排入當地的河川。非洲維多利亞湖（Lake Victoria）遭到肯亞、坦尚尼亞、烏干達等周邊國家幾千噸未經處理的汙水及工業廢棄物嚴重汙染，塞內加爾河（Senegal River）和尼日河（Niger River）裡的魚類幾乎絕跡。在中國，八〇%的主要河流因嚴重汙染而不再適合魚類生活，每天排進長江的工業廢水和未經處理的一般廢水高達四千萬噸，黃河的水甚至因為過度汙染無法灌溉農田，中國的河流充斥著人類製造的廢棄物。

印度的恆河和雅魯藏布江充滿細菌和人類糞便。德里市每天有近二十萬噸未經處理的汙水排入亞穆納河（Yamuna River），使該河受到無法修復的損害。戴蒙達河（Damodar River）的情形也很類似，沿岸工廠排放大量有毒性的淤泥。在亞洲除了中國以外，印度的淡水系統被汙染得最為嚴重。孟買、馬德拉斯（Madras）與加爾各答的海濱充滿惡臭，被視為聖河的恆河已經成為露天的汙水排水管。

在日本，淡水汙染的主要來源是工業用高度氯化的溶劑。在雅加達、曼谷、馬尼拉，廢水和廢物的任意傾倒導致霍亂、傷寒及其他水媒病（Water Borne Disease）[5]的爆發。發源於中國的湄公河，流經緬甸、寮國、柬埔寨、泰國、越南，現在也因為工業廢棄物及一般廢棄物而奄奄一息。

在東歐，很多河流和湖泊已經可以在生態學上判定為死亡，不然就是遭受嚴重汙染，波蘭有四分之三的河流被化學物質、汙水、農業廢棄物汙染到甚至無法作為工業用水的地步，捷克和斯洛伐克的情況也差不多。一九九五年，保加利亞首都索菲亞（Sofia）發生嚴重缺水荒，居民們的自來水管裡每兩到三天才供一次水。莫斯科將近一半的自來水供水系統和汙水處理系統效率甚至低到不能正常運轉。俄羅斯安全委員會（Russian Security Council）的報告指出，全俄國七五%的河水和湖水都不宜飲用。

在歐洲的其他國家，許多著名的大河流量逐漸減少。英國主要的三十三條大河因為過度取用使得流量減少，其中有些河流的深度還不到平均深度的三分之一。一百年以前，僅在萊茵河的荷蘭和德國段，每年捕獲的鮭魚就高達十五萬條，但到了一九五八

5 水媒病（Water Borne Disease），指以水為媒介而產生的疾病。

年，鮭魚已經絕跡。工業發展侵占萊茵河沖積平原九〇％的面積，現在萊茵河沿岸聚集著全世界二〇％的化工廠。萊茵河流過歐洲人口最集中、最工業化的地區，而且各種廢棄物仍持續被丟進河裡。二十五年來，歐洲東南部「藍色多瑙河」河中的磷酸鹽和硝酸鹽分別增加六倍和四倍，使旅遊業和漁業受到打擊。這些受到汙染物最終會被帶進地中海，因此地中海變成為侵害性物種和致命藻類的繁衍地。近年來，一種叫做紫杉葉蕨藻（Caulerpa taxifolia）的致命藻類以每天四公頃的速度在整個地中海迅速蔓延，對沿岸的水生生物造成嚴重威脅。

在歐洲，甚至連雨水都不乾淨。瑞士國家環境科技研究所（Swiss Federal Institute for Environmental Science and Technology）的一份報告指出，因為歐洲的雨水受到有毒的農藥嚴重汙染，大部分都不能用作飲用水。與北美洲一樣，歐洲市場出售的瓶裝水，實際上多是以被工業廢物及人類、動物廢物汙染的水為原料。

加拿大這個有著豐富水源的國家，每年有超過十億噸的汙水未經處理就排入河川，如果把這些汙水堆放在長七千八百公里的加拿大高速公路上，高度就有二十公尺，相當於六層樓高。像加拿大這樣的工業化國家，城市汙水不僅僅是居民的生活廢水。二〇〇一年，在〈全國汙水狀況（第二部分）〉（The National Sewage Report Card〔Number Two〕）的報告中，山脈俱樂部法律顧問基金會解釋這個問題：「情況令人非常不安，現在的汙水實際上混合著水、人類糞便、油汙、機油、油漆、稀釋劑、水箱精，以及其他有毒的工業和生活廢棄物。」甚至處理過的廢水仍可能對生命造成威脅。雖然汙水處理可以去除糞便中的細菌（例如可致命的大腸桿菌），卻不能去除廢水中有毒的化學物質。二〇〇一年七月，加拿大魁北克省環境部在一篇報告中寫到，即使經過非常複雜的處理，排放到該省湖泊和河流的廢水仍然有很高的毒性。排入聖勞倫斯河的處理廢水中仍含有農藥、工業廢物、砷以及其他金屬物質。報告接著說：「八五％的抽樣廢水含有下列物質：氨、磷、鋁、砷、鋇、汞、多氯聯苯、氯化戴奥辛與呋喃、表面活性劑、多環芳香族化合物以及其他有機或無機廢物。」排進聖勞倫斯的河處理過廢水中，超過五分之一的廢水足以毒死生活在河中的鱒魚。加拿大安大略省的一個類似實驗也發現，將鱒魚放入處理過的廢水後，有一半以上中毒而死。山脈俱樂部在二〇〇一年的報告也說，一般的城市用水含有兩百種人工合成的化學物質，包括多氯聯苯，這種水不宜飲用。報告還說：「一滴油可以將二十五公升的水汙染到不宜飲用的地步。而常用於化妝品和農藥的多氯聯苯，只要在百萬噸的水中滴入一克，就可以殺死生活在裡面的淡水生物。」

儘管人們已經意識到化學藥品會嚴重影響水質，可是它們進入環境的數量還是有增無減。事實上，過去幾十年來，化學藥品的生產呈現爆炸性成長，全世界每年生產價值二兆美元的化學藥品，最終大部分會進入我們的水源中，以墨西哥的自由貿易區為例，一九九四年北美自由貿易協定簽訂以來，生產的有毒化學藥品量成長兩倍。位於墨西哥太平洋沿岸的一千兩百家工廠每年總共生產三萬六千噸的有毒殘留物。與其相鄰的美國聖地牙哥更高，二〇〇〇年生產的有毒殘留物質高達十六萬噸，也難怪現在北美洲人的身體裡至少帶有五百種一次世界大戰前從沒聽過的化學物質。

自然水源的另一個大威脅來自造紙廠的排放物，造紙業需要耗費大量的水，然後再將含有奪氧能力的廢水排進河川，滋生藻類，讓許多生物無法生存。大多數造紙廠使用化學藥品將木材打碎成紙漿，最有害的部分就是在紙張漂白過程中所產生的劇毒戴奧辛和呋喃，這會對地表水和地下水造成嚴重汙染。在加拿大，傾倒進河川的廢物中有一半來自造紙工業。

與森林工業不同，在傳統上，農業被認為不會對環境造成太多汙染，可是今天大型農場飼養大量動物，將動物圈養在飼養場或工廠式的穀倉，產生大量的動物糞便。光在美國，人工飼養動物的糞便量就比人的糞便量多一百三十倍以上。遍布北美的這些畜牧業還將動物糞便液化後露天存放，向大氣中揮發出很多危險的化學物質。這些「無地下汙水道設施的城市」產生的糞便量如此之大，根本無法保證動物糞便的安全存放或排放。有些大型豬禽飼養場產生的糞便量相當於一個擁有三十六萬人口城市產生的糞便。

這些糞便與抗生素混合後，可能以滲漏或溢出的形式大量侵入地下水和地表水。

約翰・霍普金斯大學美好未來研究中心（Center for a Livable Future）的大衛・布魯貝克（David Brubaker）一篇報告指出，一九九八年明尼蘇達州的三十八萬公升化糞池溢出事故造成七十萬條魚死亡，一九九七年僅僅在印第安那州就發生兩千起以上類似事故；二〇〇〇年夏天，颶風摧毀北卡羅萊納州一百個以上的動物糞便存放場，使全州多處髒亂不堪，毒氣四溢；同一年夏天，加拿大安大略省帕米拉市（Palmyra）的「五大湖養豬場」豬糞溢出，流入安大略湖；在加州，動物糞便滲入已過度取用的奧加拉拉含水層。這種含毒性物質的汙水有時被噴灑到農田裡作為肥料，成為汙染水源的另一途徑。（在加拿大，甚至人的糞便也用同樣的方法進行噴灑！）

即使大型農場可以解決動物糞便問題，但在大規模生產過程中排出的大量氮氣卻是另一個嚴峻的問題。大量使用氮肥破壞大自然氮平衡，也會汙染水源。在空氣裡，氮氣占七九％，本來並無毒性。明尼蘇達州農業與貿易政策研究所（Institute for Agriculture and Trade Policy）解釋，從生物學角度看，在人類大規模干擾生態系統前，氮的主要來源完全天然，而且地球本身能透過循環使各種化學物質達到平衡，平衡以後，「多餘的」氮氣幾乎不存在。但在氮肥和其他人造氮源大規模使用後，進入環境的氮量比原來增加一倍。

水與土壤突然增加一倍的氮，對全世界的生態系統產生巨大影響。水中過量的氮會使氧含量降低，直接影響水生生物的新陳代謝與生長，這種現象叫做「缺氧」

（hypoxia），一個因缺氧現象使得水質惡化的例子在美國中西部，大量使用的人工化肥所釋放出硝酸鹽並不會停留在農田裡，而是透過小溪和支流匯入密西西比河，然後流入墨西哥灣。過量的氮在墨西哥灣產生一塊與新澤西州面積相仿的一萬八千平方公里「死亡區」，在那裡，任何生物都無法生存。

化肥對水源的汙染早已人盡皆知，而塑膠袋和處方藥對環境的破壞則不那麼為人所知。全世界每年生產數兆個塑膠袋，一個塑膠袋在陸地需要一千年才能分解，在水中也需要四百五十年才能分解。可是全世界各地的河流和湖泊中都可以見到塑膠袋，它們會阻塞溼地和排水系統，殺死水生動物；而處方藥將化學物質和荷爾蒙帶入淡水系統，這讓不需要它們的人的健康也跟著受損。安大略省彼得伯勒市（Peterborough）特倫大學（Trent University）的水質專家克里斯・梅特卡夫（Chris Metcalfe）認為，有五〇%到七〇%的藥品透過水進入我們的身體。在他分析的樣本中，含有高濃度的拿百疼（Naproxen）和癲通（Carbamazepine）。拿百疼是一種用於人和動物的消炎藥，而癲通曾用於治療癲癇，現在主要用於治療憂鬱症。德國科學家在德國和其他歐洲國家的自來水中檢測出許多化合物，顯然來自於阿斯匹靈、抗憂鬱藥、降血壓藥、普羅芬（Ibuprofen）、乙型阻斷劑等藥品。德國和加拿大的自來水檢測中，還發現高濃度、顯然來自避孕藥的雌性激素。

處境困難的北美五大湖

一萬年前，一個大冰塊溶化，產生了北美五大湖。五大湖的淡水量占世界淡水總量二〇%，是地球上最大的淡水系統。因為這些湖又大又深，每年只有湖面以下七十五毫米深的湖水參與水文循環，這只占總水量的一%。可是現在五大湖中，不論多深，都會發現高濃度的戴奧辛、多氯聯苯、呋喃、汞、鉛及其他有毒的化學汙染物，這些汙染物多是在過去五十年從工廠和城市經由汙染的地下水、地表水及空氣進入湖中。

每年五大湖周圍地區都會產生五千萬到一億噸有害廢物，其中農藥就有兩千五百萬噸。負責管理五大湖的美加聯合委員會在一篇報告中說，五大湖中已經發現來自核電廠的嚴重放射性廢棄物。美國環保署指出，五大湖周圍有大約十萬個排放危險化學物質的工業廢料汙染點，其中兩千個以上直接汙染地下水源。

這些汙染物中大部分永遠不會分解，而且還會透過食物鏈一步步聚集，這個過程叫做「生物累積」（bioaccumulation）。從汙染源到進入人的身體，汙染物的濃度最多可提高一百萬倍！加拿大環境協會（Environment Canada）指出，吃密西根湖裡的鮭魚攝取的多氯聯苯比喝一輩子湖水的攝取量都高。

自從五大湖成為公共工業垃圾場後，在湖岸邊，現在只有不到三%的水可以游泳、飲用以及讓水生生物生長。美國自然資源保護委員會（Natural Resources Defense Council）指出，五大湖系內有一百種物種和三十一個生態系統處於危險中，其中一半是五大湖系獨有。五大湖的汙染也影響支流的水生生物生長，一個例子是聖勞倫斯河中瀕臨絕種的白鯨，在體內已經發現湖中的有毒化學物質。

五大湖的水量也在減少，部分原因是由於地下水的取用。在五大湖的地下水源大約有五〇%會進入美國，二〇%進入加拿大。對地下含水層的劇烈爭奪使進入五大湖的水量日益減少。另外，全球氣候暖化也有嚴重影響。蘇必略湖的水面已降至一九二六年以來的最低點。一九九三年冬季以來，五大湖湖面的冰層也逐年減小。環保組織五大湖聯合陣線的美加兩國科學家預計，如果全球氣候以目前的速度持續暖化，一百年內，五大湖區溫度將上升九度以上，而湖水水位平均將下降一公尺以上，其中密西根湖將下降二・五公尺。以這種速度，從五大湖流向聖勞倫斯河的水量在不到四十年內將下降四分之一，很可能在注入海洋之前就會乾涸。

五大湖的另一個威脅是來自沿岸的石油開採業。密西根州政府打算批准石油公司在休倫湖沿岸開發九口大油井，以及在密西根湖沿岸開發二十口大油井的計畫，而且毫不理睬美加環境學家警告可能會導致的災難性後果。安大略省也不顧居民對原油可能洩漏汙染湖水的質疑，從一九九五年開始，每年仍然悄悄地批准開採二十口較小的油井。

五大湖周圍曾有豐富的溼地，它們可以抵禦極端氣候，並保護沿岸免受湖浪的侵襲。然而，近年來工業與城市化的發展，使溼地一塊塊消失，對五大湖的健康造成威脅。現在只有二〇%的溼地依然存在，而且以每年八千公頃的速度驚人地減少。同樣地，一度環繞這個地區的茂密森林大部分都被砍伐，過去白松林曾經占將近一半的面積，現在只剩下一%。森林在防止侵蝕和淨化汙染方面具有無法取代的功能，五大湖對此只能暗自垂淚。

溼地的消失

在整個北美，溼地曾經在防止侵蝕方面起過重要作用，還提供魚類和兩棲動物棲息，並為遷徙的鳥類提供歇腳地。在全北美九五%的食用魚的棲息地中，溼地占有很大部份，並為超過半數的瀕臨絕種鳥類提供避難所。美國奧杜邦學會（Audubon Society）認為，溼地在保護物種多樣性的功能上可與熱帶雨林媲美。溼地就像一塊大海綿，能吸進多餘的雨水和溶雪，使人類免受水災；溼地又像腎臟，可以在髒水進入湖泊和河流之前，過濾當中的塵土、農藥和化肥。水被淨化以後，沼澤又可以作為淡水儲存庫。從經濟學的角度來看，一塊溼地的價值比相同面積的海洋高五十八倍，因為溼地可以保護瀕臨絕種的生物和食用魚類。

常理來說，當我們面對這樣高價值的資源時，應該精心地養育和保護。可是實際上，全世界在過去一百年內已經失去將近一半的溼地。在亞洲，每年因為工業發展、城市化和大規模灌溉的推行至少毀掉五千平方公里以上的溼地。在美國，平均每分鐘就有一公頃溼地消失，美國本土已有五〇％以上的溼地消失，其中加州喪失九五％，而迅速發展的佛羅里達州喪失的溼地面積比麻州、德拉瓦、羅德島三個州的總面積還大，這使得候鳥和水鳥的數量從一九五〇年的六千萬隻降到今天的三百萬隻。對生物多樣性愈重要的溼地，其受到破壞的程度就往往愈嚴重，野生生物的安全就愈受到威脅。

加拿大水資源專家傑米・林頓講到一個令人非常不安的問題。在給加拿大野生生物學會的一份報告中，他提到加拿大大西洋沿岸地區有六五％的溼地消失，安大略省南部則有七〇％溼地消失，西部大草原省分有七一％，英屬哥倫比亞省南部的弗雷澤河三角州地區有八〇％。這些並不只是個案，加拿大的溼地面積曾經占全國總面積的一四％，現在大部分都被城市化和農業工業化摧毀了。

森林的消失

森林在保護和淨化水源起著重要的作用，它可以阻擋汙染物侵入湖泊和河流，還可以像溼地一樣防止洪水的發生，這對經常交替發生旱災和暴雨的南方國家來說尤為重要。如果森林被砍伐後不能及時補種再生林，其周圍水源的健康就會受到損害。如果森林受良好保護或維持其原始狀態，就可以為周圍的河流及流域提供安全屏障。

亞馬遜雨林以擁有眾多動植物物種聞名，它為亞馬遜河及周圍的陸地提供一個生態緩衝地帶。亞馬遜河從安地斯山到大西洋，全長六千五百公里，占全世界入海淡水總量五分之一。它養育三千種魚類，比世界其他大河都多。天氣乾燥時，周圍的熱帶雨林也比較乾燥，當每年長達五到七個月的雨季來臨時，河水水位可升高約九公尺。如果沒有緩衝地帶，如此巨大的水量有可能將岸邊的土壤沖進河裡，造成災難。但熱帶雨林的樹木和其他植物早已適應這種生存環境，它們能在部分或完全淹入水中的情況下生存很長時間，進而防止土壤被侵蝕。根據巴西氣候專家盧斯・卡洛斯・莫利翁（Luiz Carlos Molion）說，這些森林像大海綿一樣截住當地一五%的降雨量。他說，如果沒有這些森林，每公頃土地每年將有多達四千噸的雨水，造成大量的水土流失。

儘管人人都知道森林如何保護大自然正常循環，但是對森林的濫砍濫伐仍然有增無減。亞馬遜河下游倖存的雨林只剩一五%到二〇%，每年有多達一千七百萬公頃的森林被砍伐，僅巴西每年就有六百萬公頃被毀。巴西北部帕拉州（Para）和馬拉豪州（Maranhao）幾十年內損失的森林面積相當於英國全國的面積。當地官員估計，這兩個州的森林可能在幾年內全部消失。也有研究指出，智利為了出口創匯而拚命採伐森林，二〇二五年森林就會全部消失。

美洲另一端的加拿大擁有全世界將近一三%的森林，但那裡的情況也好不到哪去，森林採伐的速度愈來愈快，每年森林面積減少一百萬公頃。大部分的森林被採伐後都沒有種植再生林。山脈俱樂部的伊利沙白・梅（Elizabeth May）說，加拿大森林砍伐中有九〇%屬於齊根鋸掉，而採伐區段的九〇%是原始森林，損失不言而喻。多雨地區的樹木被齊根鋸掉後，洪水帶來的泥沙就可以在幾分鐘之內毀掉一個水生生態系統，泥沙會很快覆蓋湖泊與溪流的底部，使生物窒息而死，由此引起的泥石流經常會將汙染物直接帶進乾淨的水源。

二〇〇一年八月，聯合國環境保護組織發表〈世界僅存的森林現狀評估報告〉（An Assessment of the Status of the World's Remaining Closed Forest）。報告指出，現在全球只有五分之一的面積被可再生的森林覆蓋，其中只有很小一部分受到政府保護。人們對現存森林的破壞愈演愈烈，聯合國環境保護組織執行主任克勞斯・托夫（Klaus Topfer）預言：「除非人類及政府戲劇性地改變對森林的態度，不然地球上僅存的森林，以及生活在期間的多樣化生物將在幾十年內全部消失。」

全球氣候變暖

大多數科學家都對「全球氣候暖化」的現象有共識。在過去的半個世紀，二氧化碳、甲烷、氮氧化物及氟氯碳化物等大量的溫室氣體被排入大氣層，帶來災難性的後果。森林的採伐導致氣溫升高，大量使用礦物燃料也提高大氣層溫度，結果可以想見，就是一個愈來愈熱的地球。

聯合國氣候變遷小組（IPCC）指出，現在全球溫度比前工業化時期升高〇．六度。如果廢氣排放按照現在的速度繼續成長，到二〇八〇年，溫室氣體的濃度將達到前工業化時期的兩倍，比幾百萬年以來任何時期都高，這將導致全球平均氣溫升高二．五度，其中陸地氣溫可能升高四度。雖然氣溫升高的幅度看起來並不算大，可是不要忘記，當年地球氣溫升高四度就導致冰河時代結束，南極和北極冰冠融化造成海洋水面升高。科學家們指出，二十世紀是一百萬年以來最熱的一個世紀，九〇年代是一百萬年以來最熱的十年，九〇年代最熱的一年是二〇〇〇年，而二〇〇一年比二〇〇〇年還要熱，這也難怪海洋在二十世紀升高十毫米，其中大部分在最近的五十年發生。西蒙・瑞特拉克（Simon Retallack）和彼特・邦亞德（Peter Bunyard）在《生態學家》（*Ecologist*）雜誌撰文指出：「全球氣候暖化對生命的影響十分巨大，氣溫升高意味著影響地球氣候的能量增加，於是極端氣候出現的可能性也會增加。如果我們不停止使用礦物燃料，暴風雨、洪水、乾旱、沙塵暴、海嘯、海岸決堤、海水入侵地下水、糧食減產、森林枯死、島嶼被淹沒等情況都會出現，諸如瘧疾、登革熱、血吸蟲症等傳染病也會迅速蔓延，農業將面臨巨大危機，全球經濟系統可能崩潰。這可能導致數百萬難民逃離被海水淹沒的島嶼或沙漠。」英國政府的科技顧問警告，現在已經開始的全球氣候暖化將直接導致世界上幾百萬人死亡。

全球氣候暖化對淡水水源的影響也不容忽視。旱災將使溼地面積減小。根據一個廣受尊敬的英國環保智囊團哈德利中心（Hadley Centre）估計，二〇八〇年以前，海水上漲將導致全球四〇%到五〇%的沿海地區溼地消失。直接受到威脅的有大片的泥灘、鹽沼和荷蘭、德國和丹麥提供眾多候鳥休息的沙丘、地中海地區的溼地、埃及尼羅河三角洲、法國卡馬爾格河（Camargue River）、義大利的波河（Po River）、西班牙埃布羅河（Ebro River）以及英國沿海至少十三萬公頃的土地，其中大部分是重要野生生物的棲息地。在其他各大洲，氣候變遷預計會使西非海岸、東亞、澳洲和巴布亞紐幾內亞的紅樹林消失。紅樹林能保護湖泊與河流，並為淡水魚提供繁殖場地。

全球氣候暖化使土壤裡的水分大量蒸散，減少淡水儲藏量，江河湖泊中的水也因蒸發減少，積雪場這個地球淡水的重要來源之一，變得愈來愈小，數量也在減少。這也就是說，當積雪場的雪溶化過多，它就更容易蒸發掉，而不是透過溪流而進入湖泊。氣候暖化使湖泊的結冰期縮短，原本湖水在冰的覆蓋下蒸發的速度很慢，這樣就有更多的水可以滲入地下，成為地下水，但如果結冰期縮短，更多的水分會蒸發。同樣地，冰河時期殘留下來的一部分冰川現在仍是一些河流的來源，冰川融化過多的結果就是使這些河流的水量減少。加拿大亞伯達省的弓河（Bow River）源頭就是冰川，如果以現在冰川融化的速度計算，五十年內弓河就會完全乾涸。

全球氣候暖化對湖水的「滯留時間」（residence time）也有負面影響，水分子不是靜止不動，它會在某個地區停留一定的時間。自然學家皮耶魯解釋說，「滯留時間」就是一個水分子在湖中平均停留的時間，即湖水總體積除以湖水離開的速度。在加拿大西北部，氣候變遷已經使幾個湖的湖水滯留時間大大增加。一項研究表明，這個地區的年降雨量減少六百五十至一千毫米，同時由於氣溫高於過去平均值，使得湖水蒸發的速度加快。某一座湖的湖水滯留時間在十五年內從五年拉長到十八年，這意謂著整個湖水更新一次需要的時間比之前增加幾乎三倍。

一些科學家認為，全球氣候暖化是造成世界水資源危機最重要的原因，他們預言世界上所有大型的江河湖泊水位都會降低。哈德利中心預言，全球氣候變暖將使大部分的亞馬遜河流域地區在二〇五〇年以前變成沙漠。英國南安普敦大學（Southampton）的內格爾・阿內爾博士（Dr. Nigel Arnell）認為，到二〇五〇年，全球氣候暖化使居住在缺水地區的人增加六千六百萬，居住在嚴重缺水地區的人口超過一億七千萬。

侵略性物種

對江河湖泊與生活在其中的淡水生物而言，另一個嚴重威脅是外來物種的入侵。這並不是汙染的結果，而是另一種汙染的形式。全球自由貿易增加這種汙染的可能性。根據世界觀察研究所珍妮・亞伯拉莫碧的解釋，外來物種可能掠奪當地魚類的食物，爭搶產卵棲地，並帶來新的疾病，還可能讓人誤判生態系統仍舊欣欣向榮。人工養殖場中的魚如果不是當地自然鏈中的一環，那當地江河湖泊中其他野生生物就可能因此衰落。這方面的例子很多，比如在非洲的維多利亞湖，外來魚類的競爭使當地兩百種熱帶淡水魚滅絕，還有一百五十種瀕臨絕種。因商業目的而引進的尼羅河鱸魚使當地魚種幾乎全部滅絕。

這方面記錄最完整的例子是北美五大湖。兩百年前，每個湖都有自己興旺的族群。在一九〇〇年，八二%的漁獲是當地魚種，可是到一九六六年，這個比例降到〇・二%，其他九九・八%都是外來魚種，而且大部分對當地魚種具有破壞性。亞伯拉莫碧指出，有些魚種是為了發展垂釣活動有意引進，但大多數外來魚種是經由人工運河或搭乘輪船的方式入侵，八目鰻幾乎使密西根湖和休倫湖完全捕不到鮭魚，一九八八年，斑馬紋貽貝隨著一艘輪船的壓艙水從裡海（Caspian Sea）進入五大湖，現在已經充斥各條支流，把當地魚類和貝類賴以生存的浮游生物掠劫一空。五大湖的現況就是說明水資源面臨種種威脅的最好例子，它們經歷溼地的消失、森林的消失、侵略性物種的引進、全球氣候暖化和大規模的汙染，結果造成生物多樣性的消失。

過度灌溉與農業永續

在水源吃緊的地方，人們往往將灌溉作為解決食物不足的辦法，這看上去像是一個不錯的主意，但灌溉造成的長期影響卻令人吃驚。全球水資源政策計畫主持人珊德拉・波斯特爾研究世界各地的灌溉史發現，灌溉並不一定都是好事。我們當然很清楚，灌溉農業提供幾十億人口糧食，還可以讓鮮花在沙漠開放，但大規模的灌溉可能隱藏自我摧毀的危機。在一片乾旱的土地上，如果用灌溉來耕種農作物，可能會過度使用地力，土壤就會變成極細的顆粒，輕輕一吹就會被吹走。如果大規模的灌溉沒有輔以適當的排水設施，情況可能會更糟。所有的水都含有一定鹽分，在沒有適當排水設施的灌溉中，鹽分會殘留下來，逐漸累積，一直到土地無法再耕種。土地鹽化和人類引起的旱災在中國、印度、巴基斯坦、中亞和美國都是個嚴重的問題，土地鹽化影響世界五分之一的農田，每年迫使農民放棄一百萬公頃農田。

一九九九年出版的《砂柱》（*Pillar of Sand*）一書中，珊德拉・波斯特爾追溯世界灌溉史：在一八〇〇年，全世界的灌溉面積只有八百萬公頃，今天這個數字是過去的三十倍。光是在美國，灌溉面積就在過去三十年增加一倍。現在人類糧食有四〇%來自灌溉農田，這種耕作方式使地下水儲量急劇下降。美國西部奧加拉拉含水層灌溉全美國五分之一的農田；在過去五十年，中國的灌溉面積以每年平均以二・五%的速度成長，在將近五千萬公頃的灌溉農田中，有二〇%的灌溉用水都來自地下水。為了因應灌溉面積爆炸性的成長，中國在過去四十年修建超過兩百萬個水井。現在全世界有二億三千萬公頃的灌溉農田，兩個世紀前，這個數字只有八百萬，這對淡水水源供給產生很大的壓力。中國、美國、印度、巴基斯坦這四大灌溉用戶的灌溉面積占全世界一半以上，而現在這些國家都面臨日益增加的旱災、沙漠化、表層土侵蝕、水源短缺等問題。

聯合國農糧組織在二〇〇一年六月的一份報告指出，全世界有十億人生活在土地貧瘠的國家，那裡的農田因為過度使用，使得產量急劇下降，無法滿足當地的糧食需求。報告還說，目前全世界有三十六億公頃的沙漠，分布在一百多個國家，而且沙漠化的情況愈來愈糟。甚至在一些過度灌溉的地區，整個淡水系統都面臨枯竭，例如查德湖（Lake Chad）本來是中非地區僅存的幾處大型水域之一，但從一九六〇以來，已經縮小九〇％以上，主要的原因就是發展灌溉農業。湖水和湖中魚類的急劇減少可能引發周圍的蘇丹、查德、奈及利亞與喀麥隆等國的政治糾紛。過去查德湖是一處很大的水域，甚至一度被認為是尼羅河的源頭之一，從八〇年代早期開始，主要水源查理河（Chari River）與朗格納河（Logone River）被大規模用於灌溉，現在幾乎沒剩多少水。另外，這個地區已經有二十多年沒有雨季，乾旱、加上過度耕作引起土壤退化，對這個湖、以及曾有過健康生態的地區來說，可說是一場災難。

伊朗北部的澤德河（Zayandeh River）因為不當灌溉在一九九九年完全乾涸，這條河曾經是伊朗中北部伊斯法罕地區（Isfahan）人民的生命線，它的消失使得十萬農民丟了工作，只剩下古代的橋樑和拱形建築孤獨地面對著滿地塵埃，把沙漠變成花園的灌溉技術種下自我毀滅的種子。現在，一度肥沃的農田和水源都一去不復返。

公認狀況最糟糕的例子莫過於鹹海。鹹海盆地分屬於阿富汗、伊朗以及前蘇聯的五個聯邦盟共和國，這個內陸鹹水湖，曾經是世界上第四大湖，靠阿姆河（Amu Daria River）和錫爾河（Syr Darya River）注入水源。多年前，蘇聯決定抽取這兩條河的河水來灌溉中亞細亞平原，以及烏茲別克、哈薩克的沙漠，用來種植棉花以發展出口。他們依靠深度灌溉，並大量使用農藥，在那裡建立機械化的大型農業。實行初期看似不錯，因此從一九四〇年到一九八〇年，蘇聯變成世界第二大產棉國，然而從長遠角度看，這項實驗對當地的長期繁榮、環境與人民都有災難性的影響。

現在鹹海的體積減少八〇％，水的含鹽量比以前增加九倍，周圍的溼地減少八五％。幾乎所有魚類和水禽都大幅減少，而漁業則完全崩潰。缺少鹹海的調節，周圍地區的氣溫變得更極端，而且可耕作的時間也縮短了。每年狂風從乾枯的湖床捲起四千萬到一億五千萬公噸具毒性的鹽類混合物，把它們吹向周圍的農田，幾百萬「生態難民」被迫逃離。由於殺蟲劑的大量使用，當地的居民還要面對遠高於平均值的癌症發病率。另外，鹹海中有一個已經荒蕪的島，蘇聯人曾經作為研究和試驗生物武器的基地，因為海水愈來愈少，這個島很快就會與大陸相連，屆時那些細菌和各種汙染物都會被帶到大陸上來。一九八七年，前蘇聯政府水資源計畫工作者在一本雜誌上宣布鹹海已接近死亡：「願鹹海以一種美麗的方式死去，」他們寫道，「它已經毫無用處了。」

雖然在北美還看不到這些嚴重例子，但因為灌溉而引起的旱災、表層土侵蝕、缺水等問題都不容忽視。彼得・勒維特（Peter Leavitt）和陳歌邁（Gemai Chen）是加拿大瑞吉納大學（University of Regina）的生物學家，他們藉由分析湖底沉積物來重建加拿大大草原的旱災史，並進一步預測將來可能發生的旱災。他們的結論是：「大草原很可能在三十年內經歷一次嚴重旱災。」加拿大最著名的水資源專家大衛・辛得勒博士（Dr. David Schindler）贊同他們的看法，並認為由於全球氣候暖化的影響，加拿大大草原可能變成黃塵地帶（Dust Bowl），而曼尼托巴湖（Lake Manitoba）可能完全乾涸。

加拿大農民和政治人物正考慮用大規模灌溉來彌補未來乾旱可能帶來的問題，環保專家和科學家則指出這樣做將帶來嚴重缺水及其他後果。科學家舉美國加州為例，人們在那裡花費幾百億美元將河流改道，讓河水流向九百公里外的中西部地區，這種從大自然偷水的行為讓沙漠開滿鮮花。河水還引進有「美國麵包籃」之稱的美國大平原，而那裡的土地早已因過度耕作而地力衰竭。

美國大平原一度蘊藏豐富的營養物和礦物質。一八五〇年，犁田的耕作方式第一次劃開那裡的土地。以後，世界各地飢餓的人紛紛來到這塊肥沃的土地上耕作。但近年來，人們以精細耕作及大量使用農藥和化肥的耕作方式，使得土地產生巨大傷害。過度耕作的結果造成土壤流失，平均每一英畝土地每年損失七噸表層土，美國大平原有三分之一的表層土和一半的營養物都流失了。

然而，這種有害的耕作方式卻到受政府鼓勵。美國政府以作物補貼和免稅的方式，每年提供給美國大草原農民二百八十億美元，這些農民無法抗拒這種誘惑，只要使用的耕作方式愈糟、浪費的水愈多，他們就能得到愈多的政府補貼。這種「吃政府」（Farming the government）的做法，讓加州農民只需要付二〇%的水價，其餘部分都由政府補貼，於是他們不種適合當地半貧瘠土地生長的作物，而去種植經濟效益大但更耗水的作物，例如棉花和可作牛飼料的紫花苜蓿。產出一噸牛肉至少需要耗費一萬五千噸水，產一噸棉花也要耗費相當的水量，而種植小麥或大豆的耗水量只有這個數字的二%，但美國政府堅持補貼棉花和紫花苜蓿，這實際上是付錢讓農民浪費水源，使土壤退化，這種情況不僅發生在美國，也幾乎發生在所有國家。世界資源研究所指出，全世界三分之二的可耕地在過去五十年都有不同程度的退化，而且很多對農業有害的耕作方式對世界淡水系統也有災難性的影響。

水壩與水庫

面對日益增加的淡水需求，很多政府的對策是修建水壩、水庫、迫使河流改道。從古羅馬到馬雅時期的人類早期文明，就有修建溝渠和灌溉系統的記錄。最早有文字記載的水壩可以追溯到四千五百年前的古埃及，直到發明水泥以前，水壩都是用土修建。自從人類開始修建這類巨型建築來控制河流後，水的自然流動就被永久性地改變。

整個二十世紀一共修建八十萬座小型水壩和壩高超過四層樓的四萬座大型水壩，其中有一百多座水壩高度超過一百五十公尺，這些大部分是一九五〇年後修建。修建水壩最多的國家依序是中國、美國、前蘇聯、日本和印度。總計世界上六〇%以上的河流已經開發利用，在美國，只有二%的河流完全沒有開發；加拿大迫使河流改道的案例則遠多於其他國家，人工水庫的水量比世界所有河流總水量高出六倍，全球因水庫蓄洪而淹沒的土地約達一百萬平方公里。

人們修建水壩的目的無非是提供水力發電、改進航運、圍起水庫供應城市用水和農業灌溉、控制洪水等。修建水壩一度被認為是人類戰勝自然的象徵，但在對生態產生負面影響的證據慢慢浮現後，巨型水壩的名聲已然敗壞。一九六六年出版的《沉默的河》（*Silenced Rivers*）書中，派屈克・麥卡利（Patrick McCully）列舉大量證據指出興建水庫最大的問題是蓄洪時會淹沒大片土地，而被淹沒的植被就成為細菌的棲息地，細菌會吸收土壤中的汞，因此水庫會讓魚類消化吸收汞，汞就進入了食物鏈。透過生物累積效應，毒性比人類直接食用還要高出許多倍。魁北克北部的克里族人（Cree）汞中毒的比例非常高，原因正是如此。吃了生活在詹姆斯灣水力發電水庫中的魚後，克里族人汞中毒的比例高達六四％。汞中毒可能引起失明、不孕和腦部損傷。

人工水庫對全球氣候暖化也有不利的影響，蓄水時被淹沒的植被會釋放出大量二氧化碳和甲烷這樣的溫室氣體。供水力發電用的水庫釋放出的溫室氣體有時與火力發電廠的排放量不相上下。麥卡利在書中指出，南美洲有個大規模淹沒森林的例子，蘇利南的布羅蓬多水庫（Brokopondo Lake）淹沒一千五百平方公里的熱帶雨林，占蘇利南全國總面積的一％。水庫中有機物的分解使得水嚴重缺氧，並釋放出大量硫化氫。硫化氫具有腐蝕性，而且散發難聞的氣味，因此水庫自一九六四年開始蓄水的前兩年，工人們都不得不帶著防毒面具工作。

另外，水庫中龐大的水壓可能使地殼變形，引發地震。現在已經有證據證明地層微動（earth tremor）與七十座水庫有關。事實上，當人類用技術將如此沉重的水強行易位，已經影響到地球自轉。地球物理學家認為，水庫的興建已經輕微地改變地球自轉速度和重力場的形狀。

水壩和水庫對生態系統有很大的影響。大量的沉積物可能覆蓋河床或截斷河道，這也是很多河水無法抵達海洋的重要原因之一。另外，水在水庫裡的表面積明顯增大，尤其在熱帶地區，蒸發的水量大大增加。全球每年從水庫蒸發的水量高達一兆七千萬公噸，大約占人類主要活動消耗淡水量的十分之一。產生的後果是水中的含鹽量增加，破壞溼地和水生生物的棲息地，並造成周圍土壤品質嚴重下降。

魚類也受很大的影響，特別像鮭魚這種洄游的魚類，它們總是試圖跳上水壩，但總是失敗，很多魚因此活活累死。河流被水壩截流後，流量減少、水溫升高、水中含氧量降低，這些都可能破壞魚類的生活環境。哥倫比亞河（Columbia River）在修建水壩前，每年有二百萬條魚回來產卵，而現在的數量只剩一半。泰國的帕穆水壩（Pak Mun Dam）建成後，原來棲息於穆河（Mun Dam）裡的一百五十種魚類基本上都消失了。世界資源保護陣線（World Conservation Union）的科學家經過五年研究，向聯合國贊助的世界水壩委員會（World Commission on Dams）報告說：「我們的結論是：水壩的興建是淡水生物多樣性遭到破壞和損失的主要原因。」

工業化國家和未開發國家都面臨著類似的問題：毒化的湖泊、沙漠化的農田、浪費水的生活習慣，這些問題正威脅著人們的健康與生命。過去立意良善的政府為了改進生活品質，在填平溼地或修建水壩上花了不少力氣，卻得到與期望相反的結果。現在，我們已經很清楚，這會造成負面甚至可能是災難性的後果，那麼就沒有任何理由繼續犯這樣的錯誤。不幸的是，人們在遇到變化自然會產生抵抗心態，再加上無知或別有用心的政府，以及唯利是圖的企業，它們組成聯合陣線正在加速淡水被毒化和喪失的命運。最終這些政府和大型企業雖然會受到懲罰，但同時，很多人卻也因此受害。

第三章　乾渴致死

全球水資源危機是怎麼威脅人類

水資源危機，包括缺水與水汙染，對全球數十億人的生活品質正發生災難性的影響。事實上，這場嚴重的水資源危機已經威脅愈來愈多人生命安全，也漸漸成為社區間、社會階層間，甚至國家之間競爭與磨擦的根源。

墨西哥與美國邊境長達三千四百公里的出口加工區馬奎拉多拉簡直就是一個有毒的大汙水坑，那裡的河川受到嚴重汙染，只有一二％的居民能用到乾淨的水，許多家庭完全沒有汙水下水道。過去五年來，一百多萬人從墨西哥來到這個自由貿易區，到處可見木板或紙板搭成的簡易帳棚，飲用水一星期一次用卡車運進來，乾淨水的短缺已經成為當地貧窮的象徵，汙水更導致嚴重的痢疾和其他疾病。雖然居民可以飲用卡車拉來的乾淨水，但他們仍然用汙水作飯、洗澡，以及灌溉作物，這些作物實際上並不能食用。

馬奎拉多拉的骯髒、可致命的淡水系統，以及可怕的貧窮使成千上萬的墨西哥青年決心離開自己的祖國。每天晚上，他們到邊境試圖非法進入美國，尋求更好的生活。邊境地區的骯髒和危險人盡皆知，偷渡客傍晚聚集的荒蕪地帶，只靠著一條六線道的高速公路與蒂華納市（Tijuana）和華瑞茲市隔開。

陡峭的水泥坡底下是一條兩英呎深、緩慢流動的髒河，河裡完全是汙水和化學廢棄物淤泥。小河的對面是高高的邊界牆，在強光照射下，帶刺的電網令人恐懼。這個地區還發出令人難以忍受的惡臭，這些惡臭來自人和動物的糞便、丟棄的保險套、用過的毒品針筒、一堆堆垃圾以及那條偷渡客必須涉過的臭河。河中的化學廢棄物和汙水浸泡著偷渡客的雙腳，河水灌進鞋裡。不管他們是否成功進入美國，或是被邊境警察查獲而遣返，他們都得淌過這條骯髒致命的河，對那些失敗者來說，這個過程還是會重複發生。

邊境地區還有一些小販，每到晚上就會出來兜售炸玉米捲、保險套、毒品、塑膠袋。最窮的偷渡客也得用塑膠袋裹住他們的雙腳，以避免沾上有毒的河水。

可致命的水

全球有一半人無法使用基本的衛生設施，世界觀察研究所的安妮・普拉特（Anne

Platt）形容，他們喝下的水實際上是「水劑毒藥」。了解這一點，對於南方貧窮國家中有八〇%的疾病是經由飲用不安全的水所引起的現象，我們就不會覺得奇怪了。現實非常殘酷：第三世界國家中，九〇%的廢水未經任何處理直接排入河川湖泊；水中的病菌和汙染物每年導致兩千五百萬人死亡；每八秒鐘，就有一名兒童因飲用受汙染的水而死亡，每年死於痢疾的兒童將近三百萬人，占兒童死亡總數四分之一。水質的下降導致過去近乎絕跡的傳染病又在很多國家肆虐，例如瘧疾、霍亂、傷寒等。人口擁擠、惡劣的衛生條件及貧窮更促使疾病傳播。一九九〇年到一九九二年，全球罹患霍亂的人數從十萬人增加到六十萬人，這個數字在九〇年代繼續成長，儘管成長的速度正在減緩。

一九九一年，一場由汙染而引起的危機造成霍亂大規模蔓延。一艘輪船在祕魯利馬的一處海灣傾倒廢水，三個星期之內，霍亂開始在沿岸蔓延，導致居民出現急性痢疾、嚴重脫水，甚至死亡的現象。一年之內，將近三千名祕魯人因此死亡。之後的兩年裡，拉丁美洲除了兩個國家以外，其他所有國家的淡水系統都被汙染，五十萬人因此染病。

非洲人民也被多種水媒病所困擾。水庫引來的灌溉用水常有攜帶寄生蟲的螺類，使多達二十萬非洲人罹患血吸蟲病，進而引發肝硬化和腸道損傷。蚋（blackfly）在骯髒的河水裡產卵繁殖，攜帶的病菌可以使一千八百萬非洲人罹患蟠尾絲蟲病（onchocerciasis），也叫河盲症。在一九九七年蘇丹內戰期間，數千名逃難者在難民營只能喝到腐臭的水，因而罹患由在水中產卵的采采蠅（Tsetse fly）所傳播的昏睡症。

一些致病生物體，如隱孢子蟲、大腸桿菌、梨形蟲等，與不完備的汙水處理系統直接相關。它們大有捲土重來之勢，主要原因是有太多人類和動物的廢水滲入飲水系統。有些情況是因為人口太密集，人類居住的地方離尚未處理的水源太近。一個非洲家庭可能會在距離水井不遠的地方大便，如果這個家庭還飼養家畜，家畜也會這樣做。菲律賓貧民窟的一個孩子可能不得不在離水塔不遠的地方大便，有時整個村子都不得不飲用被汙染的河水。

另一方面，政府削減開支也影響淡水的品質。加拿大安大略省大幅削減環保預算，不但使飲水保護設施受損，還解僱許多飲用水測試專家。一些原來由政府負責的水質檢測工作轉讓給私人實驗室。一九九〇年加拿大政府發表的一篇報告指出，安大略省三分之一的鄉村水井被大腸桿菌汙染，二〇〇〇年六月，在一個小鎮沃克頓（Walkerton），包括一名嬰兒在內的七個人因飲用被汙染的井水而死亡。

目光再轉回非洲，在八〇和九〇年代，許多非洲國家為了償還債務而縮減自來水和其他衛生設施的開支，有些第三世界國家仍需要用七〇％的預算來償還國際貨幣基金組織和世界銀行的貸款。在加州，專門研究淡水問題的美國智庫「太平洋發展環境安全研究所」（the Pacific Institute for Studies on Development, Environment and Security）成員彼得・葛雷克（Peter Gleick）描述非洲國家資金短缺所造成的悲慘後果：在八〇年代，肯亞首都奈洛比花了五年的時間，將用水開支削減到原來的十分之一，辛巴威政府將設備維修經費削減了一半以上，造成二五％的農村水泵不能正常運轉。一九九五年，剛果首都金夏沙的供水氯化處理經費用罄後，痢疾發病率和霍亂死亡率大幅增加。

南非則爆發霍亂流行，原因就出在政府決定停止提供自來水給無法付水價的用戶。以前南非居民的用水免費，後來在世界銀行的督促下，南非政府開始實行收費政策，成千上萬的居民從此不能獲得自來水和衛生設施的服務，結果在夸祖魯那他省（KwaZulu-Natal），有超過十萬人感染霍亂，從二〇〇〇年八月起，十個月內就有二百二十人死亡。

有些疾病是「現代化」汙染造成，使得已開發國家居民遭受的痛苦不亞於第三世界國家。例如鉛中毒可能導致兒童智力喪失和行為方面的疾病。印度有六千萬人出現氟化物中毒；另外，家庭與衛生消毒的副產物，加上自來水中用來消毒的氯氣已經證明可以致癌；砷可能導致膀胱癌、皮膚癌、肺癌。過去十年中，孟加拉發現高濃度的砷，五分之一的水泵被砷嚴重汙染。儘管該國的砷汙染是天然產生，而非傾倒毒物，但如果不是因為缺水和水汙染，迫使人們向更深的地下尋求水源的話，砷汙染應該可以避免。

美國環境保護署估計，美國一半以上的水井受到殺蟲劑和硝酸鹽汙染。殺蟲劑、四氯乙烯、多氯聯苯、戴奧辛等可在人和動物的脂肪中累積，最終可能導致癌症。美國社會責任醫師組織（Physicians for Social Responsibility）的報告指出，嬰兒如果引用含有高濃度硝酸鹽的井水，可能導致高鐵血紅蛋白血症（methemoglobinemia），死亡率高達八%。英國女性環保網（Women's Environmental Network）則聲稱，由於戴奧辛和多氯聯苯的汙染，英國八%的兒童遭受神經系統損害和記憶力衰退的痛苦，世界衛生組織也說，使用殺蟲劑導致每年有四萬人死亡。

有些疾病甚至是因為基礎水利設施維護不善導致，北半球已開發國家一半的人（貧窮國家的比例更高）體內帶有幽門螺旋桿菌（Helicobacter pylori），這一般是由於堆積在水管壁上的水中殘渣所引起，這種病菌可能導致胃潰瘍和癌症，在未經加氯處理的井水和第三世界國家的自來水系統中更是普遍存在。

不平等的享用權

全球水資源危機在世界任何一個角落都能感受到。自然資源保護委員會（Natural Resources Defense Council）說，在富裕的美國，五千三百萬美國人飲用的自來水含有鉛、糞便和其他汙染物，這占全美近五分之一的人口。根據美國環保署的資料顯示，從一九九五年到一九九八年，因地下水源汙染而引起的疾病成長近三〇%，令人十分擔憂。

然而，無論是水媒病還是缺水程度，貧民承受的打擊一定最大。聯合國經濟與社會委員會（United Nations Economic and Social Council）向永續發展委員會（Commission on Sustainable Development）提交的一份報告指出，全球四分之三的缺水人口生活在第三世界國家，這占世界總人口的二六％。永續發展委員會預計，到二〇二五年，低收入國家的缺水人口將占全世界人口的四七％，而半數以上居民無法使用乾淨供水的大城市中，絕大多數都在第三世界國家，而這些城市的貧民區人口成長最快。聯合國預計，到二〇三〇年，這些大城市中將有一半以上的居民住在沒有任何自來水與衛生設施的貧民區。

人們常說，世界人口激增是一顆隨時可能爆炸的深水炸彈。毫無疑問地，這種擔心不是沒有根據。世界人口每年增加八千萬，而淡水水源卻逐漸減少。水資源專家里卡多・彼得雷拉（Riccardo Petrella）指出，把全球性水資源危機的責任都推給第三世界國家（因為那裡的人口成長最快）是一個誤導的說法。這些人忽視一個重要事實，就是富裕國家的居民占有包括水資源在內的消費品遠遠大於第三世界國家。

世界上最富裕的五分之一人口消費量占全球總消費八六％。正如如彼得雷拉指出，一個出生在富裕家庭的新生兒平均消耗的水量比貧民家的嬰兒多四十到七十倍。北美平均每人每年用水一千二百八十噸，歐洲人為六百九十四噸，亞洲人為五百三十五噸，南美人為三百一十一噸，而非洲人只用了一百八十六噸。

儘管歐洲人用水量只占北美人的一半，但比未開發國家還是高很多。諷刺的是，歐洲人每年花費在霜淇淋的開銷高達一百一十億美元，而為全球人口提供乾淨水和安全的汙水下水道系統卻只需要九十億美元。

富國與窮國在消費水準的巨大反差反映一個事實：地球上某些地區比其他地區享有更多淡水資源。但這個解釋並不全面，以澳洲為例，它是全球最乾燥的大陸，但每個澳洲人每年平均用水六百九十四噸，與歐洲人相同，這是因為當地文化鼓勵的結果。相反地，中國擁有的淡水量幾乎與加拿大相同，但因人口眾多，以及地表水被汙染，所以被認為存在水資源危機。富國用水量不成比例地偏高，部分原因是因為生活習慣和生活方式導致。富國的居民覺得用水天經地義，即使當地的水很貴，他們也有足夠能力購買。他們的生活型態，包括越野吉普車、草坪、高爾夫球場都需要大量的用水，游泳池就更不用說了，一個抽水馬桶每沖一次水也要耗費十八公升的水。另一個重要的因素則是工業用水，儘管全球化把工業化推到世界各地，但主要工業仍設在已開發國家，而工業用水量非常大。在第三世界國家，農業用水占總用水量的絕大部分；在北美，工業用水與農業用水量幾乎相同；歐洲工業用水幾乎是農業用水的兩倍。在所謂的已開發國家中，水資源危機尚沒有第三世界那麼嚴峻，但浪費水的生活方式正使水資源逐漸走向枯竭。

北美和歐洲人把自己帶往水資源危機的境地。到目前為止，這些國家的水資源還是很豐富，但水資源不可能無限取用，以目前的消費速度終究會枯竭。如果未開發國家也仿效北美的生活方式，那麼全球性的水資源危機可以預見。看看第三世界國家就可知道將來會變得如何。在擁擠的亞洲、非洲、拉丁美洲國家中，農業工業化生產所產生的大量排泄物使情況變得更糟，愈來愈多人受到大腸桿菌引起的霍亂和其他致命的傳染病威脅。大多數地方政府甚至連對自來水進行最基本的氯化處理也無法負擔。有些地區曾轉向取用地下水來避免使用汙染的地表水，可是由於化學汙染物和人類排泄物的滲透，現在連地下水也不乾淨。中國八〇%的人口飲用被汙染的水；巴布亞紐幾內亞雖然水資源豐富，但因為汙染，導致四分之一的居民生活在危險狀態；菲律賓首都馬尼拉也有四〇%的居民處於缺水狀態。在大多數第三世界國家的城市中，淡水經常是定量供應，每天只有幾小時或每週只有幾天才可以從自來水管接到水。

非洲因為水質不佳而遭受的痛苦比其他地方更嚴重。聯合國列出二十五個最缺乏乾淨用水的國家，其中十九個在非洲。非洲因罹患痢疾而死亡的比例高於其他各洲，瘧疾和其他水媒病的發病率也較高。奈洛比貧民區的居民因為缺水，不得不從廢水管中取水，作為日常用水。南非有一千五百萬人必須到超過一公里外的水源取水。根據國際水政策聯盟（Water Policy International）的資料指出，所有南非女性每天為了取水而行走的路程相當於從地球到月球往返十六次！

菁英特權

雖然用水的不平等存在於工業化國家與未開發國家之間，然而很多人並不了解，在同一社區內也存在用水不平等。一個奇怪的現象是，貧窮國家中的貧民往往比有錢人用更高的價格買水，有錢人可以得到由政府補貼的自來水供應，中產階級可以建造一個大水塔來儲存卡車運來的水，或是挖掘一口水井。當井水逐漸枯竭時，中產階級中較富裕的人會向更深的地下鑽井取水，而貧民因財力不足，只能少量地從水商那裡買水，價格可能比自來水貴一百倍。世界觀察研究所的報告指出，在祕魯、多明尼加、迦納三個國家的國民中，最富裕的五分之一和最窮的五分之一相比，取得自來水的可能性分別高三倍、六倍與十二倍。普拉特說，因為貧民無法得到政府補貼的自來水，所以只好以高很多的價錢從民營水商或黑市買水，以祕魯的利馬市為例，貧民從水商買水的費用可能高達每公噸三美元，然後用可能已遭汙染的水桶運回家，而有錢人家中相對乾淨的自來水每公噸卻只要〇・三美元。宏都拉斯首都德古西加巴市（Tegucigalpa）山坡貧民區的居民從民營水商手中購買日常用水，其實如果他們付錢給政府來修建自來水管，花費會少許多；在孟加拉達卡市（Dhaka），未經批准而擅自占用土地的人需付十二倍的水價；而在尚比亞首都路沙卡（Lusaka），低收入家庭平均花在買水上的費用占總收入一半。

社會菁英和富裕的旅遊者總能享有用水的特權。一九九四年，印尼遭逢大旱災，很多居民的水井都乾涸了，但為了迎合有錢的旅遊者而建的高爾夫球場卻享有用水優先權，每個球場每天仍耗費一千噸的水來保養草皮。一九九七年到一九九九年，連續三年的旱災使賽普勒斯的河流斷流，地下水位急劇下降，政府下令削減一半的農村用水，同時卻保證每年兩百萬遊客的用水不受任何影響。另外，令人吃驚的是，種族與階級也可能用來決定用水特權。南非五十萬白人農民使用全國六〇%用水量來灌溉農田，而全國一千五百萬黑人卻得不到足夠用水。

墨西哥的情況也好不了多少，緊鄰美國邊境的馬奎拉多拉自由貿易區極度缺乏乾淨的水，嬰兒和兒童只好以可口可樂和百事可樂代替日常飲用水。一九九五年，墨西哥北部面臨嚴重的乾旱危機，政府完全斷絕這個地區的農業用水，同時卻保證供應主要由外資控制的工業用水。

糧食短缺

全世界愈來愈依靠灌溉來生產糧食，所以水源的缺乏也會影響糧食供應。簡單地說，世界上許多重要的糧食產地所需的灌溉用水已經愈來愈不夠用。誠如第二章所言，人類消費的糧食有四〇％來自於灌溉農田，而灌溉農田的總面積在過去幾十年裡呈指數成長。

這種糧食生產方式的改變帶給地下水源沉重的壓力。美國麻塞諸塞州的全球水資源政策計畫主持人珊德拉・波斯特爾在《砂柱》中指出，全球水果、蔬菜、糧食生產所需要的水量是如此巨大，以至於許多重要的糧食產地是靠「透支」水文循環中的儲水來維持。這種透支不可能持久，總有一天需要償還。現在僅印度、中國、美國、北非、阿拉伯半島每年淨損失的淡水就高達一千六百億噸。波斯特爾估計，大約有一億八千萬噸穀物（約占全球糧食生產的一〇％）生產所用的水沒有得到任何形式的補充。到二〇二五年，預期中的世界人口成長將需要增加二兆噸的灌溉用水，幾十年之後，全球人口預計將成長到二〇億。現在的農業生產方式已經造成嚴重缺水，我們還要到哪裡尋找更多水源，來滿足糧食生產的需求呢？

水壩後遺症

水壩給人類帶來的痛苦並不亞於對環境造成的損害。過去的六十年來，全世界因修建水壩而產生的移民估計在六千到八千萬人之間。這些被印度人稱為「失根者」

（ousteeS）的人群，因為喪失他們的社區、生計與祖傳房屋，在文化、經濟、情感上遭受巨大創傷。這種情形對國際河流聯盟來說是再熟悉不過。國際河流聯盟是美國的一個民間組織，曾遊說聯合國成立一個專門調查水壩問題委員會。該組織的派屈克．麥卡利指出，這些水壩移民常常只能得到很少，甚至沒有任何補償。第三世界數百萬水壩移民最終成為大城市周邊貧民區的居民，這些數字還不包括那些受到水壩帶來的損害、還居住在祖傳地的人們。

印度和中國利用殘暴的手段創造大量水壩移民。一九四九年後的三十年內，中國平均每年修建超過六百座大型水壩，根據政府公布的數字，至少產生一千萬水壩移民，但觀察家認為實際數字應該高得多。對中國修建水壩持批評態度的戴晴認為，實際數字高於四千萬，而且很多是用粗暴的方式要求遷移。例如一九五八年興建新安江水壩時，數十萬居民被迫遠離家園，政府更比照戰爭時期，要求這些居民在數日內徒步走到安置地點。最近，在黃河上修建的小浪底水壩耗資四十億美元，有近二十萬人從水壩移民。觀察家擔心這個工程會重蹈五〇年代在上游修建的三門峽水壩覆轍。三門峽水壩工程造成泥沙大量淤積，並淹沒河堤，因為威脅到古城西安的安全，所以毛澤東下令炸毀。這個工程後來被重新設計，加固後的三門峽水庫淹沒六萬六千公頃的土地。根據世界銀行的報告，被迫遷移的四十一萬居民到現在仍處於赤貧狀態，完全沒有謀生的能力。

耗資五百億美元的三峽大壩工程，則傳出利用暴力與恐嚇來對付反對安置的抗議者，成為國際爭議案件。根據加拿大探索國際組織（Probe International）的報導，二〇〇〇年八月遭到安置在當地村莊的水壩移民遭到士兵毆打和軟禁，只因為他們用和平抗議的方式反對家園被淹沒。雖然三峽大壩安置一百一十萬移民，但是他們面對的卻是粗魯的安置手段。一個受安置的居民對加拿大探索國際組織說：「官員不管我們死活，我們沒有生存的權利，如果縣政府知道我們告訴你，那恐怖的災難就會等著我們。我們被縣政府監視，如果被發現，外頭的人（環境學家和記者）就會先被揍一頓，然後被調查。」

根據世界水壩委員會的數字，印度獨立後有一千六百萬到三千八百萬人因水壩的修建而被迫移民，例如一九八一年，為在安德拉省（Andhra Pradesh）修建斯里賽勒姆水壩（Srisailam Dam），十萬人被趕出家門，當地官員稱之為「破壞行動」。為修建沙達沙洛伐水壩（Sardar Sarovar Dam），四十多萬居民遭驅逐，而現在這個工程已被法院下令停工。像中國一樣，印度在驅趕水壩移民時也是野蠻無情。一九六一年，印度財政部長在一次會議上對龐水壩（Pong Dam）的農民們直言不諱地說：「水壩建好後，我們將要求你們遷往別處。如果你肯遷移，那很好，否則我們就開閘放水，把你們都淹死。」

其他國家驅趕移民的行動有時是以難以形容的野蠻方式進行。在前蘇聯，被驅趕的移民常常被迫焚毀自己的房屋、果園、教堂，並被迫挖掘出祖先的棺材。更惡劣的例子發生在瓜地馬拉。國際河流聯盟的派屈克・麥卡利披露，在八〇年代早期，一家歐洲企業為了在瓜地馬拉修建奇克索水壩（Chixoy Dam），威脅要把當地的三千四百人趕走。在這家企業的可行性報告中，不顧當地有數千名居民的事實，硬是宣稱該地區「幾乎無人居住」，當地里奧內格羅村（Rio Negro）的原住民馬雅阿契人（Maya Achi）反對這項工程，並要求得到更公平的補償，但他們沒有等到更好的補償條件，反而等到瓜地馬拉軍人。總共有三百七十八名馬雅阿契的男人、女人、兒童死於三場屠殺中。

這個例子顯示，在修建水壩時，當地原住民的利益很少被考慮。放眼世界各地，原住民的生計總是受到極大損害。在印度的水壩移民中，有四〇%是下層種姓的原住民，而原住民只占印度總人口的六%；菲律賓幾乎所有的大型水壩都修建在原住民聚集區；一九四八年，美國修建的蓋瑞森水壩（Garrison Dam）侵占北達科他州大部分的原住民保留地，當地大部分原住民都被迫遷移他處。七〇年代魁北克省北部修建的水電工程淹沒詹姆斯灣附近的河流，使當地伊紐族人（Innu）失去居住地和傳統的魚卵場。

人工水庫還提供寄生蟲棲息地，導致血吸蟲症及其他水媒病散播，受害者往往就是水壩移民或是水庫下游的居民。埃及的阿斯旺水壩（Aswan Dam）建成後，血吸蟲症就成為當地人民的地方病。迦納的阿科松博水壩（Akosombo Dam）使八萬四千人不得不遷離家鄉，在一九六四年水庫開始蓄水後，附近居住的兒童就有九四%患了血吸蟲症。派屈克・麥卡利說，類似的情況還有從水庫中放出的灌溉用水，水中往往帶有病原體，可以使人罹患蟠尾絲蟲病，亦稱河盲症。

曾經根治的瘧疾也有捲土重來之勢，瘧原蟲通常生長在溼熱環境的積水上，透過蚊子傳染，而貧瘠或半貧瘠地區實施的灌溉工程正好為瘧原蟲提供理想的生長環境。每年瘧疾在全世界奪走超過一百萬人的生命。在斯里蘭卡的馬哈韋利水壩（Mahaweli Dam）工程區，積水變成攜帶瘧原蟲的蚊子理想產卵地。瘧疾在巴西南部本來已被根除，但在一九八九年修建伊太布水壩（Itaipu Dam）後，瘧疾又在當地捲土重來。

爭水衝突

淡水水源逐漸被汙染，對水的需求又增加，因此不可避免會出現因為爭奪水源使用權而產生的衝突。在世界任何一洲，缺水國家之間正上演爭奪寶貴資源優先使用權的戲碼。國與國之間、城鄉之間、種族之間、工業化與未開發國家之間、人與自然之間、民營企業與公民之間、不同的社會經濟階層之間的關係日趨緊張。

城市化提高爭水衝突，當人們自願或不自願地移居到大城市後，城市用水需求自然也隨之成長，於是水資源開始從農村和郊區調往城市。農民為了提供糧食給日益成長的城市人口，自然不願意將寶貴的水調往城市。就像第一章描述，在中國，這種水資源轉移正在進行。往城市移民的腳步逐漸加快，加上中國政府對城市和工業的開放態度，不等農民同意，就將水資源轉讓給城市居民。印度的情形也是如此，有些農民甚至把地下水賣給城市和企業，經濟收益還比種田好一些。

珊德拉・波斯特爾在《砂柱》書中說，儘管印尼的法律規定農民有用水的優先權，但爪哇島上部分稻農卻在與當地紡織廠的爭水糾紛中屈居下風，在已經占便宜的情況下，紡織廠的用水有時還會超過配額，使農民更加缺水。另外，紡織廠還汙染當地水源，使農作物的生長受到損害；韓國首爾以南的農民最近組織起來，手持鋤頭，阻止城裡開來的運水車接近，因為他們擔心農業用水會短缺。二〇〇一年夏天，美國太平洋西北沿岸的哥倫比亞河流域農民們被要求停止灌溉農作物，以保證沿岸的水力發電廠能向加州運送足夠的電力，農民因此得到每英畝四十美元的補償。

農民之間因搶水引發的衝突時有所聞。在巴西東北部，連年旱災使有水者和無水者間的關係異常緊張。當地流量豐富的聖弗朗西斯科河（São Francisco River）改道用於灌溉，剩下的河水蜿蜒流過巴西最荒涼的地帶。路透社報導，這個巨大的灌溉工程使三十萬公頃的乾燥谷地變成熱帶果園，長出的椰子和蕃石榴還可以出口。這項政府主辦的工程還為此修建公路、汙水處理系統和機場。也許有人認為這個工程很成功，它提供農民工作機會，還使一些人富裕起來。事實上，最早參加這項工程的農民現在確實過得不錯，但工作機會仍然有限，而且已得到工作的農民也擔心隨時可能丟掉工作，因此實際上是拉大當地的貧富差距。旱災也使一千多萬人（占當地大部份的人口）面臨飢餓威脅，這反應出中美洲的困境。中美洲三千五百萬人口中，有一半以上受到旱災嚴重威脅，部分原因就是出口導向的大型農場用去大量的水，其他農民卻只剩很少的水可以使用。

缺水還造成農民與原住民、稀有動物保護者之間的衝突。例如，二〇〇一年夏天，美國俄勒岡州遭遇巨大旱災，克拉馬斯地區（Klamath）的農民一再強行開啟閘門從水庫中引水灌溉，這原本是聯邦調查局為了保護稀有的亞口魚和銀大馬哈魚所明令禁止的行為。當地的原住民部落與政府簽有協定，規定這些魚歸原住民所有，所以他們要求政府保護這些魚，並保證棲息地用水。原住民以及下游的漁民都認為，幾十年來當地政府偏袒農民，侵害他們的生計和文化權利。

而對那些農民來說，這個禁令無疑是個大災難，因為這將使克拉馬斯流域（Klamath Basin）將近一千四百座小型農場無水可用。他們耕種的八萬公頃紫花苜蓿需要大量的水，現在因為缺水都已經乾枯了。當地社團非常同情農民的處境，因此警察拒絕逮捕擅開水閘的違法者，當地檢察官也拒絕受理此案；另一個類似的爭議出現在加州，法院做出一項史無前例的判決，判定九〇年代為了保護瀕臨絕種動物而調用農業用水的做法是侵占農民財產，下令必須對農民進行賠償。

再一次，所謂的自由市場經濟法則迫使農民不得不尷尬地轉向以大型、耗水為基礎的工業化操作方式來提高產量，藉此彌補農產品價格下降帶來的損失。一旦朝高度機械化、大規模生產的方式投資，就只能繼續沿著大量消耗自然資源（如礦物燃料和水）的路走下去，這將對生態系統造成很大的損害，而且違反自然法則。如果農民改種抗旱作物，並盡量減少消耗礦物燃料，那麼發生衝突的機率就會少得多。所以問題的關鍵是美國政府，還有世界上任何政府，必須停止補貼工業化、耗費大量自然資源的農業生產方式，轉而支持可持續、小規模的農業生產，並鼓勵耕種抗旱作物。

自然與權力

失業者常在破壞大自然的陰謀中成為人質。加拿大最東邊的紐芬蘭省（Newsfoundland）傳統上是失業率較高的地區，但那裡卻有一大片荒野，大批生物生活其中，南部海岸有一個長十六公里，寬十公里的吉斯伯恩湖（Gisborne Lake），湖水非常清澈。從一九九七年起，當地一個企業家向政府申請出售湖水給世界上乾渴的消費者。毫不意外，他的計畫引起很大的爭議。一方面，很多加拿大人擔心，大規模地出口淡水會損害當地生態系統，而且認為這些水應該留給人口逐漸增多的加拿大人，包括將來從缺水國家移民加拿大的人。他們的擔心不是沒有根據，他們認為加拿大政府在簽署貿易協定時，將水描述成一種可交易的商品是一種「短視的行為」。相對地，住在吉斯伯恩湖附近的三百五十名漁民，因為賴以為生的鱈魚捕撈過度而絕跡，在經濟上陷入了困境，所以他們堅決支持淡水出口計畫，希望這個計畫能在當地創造就業機會。紐芬蘭前省長布萊恩・托賓（Brian Tobin）否定出口淡水的計畫，但新省長羅傑・格蘭姆斯（Roger Grimes）又把計畫放上檯面，辯論仍在繼續。

傳統的個體農業與現代的大型農業之間也常發生爭水事件，以厄瓜多為例，當地正醞釀制定一項水資源的法律，有兩個立場相對的農業組織在背後角力。根據水資源專家里卡多・彼得雷拉的報導，一方是代表大型農業企業的農業商會（Agricultural Chambers of Commerce），他們支持水利事業民營化，以提高用水的工業生產率；另一方則是代表自耕農和小農場工人的厄瓜多原住民國民大會（the Ecuadorian Indigenous Nationalities Confederation），他們堅持水資源是公共財產，所以所有公民都有平等的使用權，並認為保證當地居民的糧食和淡水供應是政府的首要責任。

在很多國家，社會菁英享有愈來愈多的用水特權。例如，東南亞各國大力發展高爾夫旅遊業，引起當地居民強烈不滿。他們認為，政府為了賺取觀光財，對耗水量龐大的高爾夫球場開出保證用水的政策，卻損害他們的利益。然而，高爾夫球場仍雨後春筍般大量興建，光是馬來西亞、泰國、印尼、韓國、菲律賓五國現有的高爾夫球場就有五百五十座，還有五百三十座正在修建中。

一九九九年，孟加拉因為貧民與富人間的供水不均引發激烈暴力衝突。首都達卡的數百位居民為了抗議自來水供應不足而襲擊一家電廠的辦公室，他們設立路障，並燒毀汽車。達卡市淡水與汙水水利局（Dhaka Water and Sewage Authority）承認，全市九百萬居民中，超過三〇％的人無法得到自來水，參加抗議的居民們聲稱，政府完全忽視貧民利益。

因為用水而產生的衝突其實是傳統種族抗爭和權力抗爭的體現。在種族隔離時期，南非公開在自來水分配上實行種族歧視政策。第一個民主政府成立後，面對一系列遺留下來與淡水有關的嚴重問題，包括缺水、種族和階層間供水的不平等、水源的嚴重汙染、大量的水壩、黑人區低於標準甚至完全不存在的衛生設施時，一開始，新政府似乎完全理解這些問題，打算取消用水問題上的種族歧視，南非的多數黨把保證每個人的基本用水權寫進了新憲法，非洲國民大會（African National Congress）的重建與發展計畫（Reconstruction and Development Programme）宣稱，保證每個家庭都有水是基本人權，是「我們水資源政策的基礎」。

然而根據水資源專家帕特里克・邦德（Patrick Bond）和格雷格・呂泰（Greg Ruiters）

在關於後種族隔離時期水資源分配問題的調查報告指出，在水資源管理上，非洲國民大會繼承前政權以市場為指導方針的原則，使大多數黑人繼續處於缺水的狀態，有錢人則繼續享有用水特權。新政府強調，水是一種「緊俏」商品，不能無償提供給任何人，即使是貧民也不例外。此外，新政府還繼承種族隔離時期的政策，耗用大筆資金修建水壩，卻不對大量浪費水的人進行足夠的懲罰。帕特里克・邦德和格雷格・呂泰說：「結果是缺水者更加缺水，而不愁水者則有更多水可供揮霍。」甚至在南非民主政府成立的前五年，大多數黑人的用水條件和衛生條件實際上更加惡化。現在南非家庭與庭院有充足供水條件的人口比例比一九九四年更低，甚至在九〇年代末期，幾十萬居民的自來水供應被中斷。

從階層、種族和性別上分析，南非在供水方面的不平等比經濟收益的不平等更嚴重。南非一半以上的用水給了以白人為主的大型農場，這之中有五〇%因不當灌溉而浪費。全國四分之一的用水則給了採礦業和其他工業，家庭用水只占一二%，其中一半以上給了白人家庭，包括他們的花園和游泳池。另外，正如本書前面提到的，多達一千六百萬南非女性為了取水，不得不步行一公里以上。二〇〇一年九月，開普敦尤尼斯提地區（Unicity）的一千八百位居民抵制當局抗議當局的停止供水政策，導致警察開槍擊傷一十五人，包括一名五歲的兒童。在數百名警察的保護下，工人將輸水管強行切斷，留下一個受災社區，居民們得哭喊著點燃路障以防遭到報復。

邊界衝突

全世界四〇%的人口依賴二百一十四條流經兩個國家以上的河流，作為生活用水的來源。上游國家可能從河中取水飲用、灌溉、水力發電，使得下游國家處於不利的地位。很多缺水地區的國家還共用湖泊和地下含水層。在人多水少的情況下，缺水對社會、政治與經濟的影響，正成為國家之間產生糾紛的重要起因之一，即使在一個國家內，不同地區間也可能因為爭奪水源而產生糾紛。墨西哥市市長預言，如果水資源危機不能在短期內找到解決辦法，墨西哥谷地區將在可預見的未來發生爭水衝突；另外，美國內布拉斯加州和堪薩斯州之間，里帕布利肯河（Republican River）河水的取用官司已經打到美國最高法院。堪薩斯州指控內布拉斯加州在其境內不加限制地抽取河水，使里帕布利肯河在堪薩斯段的流量大為減少。

然而，大多數的爭議還是發生在國與國之間。例如，新加坡有一半以上的用水由馬來西亞提供，一九九七年，因為新加坡對馬來西亞政府的某些政策提出批評，馬來西亞因此威脅停止供水。在非洲，納米比亞計畫從歐卡方果河（Okavango River）修築管線，將河水輸往東納米比亞，造成與下游的波札那關係緊張。在非洲北部，衣索比亞計畫從尼羅河截取更多河水，而下游的埃及灌溉和水力發電絕大部分依靠尼羅河；土耳其計畫在幼發拉底河修建水壩使得與下游的敘利亞和伊拉克的關係出現緊張；孟加拉高度依賴幾條上游在印度的大河，在七〇年代印度面臨嚴重的糧食短缺問題時，截留大部分的河水用於農業灌溉，使得孟加拉人陷入無水可用的困境，之後兩國花了二十多年的時間才簽訂一項河水共用條約，結束長期存在的用水糾紛。

一九九二年，當時還是捷克斯洛伐克的一個省斯洛伐克，不顧環保主義者的反對，沿匈牙利邊境的多瑙河修建加布斯卡瓦水壩（Gabcikovo Dam）。匈牙利人本來也參與這項工程，但因國內環保運動的反對而在一九八九年退出。一九九三年，兩國同意將這項爭議交由設在海牙的國際法庭裁決，不過工程引起的後果已經出現在很多地方，包括多瑙河水位嚴重下降，數千公頃的森林與溼地面臨乾枯，多瑙河下游的漁獲量下降八〇%。

眼光轉回北美洲，圍繞在地下水控制和使用的紛爭使得美墨兩國關係嚴重緊張。首先，提供生活用水給美國拉斯克魯塞斯（Las Cruces）、艾爾帕索以及墨西哥華瑞茲市的休科博爾森地下含水層（Hueco Bolson Aquifer）日趨枯竭。另外，美國提議修建一條大型運河供加州帝王谷（Imperial Valley）灌溉之用，再加上其他多項取水工程，兩國邊境的地下水水量有進一步枯竭的危險。美墨兩國曾簽訂一個地表水的協定，但它的範圍並不包括地下水，兩國現在只能在沒有協定的情況下解決地下水紛爭。

在北部邊界，北美五大湖盆地周圍的美國八個州和加拿大兩個省共四千萬人的用水問題也有爭議。五大湖水位下降，加上盆地周圍新增的幾百個社區增加用水需求，使得供水系統達到極限。紐約州一個叫韋伯斯特（Webster）的小城市，居民有二千五百人，該市市長在《華爾街日報》和《紐約時報》上刊登廣告，打算出售七百五十萬升「水晶般清澈的」井水。五大湖州長省長聯席會（Great Lakes Governors and Premiers Association）立即控告這位市長，因為他實際上想出售的是安大略湖的湖水，可是他根本無權這樣做，於是這位市長只好撤銷了他的廣告。

長期以來，美國對加拿大境內水源的興趣使加拿大人深存戒心，早在十九世紀中葉，美國開始奉行一種鼓吹其有權也有義務擴張到整個北美大陸的理論，這對加拿大的主權是明目張膽的威脅。現在，加拿大人對北美自由貿易協定中，將水資源列為可交易商品感到憂慮（詳見第七章）。許多加拿大人相信，美國政治人物和工商界領袖把包含淡水在內的加拿大資源看作是全北美大陸的共同資源，好像兩國邊界不存在。儘管加拿大擁有領土權，但有些加拿大人擔心，如果美國面臨嚴重的水資源危機，而加拿大又拒絕將境內的水調往美國，美國人可能將此舉視同宣戰。二〇〇一年七月，在義大利熱那亞舉行的八國首腦會議前夕，美國總統小布希說，加拿大的水源是加拿大能源儲備的一部分，在不遠的將來應鋪設水管與美國共用。

北美因為水引起的糾紛還屬於潛在階段，在中東地區早已升高成武力衝突。在中東地區，淡水的寶貴、爭議堪稱世界之最。以色列四〇%的地下水靠占領區的水源補充，過去幾十年的阿拉伯國家與以色列衝突中，水資源的爭奪始終是一個重要的因素。一九六五年，敘利亞試圖從約旦河運水，此舉將影響約旦河在以色列段的流量，於是以色列立即用空中轟炸的手段迫使敘利亞放棄這個主意，而以色列自己則從約旦河取用大量的水，使約旦的水源供給大受影響。儘管約旦與以色列之間還沒有因為水發生過戰爭，但已故的約旦國王胡笙（Hussein）曾說過，為了水，不排除會對以色列開戰。

缺水也使以色列與占領區內兩百三十萬巴勒斯坦人的關係更為緊張。在近幾年的旱災中，以色列仍要保證公園常綠，並繼續耕種棉花這類耗水的農作物，同時卻限制占領區內兩百三十萬巴勒斯坦人的用水。有些以色列人在旱災中不肯放棄耗水的草坪和游泳池，而許多巴勒斯坦人卻不得不從給水車中購買飲用水。以色列平均每人的用水量是巴勒斯坦人的三倍。巴勒斯坦水利局（Palestinian Water Authority）的主任法德爾・卡旺施（Fadel Kaawash）說：「他們與乾渴的人之間不可能有和平。」

在戰爭中，水也可能成為攻擊目標。在一九九一年的波灣戰爭中，美國曾考慮轟炸幼發拉底河與巴格達以北底格里斯河上的水壩，後來因為擔心引發過多傷亡而作罷。當時聯軍也曾考慮要求土耳其利用幼發拉底河上的阿塔特克水壩（Ataturk Dam），減少幼發拉底河的河水進入伊拉克。事實上，伊拉克摧毀科威特的海水淡化廠，而聯軍則將伊拉克的供水系統列為攻擊目標。

一九九九年，北約空軍在對南斯拉夫的轟炸中，汙染了一處對東歐大部分地區提供淡水的地下含水層，轟炸的目標包括一家化肥廠、一家氯氣廠、一家生產火箭燃料的化工廠、核反應器所在的格羅科市（Grocka）以及四座國家公園，轟炸後流出的化學物質滲入地下水，汙染恐將延續幾十年，甚至幾百年。

水資源到底該由誰控制？

在自來水供應的問題上，最有爭議的大概要數民營企業日益增加對水的控制權。民營企業比其他企業更清楚地認識到，缺水是他們發財的好機會，這就產生一種新現象：透過交易水資源來牟利。

不論在窮國還是在某些時期的富國，非正式、小規模的淡水交易都是很普通的事，這種交易通常發生在農民與當地的社區間，而且基於水資源是公共遺產、大家共用的原則，交易的目的只是為了滿足人們的需要。然而，今天大型跨國企業進行淡水交易的目的只有一個，就是牟利。這使得水價不斷上升，遠遠超出貧民的負擔能力。另外，一旦大型企業介入，他們往往一塊一塊地買斷一個地區的水權，把這個地區的水都用光之後，就一走了之。例如智利將水利事業民營化後，採礦業幾乎沒花什麼錢就得到全國水資源的控制權，直到今天，他們還控制全智利的供水市場，而缺水將水價愈抬愈高。

在加州，水權交易是一個持續成長的行業。一九九二年，美國國會立法允許農民向城市出售水權。一九九七年，內政部長布魯斯・巴比特（Bruce Babbitt）公布一項計畫，在科羅拉多河的主要用戶之間開闢一個淡水交易市場，允許亞利桑那、內華達和加州三個州之間跨州買賣科羅拉多河河水。

《哈潑雜誌》（*Harpers Magazine*）的韋德・葛拉漢（Wade Graham）將美國政府的這項舉動稱為「自一八六二年『公地放領法案』（*Homestead Act*）公布以來對國家資源最大的一次鬆綁行為」，未來可能只有將所有的國有土地全部民營化才有可能（在「鬆綁」的意義上）超越它。在此之前，政治人物和法院試圖在科羅拉多河水的使用糾紛中充當仲裁者，不過都不成功。巴比特指望藉由水交易市場的開放來改善這種狀況。人們估計一開始的交易量應該不大。不過內華達與亞利桑那兩州已經達成協定，亞利桑那州的儲水將為內華達州所用。人們誤將科羅拉多河視為無窮無盡的水源，以為從長遠來看，高科技密集地區與迅速發展地方可以獲得大量平價的水。

其實，將水利事業民營化的實驗已經發生在沙加緬谷（Sacramento Valley），葛拉漢認為這實際上是很好的警告。九〇年代初，法律第一次允許南加州的居民和農民從北加州農民那裡買水囤積，然後再到市場出售。有些人購買大量的水，儲存一段時間後，在水價升高時出售。少數人在這種買賣中發了大財，但同時很多農民有生以來第一次發現自己的水井乾涸了。產生的災難性後果是地下水位降低，某些地區地層下陷。葛拉漢將此事與二十世紀初發生的歐文斯谷（Owens Valley）悲劇相提並論。當時，洛杉磯政府負責水利事務的官員設下圈套，將歐文斯谷的水調往南加州，使以前水源豐富、草木茂盛的歐文斯谷變成乾燥的荒地。葛拉漢寫道：「歐文斯谷騙局證明，儘管只有一部分人或公司掌握水權，但整個社區的命運卻往往要倚靠這些水權……。在加州，水代表著繁榮，如果水的使用權被民營化甚至被合法轉移到外地，那麼整個社區的繁榮也可能一去不復返。」總是享受過多用水的電子業對這一點了解得比誰都清楚。電子業在生產過程中需要耗用大量的去離子水，所以它們總是積極尋找新水源，不可避免地形成高科技公司與當地居民之間愈來愈激烈的水權爭奪。

根據矽谷毒物聯盟（Silicon Valley Toxics Coalition）資料顯示，電子業是當前世界上發展最快的製造業。IBM、AT&T、英特爾、NEC、富士通、西門子、飛利浦、住友商事、漢威聯合和三星等大企業一年的銷售淨額超過許多國家的國內生產總值。現在世界上有九百家半導體廠生產電腦晶片，另有一百四十家正在興建，這些工廠消耗的水量之大令人咋舌。問題是，這些水從哪裡來呢？顯然只能從有限的已知水源而來，而這勢必將引起衝突。經濟正義西南聯絡網（Southwest Network for Environmental and Economic Justice）對此解釋：「在資源有限的前提下，雙方的抗爭不可避免，一方是這些資源的長期受益者，另一方則是對這些資源露出貪婪雙眼的新來者。」

高科技公司使用各種手段低價購買水權，又不需要為造成的汙染承擔任何治理費用。他們的手段包括向政府施壓索取補貼；設法繞過市政設施而直接從水源取水（成本遠低於一般居民付費標準）；買斷水權，從地下含水層取走可用的水，同時抬高水價；從牧場、農場主人手中直接購買水權，將當地水源汙染後一走了之。

儘管工業用水需求愈來愈高，可是針對一般人的節水措施要求對工業卻無束縛力。《亞伯古基論壇報》（*Albuquerque Tribune*）就指出亞伯古基市節水計畫的漏洞，「去年（一九九六年），不少居民不得不為了節水放棄他們的草坪，但同時卻大量增加工業用水供給。當居民被要求裁減三〇％的用水量時，在當地設廠的軟體公司英特爾，卻被允許增加三〇％的用水量。」另外，英特爾的水價只有當地居民的四分之一。最令人不安的消息是，當地政府為了滿足這些對水貪得無饜的高科技公司，毀壞當地使用多年的農用水分配系統。

在這個新的商業系統中，水不再被視為土地的一部分，而是可以被輸往遠方的資源，這完全背離當地人長期形成的運作模式，而且長時間來看，無論在經濟還是生態層面上都是有害無益。拉茹瓦灌溉排水聯合會（La Joya Acequia Association）的約翰・卡朗熱羅（John Carangelo）說：「在新墨西哥州，現在已不存在任何尚未開發的水源。高科技公司選擇在何處落腳將取決於能在何處買到水權。對淡水的大量需求和高科技公司本身雄厚的經濟實力，使得淡水變成一種很有價值的商品。」他警告說，大規模的淡水交易有可能會將美國農村的水源掏空。

地球愈來愈乾燥，民營企業大量購買寶貴的水資源，我們已經開始進入一個新經濟型態。在這型態下，城市不斷膨脹、農企日益興旺，而一般居民和自耕農的水井逐漸乾涸。造成南加州歐文斯谷悲劇的那種水權交易方式已經證明完全失敗，但現在卻復活了。第三世界國家的孩子們正因乾渴而死，世界銀行和國際貨幣基金組織卻把水資源民營化作為第三世界國家減緩債務的前提。貧民們很快會發現，他們根本買不起價格暴漲的自來水和衛生服務。我們面臨的是這樣一個世界：資源不是受到保護，而是被囤積牟利；就像墨西哥谷和中東地區一樣，缺水恐將引起戰爭；任何東西都可以作為商品出售。

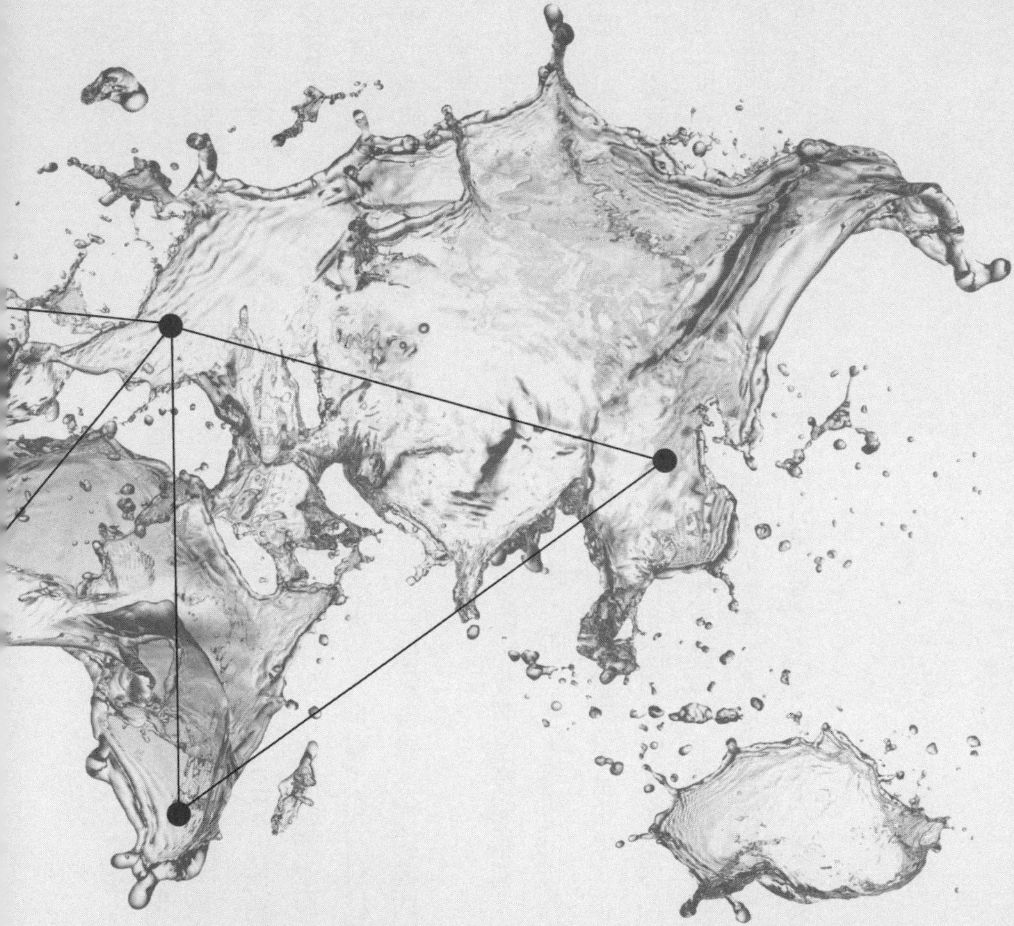

BLUE GOLD:

The Fight to Stop the Corporate Theft of the World's Water

第二部　政治抗爭

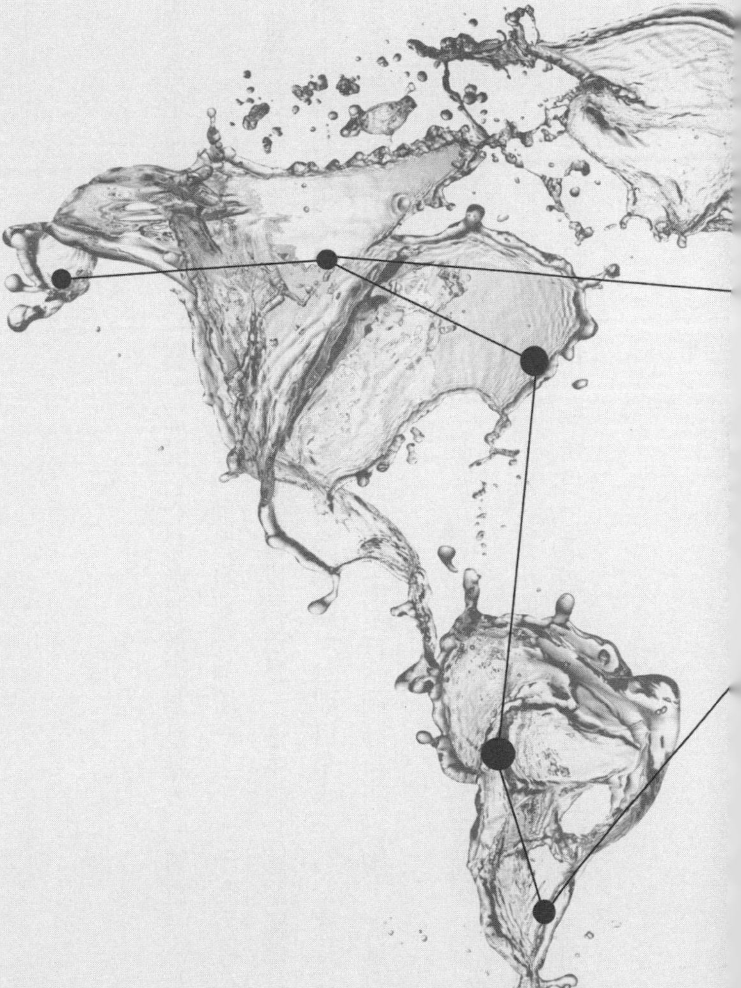

第四章　任何東西都可以作為商品出售

全球化經濟如何導致世界水資源危機

如果說水是生命不可缺少的物質，那麼它究竟應該被視為是基本「需求」，還是基本「權利」？二〇〇〇年三月在海牙舉行的「世界水資源論壇」上，五千七百多位與會者對此進行激烈辯論。從論壇的名稱來看，可能會以為這是一個由聯合國組織舉行的保護水源會議。不過完全相反，這是一個由商業遊說團體「全球自來水公司公會」（Global Water Partnership）、世界銀行，以及世界著名的水利產業巨頭們發起的會議，會議討論的重點是如何在全球的水利產業中牟利。

儘管聯合國官員也有參與這個論壇，同時也組織一百四十多個國家的部長級會議作為論壇的一部分，但他們在這裡顯然不是主角，真正的主角是那些大型企業，它們自稱能在這場世界水資源危機中扮演救世主的角色。這些企業包括產業巨頭斐凡迪和蘇伊士集團，還有食品加工業中著名的雀巢公司（Nestle）和聯合利華公司（Unilever）等瓶裝水生產商。

究竟水是「需求」還是「權利」的辯論當然不只是簡單的語意學問題，辯論的核心問題是誰有責任確保人類享有淡水——這個生命之泉？是市場還是國家？是大型企業還是政府？若不是一些小型社團在場，這場辯論很可能根本不會發生。在「藍色星球計畫」這面旗幟下，來自已開發國家和開發中國家的環保、勞工、公共利益組織的代表們堅持水應該是基本人權之一。

但是論壇的發起團體持有相反的觀點。他們希望將水定義為「需求」，這樣民營企業便可以有權利在市場上賣水謀利。另一方面，如果水被定義為「人權」，那政府就有責任保證人人都有用水權利，企業就不可能從中獲利了。最後，各國政府的代表還是讓步了，在部長級會議最後簽署的公報中，水被定義為「需求」，而且根本不去提水是普遍的「權利」。

在世界水資源論壇上發生的這一幕等於宣稱水再也不是公共資源了，這是對二十世紀人類追求民主的打擊。畢竟現在已經是聯合國通過「世界人權宣言」，並訂出「經濟、社會、文化權利國際公約」和「公民與政治權利國際公約」的時代了啊！這些是過去二百年來人類為了民主而奮鬥最輝煌的成果之一，然而，在二十一世紀初，世界上最有權勢的經濟和政治菁英們已經不承認水是人類的「權利」了。既然水被定義為「需求」，那麼按照市場經濟的供需法則，一個人能否得到水，就只取決於是否有足夠能力購買了。

為了理解這一切，我們必須剖析全球化經濟正如何影響人類的生活、社會和國家。畢竟這個面臨水資源危機的世界是由於跨國企業操縱全球經濟造成。在這個全球化經濟的時代，政府已經大大放棄維護公益的責任，而且對企業利益的重視凌駕對公益的重視。只有了解全球化經濟背後的推動力，才能真正了解目前這場世界水資源危機，才能找出解決的方法。

全球化經濟

當前主要的經濟發展模式是全球化經濟，因此不可避免地出現由企業和金融市場制定經濟規則的全球經濟一體化趨勢。對冷戰後握有權勢的人來說，他們最有興趣的不是推動民主或生態保護，而是經濟自由。結果是造成整個世界有史以來的大轉變。這場大轉變的核心對人類生活在各方面進行全方位的攻擊。在全球化的經濟市場中，任何東西都可以作為商品出售。即使過去認為維持生命中不可侵犯的部份，例如健康和受教權、文化與傳統、遺傳密碼與基因，甚至連包括空氣與水在內的自然資源，現在都可能被當做商品。

其實全球化經濟的根源可以追溯到五百年前，當時歐洲各國的皇帝為了爭奪亞洲、非洲和美洲的自然資源，例如金、銀、銅以及木材的控制權，展開激烈競爭。那時，諸如哈德遜灣公司（Hudson's Bay Company）和東印度公司這樣的輪船業巨頭可以算是跨國企業的祖先，這些擁有特許營業執照的跨國企業，根本的使命就是搜刮世界各地的資源，來為各自的君王追求商業利益。在以後幾個世紀裡，隨著新技術出現，經濟發展對資源的需求不斷改變，但這種全球化經濟的基本模式並沒有太大變化。

現在，特別是在柏林圍牆倒塌之後，這種全球化經濟的模式正在加速發展。在此之前，以及二十世紀大部分的時間裡，世界經濟可以分為兩個互相競爭的模式，即共產主義和資本主義。至少從象徵性的意義上來講，柏林圍牆的倒塌和冷戰結束宣告了資本主義的勝利，以及兩極經濟時代的結束，從此資本主義在世界經濟中占了統治地位。作為全球資本主義的主要工具，跨國企業以極快的速度開闢新市場，並往世界各角落推進。

二次世界大戰之後，美國迅速成為工業化超級大國。因為產量過剩，所以美國積極開拓海外市場，並向全世界輸出自由市場制度和價值觀。這個意識形態在之後的數十年裡逐漸成形，並在一九九〇年由一個位於華盛頓的保守派智囊團：國際經濟研究所（Institute for International Economics）的約翰・威廉森（John Williamson）命名為「華盛頓共識」。這個所謂「共識」的特徵是排除政府對貿易、投資及金融體系的干涉，而這也成為世界新秩序的基礎理念。按照這個理念，必須讓資本、商品及服務業在世界各地自由流動，而不受政府的干涉和限制。這個理念的核心認為資本利益高於公民的權利，因為這個理由，華盛頓共識有時也被稱為「民主延遲」，因為它不承認「人的民主權利高於一切」的原則，而這個原則正是「世界人權宣言」及其附屬國際協定的核心。

這個經濟自由化的理念是建立三邊委員會（Trilateral Commission）鼓吹的幾條原則上。三邊委員會成立於七〇年代初期，彙集三百二十五名來自各國的經濟和政治菁英，包括一些企業和銀行的執行長、已開發國家的總統和總理、政府高級官員、擁有類似想法的學者以及媒體人。在他們公布的一份主要報告《民主危機》（*The Crisis of Democracy*）中，他們認為當前根本的政治問題與政府治理模式有關，在現在的制度下，已經出現過度民主的現象。

這些菁英們發展一個重建全球經濟的藍圖，並創立它們的監理機構：包括在二戰後布列敦森林會議（Bretton Woods Conference）決定在一九四四年成立的國際貨幣基金組織和世界銀行、一九四七年成立的關貿總協定與隨後一九九五年取而代之的世界貿易組織。菁英們一再強調，為了建立一個無邊界的世界，必須大規模地降低關稅和非關稅的貿易障礙，尤其是紡織品、服裝、鞋、電器產品、鋼鐵、輪船以及化工產品貿易的障礙。當時第三世界國家正面臨日益沉重的債務壓力，菁英們趁機建議國際貨幣基金組織和世界銀行實施「結構調整計畫」（Structural Adjustment Programs），要求它們大幅改變經濟和社會政策，以符合全球自由市場的規則。

在全球經濟重整的議題上，這些菁英們的確加速全球化經濟的發展，尤其在二十世紀最後十年。他們完全繞過聯合國，將自己視為建立世界新秩序理念的當然領導人。後果造成一個由新興全球貴族主導的世界經濟，不但造成人類的苦難，還逐步摧毀自然。

跨國企業

聯合國在二十年前的一份報告指出，當時約有七千家跨國企業，而今天這個數字已經遠遠超過四萬五千家了。華盛頓的政策研究所（Institute for Policy Studies）指出，全球前兩百大企業的總營收與全球一百九十一個國家中的一百八十二個國家所加總的國內生產毛額還高，它們的年營收幾乎是全世界最窮的五分之四人口總收入的兩倍，而在全球前一百大經濟體中，就有五十三個跨國企業，而不是國家。

根據美國《財星》（*Fortune*）雜誌二〇〇〇年的五百大企業排名，第一名是埃克森美孚石油公司（Exxon Mobil），它的年營收僅次於全世界最富裕的二十二個國家的國民生產毛額（GDP）。第二位的沃爾瑪百貨（Wal-Mart）年營收超過一百七十八個國家

GDP，通用汽車（GM）的年營收也高於香港或丹麥的GDP，福特汽車（Ford）高於挪威或泰國的GDP。皇家荷蘭殼牌石油（Royal Dutch Shell）年營收高於波蘭和南非的GDP，英國石油公司（BP）的年營收高於沙烏地阿拉伯、芬蘭或葡萄牙的GDP。另外，在此名單上名列前矛的三菱（Mitsubishi）、豐田（Toyota）、三井集團（Mitsui Group），它們的年營收也分別大於以色列、埃及或愛爾蘭這些國家的GDP。

同時，前二百大型跨國企業的年營收和獲利成長大大超過同時期世界經濟的成長。根據華盛頓政策研究所的統計數字，一九八三年到一九九七年間，這前兩百大型跨國企業的總營收成長一六○%，總獲利成長二二四%，而同期世界經濟只成長一四四%。另外，近年來明顯增多的公司合併的現象使資本進一步集中，僅在一九九八年，全球企業合併金額達一・六兆美元，比一九九七年成長七八%。

通過這些合併，全球製造和行銷日益掌握在愈來愈少跨國企業巨頭手中。例如，埃克森美孚和英國石油兩家企業控制世界上超過一半的原油生產和加工，國際紙業（International Paper）、喬治亞——太平洋集團（Georgia Pacific）、金百利克拉克（Kimberly-Clark Corporation）與威爾豪瑟（Weyerhaeuser）四家美國公司在全球林業和造紙業擁有獨占地位。同時，像沃爾瑪這樣的超級零售商則透過連鎖超級市場建立全球購物中心，銷售商品無所不包。雀巢和聯合利華這兩家歐洲企業則控制全球大部分的食品加工市場，而另一些著名的食品加工公司如通用食品（General Food）、卡夫食品（Kraft）、貝氏堡（Pillsbury）、菲利普莫里斯（Philip Morris）、台爾蒙食品（Del Monte）以及寶僑家品（P&G）等則透過併購來增加全球市占率。

然而，最令人氣憤是，過去像醫療保健、教育、自來水這些由政府提供的公共福利漸漸被追求獲利的民營企業控制。幾家大製藥廠早已壟斷健康照護市場，而由美國兩大連鎖醫院哥倫比亞（Columbia）和健康信託（Health Trust）合併而成的新醫院系統已經成為世界最大的營利醫療企業，它的年營收甚至超過柯達（Eastman Kodak）和美國運通（American Express）。在教育市場，一些著名的跨國公司如電信商 AT&T、福特、柯達、輝瑞藥廠、奇異和海因茨（Heine）醫療儀器公司捐款組成新美國學校發展公司（New American Schools Development Corporation），經營目標就是為營利的美國小學提供補助。

現在這些追求獲利的企業又盯上水利產業。兩家跨國企業斐凡迪和蘇伊士集團已經被人們視為水利產業界的通用和福特汽車。在二〇〇〇年，斐凡迪和蘇伊士集團在全球五百大企業中分列第九十一和一百一十八名，他們在世界五大洲，超過一百三十個國家，擁有或控制水利公司，為超過一億以上的人口提供水利服務。

然而，如果它們的行為損害社會、人民或環境的利益，這些公司、經理人及投資人卻不會受到法律制裁。在過去一百多年裡，很多國家的法律和國際法都加入有關法規，使「已上市的有限責任公司」免負任何法律責任。加拿大哲學家與社會運動家約翰・麥克默特（John McMurtry）說：「這就給那些在全球賣水牟利的大型企業擋箭牌，即使破壞人們的生活、社會或環境破壞，甚至是犯罪，他們也不會受到任何懲罰。」

大自然商品化

對經濟成長的追求，推動跨國企業向全世界擴張。近年來，人們愈來愈體認到這種追求與大自然本身產生衝突。赫曼・達利（Herman E. Daly）和約翰・卡柏（John B. Cobb）在其經典著作《共善：引導經濟走向社群、環境、持續發展的未來》（*For the Common Good: Redirecting the Economy toward Community, the Environment, and a Sustainable Future*）中指出，傳統經濟學理論以追求經濟成長為基礎，將「資本」片面地定義為產品、服務、機器和建築物等人造資本（human-made capital），而忽視「自然資本」（natural capital），所有這些經濟活動都必須依賴的自然資源。而且地球的生態系統承受能力有限，不可能永遠承受大型農業、森林毀壞、沙漠化及城市化的破壞。達利和卡柏警告說，與大自然的衝突可能在下一代激化。

印度的女權主義者，也是物理學家、生態保護主義者范達娜・席娃（Vandana Shiva）

博士更進一步指出，追求絕對的經濟成長是對大自然和人類的「偷竊」行為。她指出，藉由砍伐原始森林，轉種單一品種的松樹來提供工業原料，可以增加收入讓經濟成長，但卻剝奪森林樹種的多樣化、降低保護土壤與水源的能力。而且由於樹種的多樣化遭到破壞，原先社區所仰賴原始森林提供的食物、飼料、燃料、纖維和藥品，以及抵禦自然災害的能力都遭到剝奪。她舉例說明，大型農企並不能產出更多的糧食、減少飢餓，或是保護自然資源；相反地，大型農企的運作形式就像是從大自然和貧民身上「行竊」。她還指出，修建大型水壩與將河水改道也都是「偷竊」行為。

最讓人感到最擔憂的是，大自然和生命愈來愈商品化。其實在不久之前，一些生命和大自然物質並不能在市場上買賣，例如空氣、水之類的自然資源、基因密碼與種子、健康、教育、文化及傳統等。這些生命和大自然的基本元素被認為是全人類共同的遺產或權利。以印度為例，土地、空氣、能源、水資源傳統上都認為不屬於任何人所有，它們是「公共資源財產」，而不是私有財產，所以不受市場供求法則制約。相反地，它們對生命是如此重要，而且在相當程度上是神聖不可侵犯的，不管是政府公部門還是民間社團都應該去保護它們。

水資源商品化特別是對「公共資源財產」的直接攻擊。科學、技術與生態研究基金會（Research Foundation for Science, Technology, and Natural Resource Policy，一個由范達娜・席娃博士領導的新德里非政府組織）在一篇報告中指出，在印度，水被認為是「生命，是我們土地、食物、生計、傳統及文化的基礎」。作為「社會的生命線」，水是「神聖不可侵犯的公共遺產……，它應當被崇拜、被保護、被共享。在我們的文化中，水要持續利用而且每個人都能公平分配。」傳統的伊斯蘭教義中，「道路」（sharia）最原始的定義就是「通往水的路」，意即人與自然都有「免於乾渴的權利」。該基金會說，基於宗教和文化的傳統，印度長期以來發展並採用了一套有效公平的系統來管理、維護與使用水。

但是在全球化經濟時代，印度開始把水視為商品。在國際貨幣基金組織和世界銀行的壓力下，為了償還國際債務，印度政府開始向跨國自來水公司出售水權，這些企業包括蘇伊士集團、斐凡迪集團以及一些靠大量消耗水資源來維持生產的公司。結果，原來由當地控制的供水及灌溉系統逐漸消失，取而代之的是水資源的商品化與濫用。基金會的報告指出，我們正眼睜睜地看著「人類的共同財產一步步變成私有財產。」水資源商品化的影響是「對全球環境和人類生活品質不可逆轉的損失」。這種現象不僅發生在印度，而且漸漸發生在第三世界國家。

的確，這種水資源及其他自然資源甚至生命本身的商品化，就是「全球化經濟」的一個顯著特徵。以前理所當然地認為是人類共同財產的東西，已經成為全球資本主義擴張爭奪的最後一個重點。在跨國企業征服全球市場的過程中，一些專門將僅存公共資源商品化的新興行業已經產生。近年來的一個顯著例子是生物科技產業。一些知名的生物科技公司，例如孟山都（Monsanto）和諾華藥廠（Novartis），打著生命科學的幌子，將種子和基因轉化成商品，以遺傳工程食品和健康食品之名在全球市場出售。同樣地，全球水利產業巨頭們正在加快將生命不可缺少的水資源商品化的腳步，藉此牟利，後果就是只有掏得起錢的人才能得到水。簡而言之，包括種子、基因、水在內的任何東西現在都是商品，只賣給出最高價的買主。水利產業巨頭蘇伊士集團的執行長熱切爾·梅斯特雷（Gérard Mestrallet）把水資源商品化的基本矛盾闡述得再清楚不過了。他說：「水是一種商業效率很高的產品。這種產品一般應該免費，而我們的工作則是賣水牟利。要知道，我們賣的這種產品是生命絕對不可缺少的啊！」

民營化方案

如果說水資源商品化是作為「華盛頓共識」的主要內容之一，那麼接管公共事業就是使水資源商品化的主要手段。傳統上，自來水這類的公共服務在大多數國家都是由政府提供，並不以牟利為目的。不過當這類公共服務被民營企業接管後，追求獲利就成為主要目的。在民營化的過程中，水變成一種商品，在市場上標價出售，通常只賣給有支付能力的買主。

一般來說，水利產業民營化有三種模式：第一種是政府將整個自來水的處理和運送完全賣給民營企業，比如英國；第二種模式則是在法國首先實行，民營企業從政府取得特許權或租約，承包自來水服務系統，從自來水服務獲得的全部收入都歸企業所有，減去經營與維修成本後就是民營企業獲利；第三種模式則是民營企業與政府簽訂合約，負責管理自來水服務，然後再向政府收取行政管理費。在這種模式下，民營企業並不能得到自來水服務的全部收入。以上三種模式的民營化程度不同，不過以第二種模式最為普遍，常被稱為「公私部門合夥」模式。

自來水服務從政府轉為民營企業經營後，宗旨就發生根本的改變。儘管自來水公司聲稱「只回收成本」，可是實際上一般也包括獲利在內。畢竟，對民營企業的老闆和股東來說，主要目標是獲取最大利益，而不是保證人人有水可用。於是，水資源管理變成鼓勵消費來追求獲利最大，而不考慮未來世代的長期用水需求。因此，民營企業申請經營權所願意繳交的申請費用，就取決於預期獲利的大小。

為了保證承包商能獲利，不可避免要提高自來水服務收費標準。以法國為例，水利產業民營化後，水價上漲一五〇%。國際公務員聯合會指出，一九八九年到一九九五年間，英國的水價上漲一〇六%，民營自來水公司的獲利則增加六九二%。因為無法負擔水價上漲，沒有準時繳交水費而停水的英國消費者增加五〇％。完全由民營企業承包或是由「公私部門合夥」的水價一般都高於公營的水價。國際公務員聯合會的調查結果顯示，一九九九年法國民營或「公私部門合夥」的水價比公營的水價高一三％。在未開發國家，民營化引起的水價上漲影響更大，印度有些家庭的購水支出竟占家庭收入二五％。

然而，急於尋找新財源解決窘迫財政狀況的各地政府，絲毫沒有放慢水利事業民營化的步伐。由於大幅為企業減稅，幾乎所有的地方政府都不再擁有足夠的稅收來維持正常運轉，更不用說提供公共服務了。政府和其他公共機構都面臨財政拮据的窘狀。雪上加霜的是，老舊的自來水設施愈來愈成為令人頭疼的問題，不管在工業化國家和未開發國家都是如此，尤其在公共設施支出急劇縮減的市中心。以美國麻塞諸塞州的波士頓為例，四〇％的漏水是由於水管破裂造成，這個問題最近才得到解決，而重建的基礎設施費用是個龐大的數字；在未開發國家，這個問題更加嚴重。因水管破裂及其他問題白白浪費五〇％以上的城市用水和六〇％到七五％的灌溉用水。從地方政府的角度來看，水利事業民營化好像是個不錯的主意，政府可以因此獲得特許費，緩和債務和赤字的壓力，而且也不必再為維修水管傷腦筋。

然而實際上，水利事業民營化的推行過程中，還是有很多步驟是由政府和其他公共機構負擔經費。根據世界銀行的報告，民營化過程中，政府的經費資助包括建造期間的現金補貼、運轉期間的補貼如專用撥款，以及對承包商有利的稅收政策：如一定期間的免稅期、建造和運轉費用可以退稅等。國際公務員聯合會指出，為了降低民營企業的商業風險，政府通常需要提供擔保，包括貸款擔保和獲利擔保。銀行在貸款給承包商之前，通常要求政府作保。許多水利服務的轉讓合約裡都有專門的條款，由政府保證承包商在合約期間可以獲利。例如，在玻利維亞的哥查班巴（Cochabamba）、捷克共和國的皮爾澤（Plzen）和匈牙利的塞格德（Szeged），轉讓合約中都有獲利保證條款。政府在民營化的過程中對承包商所作的財務擔保，當然都是出自普通納稅人的口袋。

水利事業民營化一旦開始實行，公眾的監控權就減少了，儘管他們為財務擔保支付費用。大部分承包合約期在二十到三十年間，在這段期間，即使承包商經營不善，要想中止合約也是很困難。例如，在西班牙的瓦倫西亞（Valencia）、阿根廷的圖庫曼（Tucuman）、匈牙利的塞格德及玻利維亞的哥查班巴，當地政府曾試圖中止合約，但跨國自來水公司立即以訴諸法律來威脅，若對方仍不放棄，他們就斷然將政府告上法院，使中止合約的費用變得很昂貴。以玻利維亞的哥查班巴為例，貝泰集團向世界銀行的投資糾紛調解中心提告，要求玻利維亞政府賠償近四千萬美元。貝泰集團援引玻利維亞與荷蘭簽訂的雙邊投資條約中關於「沒收權」的條文，透過集團旗下的荷蘭子公司直接控告拉丁美洲最窮的國家。為了在全球化經濟中證明自己是一個「守規矩」的參與者，玻利維亞政府受到極大的壓力，不得不用庭外和解的方式向貝泰集團支付要求的賠償。

民營化之後，自來水服務的透明度大幅降低。例如二〇〇〇年春天在海牙舉行的世界水資源論壇上，一位企業的高階主管公然宣稱：「只要自來水管裡有水，公眾無權知道我們的具體運轉方式。」在加拿大安大略省的沃克頓，當地民眾在七人死亡之後才知道自來水被大腸桿菌汙染，而原來負責檢測飲用水的民營實驗室，田納西A&L實驗室，並不需要向政府報告汙染狀況。這是由於一九九九年，安大略省省長哈里斯（Arno Harris）率先在飲用水監測名單刪除大腸桿菌檢測。一年之後，省政府甚至完全取消飲用水監測專案，於是A&L實驗室完全符合新法律的規定，不需要向省政府提供檢測報告。實驗室的發言人說，測試結果是「保密的知識財產」，只需報告給他們的客戶——沃克頓的地方政府官員。這個例子說明，因為民營實驗室不必將所有測試結果都報告給相關政府，所以水利產業民營化不可避免地降低自來水服務對公眾的責任。

金融投機

儘管在全球化經濟的浪潮中，跨國企業是最主要的參與者，但實際上推動全球經濟的動力卻是資本市場上的投機心態。水資源在全球貿易的獲利機會愈高，外國投機客參與程度也愈高。在潔淨水愈來愈寶貴的情況下，投資者在商品市場的投機行為將使水價大幅上漲。

今天，全球經濟成長有很大一部分是由金融賭場推動。大部分投資者變成投機客和賭徒，他們不買商品和服務業的公司股票作為長期投資，而去買共同基金，希望靠波動的商品和貨幣價格來獲利。換句話說，「投機性投資」取代「生產性投資」，成為全球經濟的推動力。每一天，全世界有近二兆美元在這個金融賭場流動，其中大部分屬於投機性投資。商品和貨幣的交易人只須敲一下鍵盤，大筆金錢就會從世界的一處轉到另一處，藉著電子資訊系統監視價格的起伏。他們往往把錢放在短期可高獲利的股票上，然後再突然賣出，把大筆資金轉移到其他地方，破壞一國經濟的穩定性。

曾擔任美國國際發展署（United States Agency for International Development，一個負責向其他國家提供發展援助的美國政府結構）資深顧問的作家大衛・柯登（David Korten）指出：「現在主宰世界的是一個全球金融賭場，賭徒們則是一些不露面的銀行家和投機客。他們在全球金融市場上成群地移動。每天，他們搬動二兆美元，在全世界尋求短期獲利和資金避風港，使匯市和股市劇烈震盪，無法反應實際經濟狀況。他們只要撤出資金就可能使國家經濟徹底破產，他們還買賣公司所有權，並威脅政治人物為他們的利益服務。」

就像其他商品，現在透過水價起伏來投機的商品期貨市場已接近成型。一九九八年三月在巴黎舉行的一次國際會議上，聯合國永續發展委員會建議各國政府向大型跨國企業尋求資金與技術，建議開放水權市場，並增加民營企業的參與程度。聯合國允諾引進鉅額私募資金，投資修建自來水系統和淨水處理場，並購買確保未來供水所需的技術。同時，這些投機客和大企業在農村整片整片地買斷水權，並將水大量賣給缺水城市，特別是美國城市。例如，一九九三年德州億萬富翁巴斯兄弟（Bass Brothers）悄悄地在帝王谷的農村買下一萬六千公頃的農田，準備把那裡的水賣給加州聖地牙哥市，儘管這項交易最後並沒有成交。

最近產生了一個新名詞——水資源獵人（Water hunter），用來形容這些利用賣水獲利的企業家。從亞馬遜河流域的熱帶雨林到非洲沙漠下的含水層，都可以看到這些「獵人」企圖把這些淡水賣到巴黎和紐約。隨著淡水變得愈來越愈少，我們將會聽到更多水資源獵人的消息。

一九九九年一月，在內華達州雷諾市（Reno）北方，全球水利產業巨頭斐凡迪集團旗下的子公司美國濾材（U.S. Filter Corporation，現在已經被西門子公司收購）買下一個牧場和約一千七百萬噸的水，準備鋪設輸水管將水賣給雷諾市。當地萊森縣的居民說，這將使他們失去「生命的血液」。二〇〇一年初，洛杉磯大都會水利局向加州最大的農場卡地斯公司購買一百七十八億噸的水！卡地斯公司計畫從莫哈維沙漠底下含水層中抽水出售。曾任民主黨眾議員和高爾二〇〇〇年總統競選委員會主席的環境學家湯尼・柯侯（Tony Coelho）堅持，這些淡水十分珍貴，無法用金錢衡量。卡地斯公司的老闆、英國企業家基思・布拉克布爾（Keith Brackpool）對此有完全不同的看法，他說，「你算一下就會知道，我們的水價只是上漲而已。」換句話說，布拉克布爾可以低價買進這些水，然後轉手高價賣給乾渴的洛杉磯工業和居民。

加州州長格雷・戴維斯（Gray Davis）曾說：「水比黃金更貴重。」顯然買賣水權在加州已經成為一個巨大的新興行業。然而，在自由市場中，具有強大購買力的大城市（如洛杉磯）和大公司（如英特爾）會將水價抬得很高，以至於一般農民、小城鎮及當地原住民都無法負擔買水費用。

同時，世界各地都有大量資金投資在修建巨型的供水網路系統與供油管路系統。根據英國《衛報週刊》（*The Guardian Weekly*）披露，通用電器、世界銀行與國際炒手索羅斯（George Soros）合作，以數十億美元成立「全球能源基金」，主要投資在水資源和能源專案。這位索羅斯大名鼎鼎，他在一九九二年與當時英國首相梅傑（John Major）打賭：金融家比政治領導人更有影響力。為了贏得這個賭注，索羅斯在全球金融市場賣掉一百億美元的英鎊，獲得十億美元的獲利。此舉造成英鎊貶值，並徹底瓦解歐盟提議成立的新匯兌系統。

國際競爭

「華盛頓共識」是第二次世界大戰之後產生的思想體系，目標是要建立一個在國際競爭基礎下統一的單一全球經濟體系。上述種種民營化的努力都是為促進更多、更大的全球貿易循環，背後的推動力正是華盛頓共識的基本觀念。按照這個原則，經濟活動最主要的目標是出口所製造的產品和服務，而不是優先考慮國內市場和地方發展需求。為了增加國際競爭力，各國政府積極消除對資本、產品及服務的流通障礙，這些障礙就包括為了保護像水一樣的自然資源所制定的種種環保法規。

在這個原則的推動下，過去三十年全球投資與貿易額的成長之快令人咋舌。根據《世界投資報告》（*World Investment Report*）的數字，從一九七〇年到一九九二年，跨國企業在未開發國家的直接投資成長十二倍。在之後的五年裡（一九九二到一九九七年）又成長兩倍，達到一千四百九十億美元，而當時全球的外國直接投資總額是四千億美元。同時，全球大力推動開放市場，使得全球貿易呈現爆炸性成長。根據《世界經濟展望》（*World Economic Outlook*）的數字，全球貿易總額從一九五〇年的三千八百億美元增加到一九九七年的五・八六兆美元，不到半世紀就成長十五倍。

出口的迅速發展對地球生態系統造成愈來愈嚴重的破壞。為了銷售到國際市場，巨型捕魚船將很多漁場的魚捕盡；此外，大型伐木業也對全球七〇%以上的原始森林造成威脅；採礦業每年開礦面積超過河水的自然侵蝕。另外，在第二章已經提到，為出口創匯而栽種的農作物也對生態環境造成嚴重破壞，包括土壤侵蝕、水源枯竭及化學汙染。未開發國家為增加出口，大大加劇自然資源開發。波札那的鑽石一〇〇%出口、蒲隆地咖啡九九%出口、哥斯大黎加的香蕉九三%、布吉納法索的棉花八三%、馬拉威的煙草七一%、馬來西亞的原木五〇%，以及冰島的漁獲量五〇%全都用於出口。

為了增加全球市場競爭力，很多國家被迫廢除環保法規，包括水源保護措施。政府透過立法和管制來進行的環境管理常被視為是削弱國際競爭力的行為。很多國家立法限制淡水大規模出口、水利產業民營化以及在一些河川上興建發電設施，可是這常被跨國企業視為阻礙國際貿易與投資的不公平障礙。在現今這種全球競爭的經濟氛圍中，跨國企業常以撤資要脅，逼迫政府改變環境保護法規。結果，很多國家的環保法規不是被廢除，就是不去執行，而新公布的生態保護法規則被冷冷擱在一旁。

同時，國際經濟競爭力的追求也加速水資源商品化的過程。目前，只要肯出高價，裝滿淡水的運輸船會隨時開往巴哈馬群島，而大型輪船不斷地把水運往日本、台灣和韓國。如果研擬中的歐洲供水網計畫（Eupropean Water Network）實施，阿爾卑斯山上的水在十年內將不再流入維也納的水庫，而改流入西班牙或希臘。瓶裝水產業是全世界發展最快、管理制度最不健全的工業之一，每年的全球貿易額高達二百二十億美元。從一九九五年起，瓶裝水的營收以每年二〇％的速度成長。光是二〇〇〇年，全球瓶裝水生產和貿易總量就高達八百九十億升。

國際貿易的爆炸性成長使得大型運輸科技對水道的破壞更劇烈。出口淡水的企業計畫利用河流改道、鋪設水管以及利用超大型輪船將水運往目的地。大幅增加的航運量讓直接排入湖、海中的廢棄物增加，而修建港口和運河則會毀損沿海的生物棲息地。更令人憂慮的是，這種活動愈演愈烈。目前有九〇％的貨物靠海運運輸，而且預期一九九七年到二〇一〇年的貨運量還要再增加八五％，像洛杉磯這樣的主要港口預期在二十五年內貨物量將增加一倍。另一個破壞生態系統的計畫在拉丁美洲，預計在巴拉圭河和巴拉那河建構一個巨型的內陸水運系統，航道長達三千四百公里。雖然這項工程遭到擱置，但環境學家擔心，這個計畫隨時可能重新啟動。同一時期，中國籌劃一項耗資十億美元的運水工程，興建輸水管從長江將水輸往北京，發出身為全球貿易重要參與者的信號。

甚至目前的全球貿易規則設計都完全著眼於保護跨國自來水公司的利益，保護水利產業民營化以及保護大量水資源出口。北美貿易協定和世界貿易組織已經將水定義為一種「商品」、一種「服務」、一種「投資」。這等於說，如果一國政府禁止淡水大量出售和出口，或禁止國外自來水公司在本國投標，就可能被指控違反北美自由貿易協定或世界貿易組織的規定。這兩個組織都有一套具體的實施細則，來保證成員國遵守其貿易規則（第七章對這點還有更詳細的介紹）。

為公司利益服務的政府

放眼全球，各國政府都沒有採取夠有力的措施來保護公共資源，來化解迫在眉睫的水資源危機。儘管他們已經嘗試一些方法，認識到地平線上嚴重缺水的情況，但到目前為止，各國政府還不能對水資源危機進行全面分析，更不用說找到適當的解決辦法來保護人民與大自然對水的基本權利。

可以肯定的是，已經有一些受到汙水和工業汙染的河流、湖泊或港灣再生的成功事例。在美國，哈德遜河（Hudson River）一度被認為已經「死亡」，現在又充滿生機。加拿大和美國政府合作通過制止向湖中傾倒磷和城市汙水，恢復北美五大湖部分的健康。有證據表明，歐洲和北美採取的省水措施收到一定的成效，從地下含水層和其他水源取水的速度減緩。根據美國地質勘測局（U.S. Geological Survey）的統計，一九八〇年以來，美國部分地區和產業的用水量下降一〇％到二〇％。

儘管有一些成果，但整體看來前景還是十分黯淡。聯合國指出，不管是工業化國家還是未開發國家，各國都不太重視水資源議題及相關機構，編列的水資源研究經費嚴重不足。很多大城市的自來水設施老舊不堪，碰到自來水輸水管破裂，地方政府卻無力承擔修理費用。以加拿大為例，政府估計改善和更新全國老舊自來水設施所需的費用竟高達五百三十億美元。很多政府完全放棄保護水資源的責任，大部分國家幾乎沒有制定任何自來水系統的法規，當然更談不上對水利事業民營化與水資源商品化有什麼成熟的對策了。

還有很多國家補貼造成水資源危機的企業和產業。在美國和其他國家，政府對大量耗水的高科技產業採取補貼政策。例如在德州奧斯汀市（Austin），它不僅對高科技公司減稅（包括最近三星企業奧斯汀分公司減稅一億二千五百萬美元），而且這些公司的水價標準還不到民生水價的三分之二。在新墨西哥州，英特爾公司獲得州政府來自產業收入債券（industrial revenue bond）八十億美元的補助，還有二億五千萬美元的投資減免及其他補貼。其他國家也都繼續對促進全球貿易和全球化經濟的運輸產業進行大量補貼。如果把越洋加工，然後再運回本國市場出售的運費成本都反映在最後的商品價格上，那麼全球貿易總額將會顯著下降。

這些現象絲毫不奇怪，畢竟民主治理早已經被跨國企業日益成長的影響力完全破壞。自從三邊委員會宣布當代政治制度中，民主已經「過多」以來，大型企業依靠強大的經濟實力，運用種種有效的手段對世界各國施加政治影響力。它們擁有自己的智囊團、律師以及公共關係專家，對重大問題擬定政策。為了強化遊說效果，許多大型企業還經常合作，在立法過程中取得對它們有利的結果。大型企業還會定期對政黨和競選活動捐助政治獻金，就像買保險一樣，保證當選者照顧到他們的利益。

過去二十五年，跨國企業成功地塑造心目中理想的政府模式。二戰後存在多年的社會福利和國家安全至上國家發展模式已經被「企業利益至上」所取代。在當今這個全球化經濟的時代，政府最主要的功能就是對跨國企業與競爭提供一個安全的政治環境與氣候。換句話講，保證「投資安全」是政府的首要任務，政府要先對企業而不是居民提供保障。如果工人或社團對企業財產和投資利益造成嚴重威脅，政府將調用警察來保護投資者利益。

實際上，冷戰的結束並沒有使世界更安全。在全球化經濟的過程中，一種新的戰鬥正在進行，企業以犧牲他人利益為代價，在貿易、金融和投資中獲利。正如加拿大學者、環境學家，同時也是和平主義活動家烏蘇拉·富蘭克林（Ursula Franklin）所說，我們正面臨一場經濟戰爭，人類與自然被視為敵人，而公共財產變成是被侵占的領土。富蘭克林說，我們實際上生活在軍事統治下，企業在幕後透過傀儡政府統治國家。在這個全球貿易主義的時代，企業利益至上的國家發展模式改變國家與人民的政治生態。在爭奪稀有水資源愈演愈烈的情況下，我們可以預期會有愈來愈多的「企業利益至上」政府出現。同時，世界各地的跨國企業正掀起一股淘金熱，競相從乾渴的普通公民身上攫取獲利。

第五章　跨國水公司

跨國企業是怎樣將水資源商品化謀利的？

二〇〇一年五月，在南非約翰尼斯堡，一個陽光燦爛的涼爽早晨，市政服務計畫中心（The Municipal Service Project）主任大衛・麥克唐納博士（Dr. David McDonald）宣布阿根廷布宜諾斯艾利斯自來水和公共衛生系統民營化的影響調查報告。在當時這是全世界規模最大的水利事業民營化特許標案，全球水利產業的兩大巨頭：蘇伊士和斐凡迪集團都積極參與投標，其中蘇伊士集團剛剛獲得約翰尼斯堡自來水服務的承包權，這次是透過在阿根廷子公司阿瓜斯阿根廷（Aguas Argentinas）參與這項標案。其實蘇伊士集團和提供貸款的世界銀行都為這次的標案準備詳盡的報告，但麥克唐納博士的報告是布宜諾斯艾利斯在一九九三年水利事業民營化以來第一個獨立完成的調查報告，所以，主辦這次記者招待會的南非城市勞工聯盟非常希望約翰尼斯堡人能親耳聽到這第一手的調查結果。

幾年來，布宜諾斯艾利斯的特許專案一直被渲染為水利事業民營化的成功典型。一九九三年，當地的自來水設施已經老舊到隨時可能爆發災難的地步。這時，剛剛拿到三十年合約的蘇伊士集團與其合作者將這個拉丁美洲最富裕的城市供水系統整頓一新。

儘管支持者宣稱民營化可以增加公眾對自來水系統的監督權和透明度，然而實際上布宜諾斯艾利斯的特許專案卻源自於一九八九年的一項總統命令。一九八九年八月，阿根廷總統梅南（Carlos Menem）宣布公共服務事業處於財務吃緊狀態，所以迅速通過「國家行政改革法」，授權將「政府擁有的國營企業全部或部分地民營化。」依照這條法令，布宜諾斯艾利斯的自來水和汙水下水道系統（Obras Sanitarias de la Nación，簡稱OSN）開始民營化。

蘇伊士集團及合作者確實成功地改造OSN老舊的基礎設施。他們更換不堪使用的設備，清洗並修復一個汙水處理廠，因而增加供水能力。在合約裡，蘇伊士集團訂定的目標是，五年內八一%的居民都可以得到自來水服務，到第六年，也就是一九九九年，自來水的供水人口從簽約前的七〇%提高到八二・四%。儘管有這些成果，但在其他方面，布宜諾斯艾利斯的民營化專案卻有著預期的落差。

布宜諾斯艾利斯的居民本來希望在水利產業民營化後可以降低水價，但實際結果正好相反。表面上，蘇伊士集團一接管OSN就宣布降低二六・九%的水價，但在這之前的一九九一年二月，水價才剛上漲二五％，兩個月後又上漲二九％。這兩次漲價都說是受通貨膨脹的影響。一九九二年，水價又再一次上漲，所以蘇伊士集團降低二六・九％的水價根本不足以抵消前兩年的水價上升。而在接管一年後，蘇伊士集團還增加水價，理由是市政府提出合約以外的新要求，包括立刻向貧民窟供水，他們宣稱這會增加一五％的成本。因此水價、停水（在消費者的要求下停止供水）費、恢復供水費都上漲一三・五％，基礎設施附加費上漲四二％。

這個民營化合約允許阿瓜斯阿根廷公司修復汙水下水道的速度低於修復自來水系統的速度。合約規定，到一九九八年，享受汙水下水道服務的居民應從五八％提高到六四％，可是在一九九九年只有六一％。過去ＯＳＮ都會讓自來水和汙水下水道系統同步進行，但在阿瓜斯阿根廷公司接手後，汙水下水道系統的建設進度還是落後了。雖然公司辯稱，擴大供水範圍比擴大汙水下水道服務更緊迫，因為有些居民還在飲用被硝酸鹽汙染的水。但不容否認的是，提供汙水下水道服務比提供自來水服務成本貴上一倍，而它們的收費標準卻相同，所以阿瓜斯阿根廷公司在擴大服務區域時，總是優先進行獲利率高的部分，而無法收集處理的汙水只好排入汙水池或直接排入河流，威脅人們的健康。

另外，民營化合約還包含保證承包者獲利的條款。的確，在阿根廷政府和阿瓜斯阿根廷公司簽訂的合約中，設定一個彈性調整的保證獲利模式。例如，合約規定，如果包括燃料、人工及其他支出的綜合成本漲幅超過七％，阿瓜斯阿根廷公司就可以提高收費標準。另外，透過補充合約的簽訂，營運變得更有彈性。例如原先合約規定部分成果要在五年內達成（從一九九三年算起），但在一九九七年，雙方又修改合約，把達成目標的時間從一九九八年延後到二〇〇〇年。根據阿根廷大學商學院一份報告指出，一九九五年阿瓜斯阿根廷公司的獲利率為二八・九％，一九九六年和一九九七年則分別是二五・四％和二一・四％。即使英國威爾斯地區的自來水公司被視為是水利事業民營化模式的模範，但一九九八到一九九九年的獲利率只有九・六％，一九九九到二〇〇〇年只有九・三％。布宜諾斯艾利斯的獲利率是英國威爾斯地區的二・五倍到三倍。簡而言之，民營化使阿根廷自來水公司賺取高額獲利。

布宜諾斯艾利斯的根本問題在於，本來應該由政府在非營利基礎上提供市民的一項服務，被以追求獲利為主要目的的民營企業接管了。不管跨國企業如何認真營運，它畢竟不是為公共利益服務，也不可能將節約資源作為營運的重要原則。獲利最大化意味著鼓勵消費，所以民營自來水公司不會朝節約用水的方向努力。同時，政府愈來愈放棄保護公共資源的責任，使得蘇伊士這樣的民營企業趁機取而代之，儘管它們追求獲利的宗旨與社區利益經常互相矛盾。簡言之，「藍金」（Blue gold）正快速成為一種巨大的商業投資，建構這個「屬於二十一世紀產業」的全球水資源市場。在這個新世界中，誰是主要的參與者呢？

藍色的富礦

《財星》雜誌在二〇〇〇年五月的全球水利產業特刊中宣告：「水資源在二十一世紀的地位將相當於二十世紀的石油，將決定一個國家的貧富。」這個預言並不令人驚奇，因為現在全球水資源貿易總額已經達到四千億美元。而且水利產業民營化還處於嬰兒時期。與全球經濟中其他已經成熟的行業相比，水利產業處於十分有利的位置。根據《財星》雜誌的分析，全球水利產業的年營收已經接近石油業四〇%的營收，比製藥業營收多三分之一。

產業研究員認為，水利產業短期內會出現大幅成長。世界銀行在一九九八年預估，全球水資源貿易總額將很快達到八千億美元。在二〇〇一年，這個預估值又上調到一兆美元。之所以預估會出現高成長，是因為全世界只有五%的人是由民營企業提供自來水服務，也就是說，這個市場很有潛力。以這種速度，全球水利產業產值將達到數兆美元。如果一個接一個的城市都將水利產業民營化，會發生什麼現象呢？《財星》雜誌保守估計，水利產業的年成長率將達到一〇%，同時，水資源的經濟價值也會逐步提高。根據《全球水情報》（*Global Water Intelligence*）每個月對全球水資源市場的分析顯示，有些地方的水價已經和油價相同。而在其他地方，像是美國科羅拉多州洛磯山脈前石地區

（Rocky Mountain Front Range），因需求高漲，進而推升水價在一年內成長了兩倍。在那裡，每一千噸水價從一九九九年六月的四千美元上漲到二〇〇〇年六月的一萬四千美元以上。

對於淡水需求的持續成長，使得投資專家把目光盯住全球水資源市場，認定這是新世紀最有前途的行業。《財星》雜誌的投資專家說，「如果你想在新世紀找到擁有持續穩定報酬的股票投資商品，何不試試水利產業？」到目前為止，全球水利產業裡的主要企業因為取得長期合約，因此現金流十分穩定。正如蘇伊士集團的執行長熱切爾・梅斯特雷所說的，「除了水利產業外，你還能找到這樣一個完全國際化、而且價格和貿易量不會下降的行業嗎？」

隨著龐大的美國市場開始對外開放，各大型自來水公司爭先恐後地擁向華爾街。二〇〇〇年，美國自來水工程公司（American Water Works Company）的總資產就高達一百五十億美元。《華爾街日報》（*Wall Street Journal*）報導，總部設在歐洲的水利產業巨頭蘇伊士和斐凡迪集團計畫在二〇〇一年底前在華爾街上市。施瓦布證券（Schwab Capital Markets）的分析師黛博拉・科依（Debra Coy）說，「從基本面來看，水利產業股票不錯，而且應該可以像過去幾年一樣持續成長。」現在很多投資者賣出電腦和高科技公司股票，而水利產業股票預期年獲利率將在一〇%以上。當然，並不是所有自來水公司都能立足於華爾街市場。安隆集團（Enron）以前的子公司埃瑟里克斯自來水公司（Azurix Water）就是一個例子。《全球水情報》雜誌指出，埃瑟里克斯公司剛上市時，人們的期望很高，一九九九年的股價高達二十四美元，可是因為說得多，做得少，股價迅速下跌，到了二〇〇〇年只剩下每股八美元。現在埃瑟里克斯公司的北美部分已被美國自來水工程公司收購，期望股價仍有機會回到以前的高點，以它最近在股票市場上的表現，證明美國投資者還是願意將資本投入自來水公司。

現在，網路線上交易的出現有可能改變自來水公司的集資方式。例如一些已經出現的 dot.com 網站，專門在網路上從事水資源交易。例如，水銀行網站（WaterBank.com）就專門提供一個「真實的水資源市場」。另外還有一些網站，例如 iAqua.com 和 WaterRightsMarket.com，主要提供水利產業的買家和賣家刊登廣告。根據《全球水情報》的報導，埃瑟里克斯自來水公司在 Water2Water.com 網站提供一個電子交易所，讓買賣雙方可以直接在網上成交。現在，網路上也出現一個虛擬的德州格蘭德河水資源交易所。

水資源企業

今天的全球水利產業操控在十大企業中。這十大企業又可以分為三類。總部設在法國的斐凡迪集團和蘇伊士集團是全球水利產業的兩大巨頭，他們屬於第一類。傳統上，大多數的國家都是由政府負責提供自來水服務，而法國卻在十九世紀中葉，拿破崙三世執政時期就開始將水利產業民營化。為了追求獲利，這兩家大公司在法國國內的市占率逐步擴大，成為全球水利產業的先驅。現在，這兩家企業在全球水資源市場的市占率達七〇％以上。蘇伊士集團分布在一百三十個國家，而斐凡迪集團則分布在九十個國家。從規模上來看，斐凡迪集團比它的競爭對手更大，年營業額更高，主要是因為多角化經營，而且在法國國內市場取得領先。但蘇伊士集團在全球服務的消費者更多，高達一．一億人。從九〇年代中期以來，全世界有三十個大城市將水利產業民營化，蘇伊士集團就得到其中的二十個。

第二類公司則有四家，它們有能力向處於壟斷地位的兩大巨頭挑戰。這四家公司分別是布伊格——索爾（Bouygues-SAUR）、萊茵——泰晤士、貝泰——聯合公用事業（Bechtel-United Utilities）、安隆——埃瑟里克斯自來水公司。總部設在法國的布伊格集團透過子公司索爾在八十個國家經營水利產業業務。德國電子工業巨頭萊茵集團併購泰晤士自來水公司，準備挑戰兩個龍頭；同樣地，總部設在美國的工程公司貝泰集團與擁有二千八百萬消費者的英國聯合公用事業公司合作，希望能擴大經營版圖；在埃瑟里克斯自來水公司被其他企業併購以前，美國的能源界巨頭安隆集團也曾一度對兩大龍頭形成有效的威脅。

第三類則是四家較小的企業，儘管它們近年來提高實力，但仍遠遠落後其他公司。這之中有三家是英國公司，另一家則是美國公司。三家英國公司分別是塞溫特倫特自來水公司（Severn Trent）、盎格魯自來水公司（Anglian Water）、凱爾達集團（Kelda Group）[6]。這三家公司都興起於八〇年代，當時英國在首相柴契爾夫人的推動下實現水利產業民營化。這三家與泰晤士自來水公司、聯合公用事業聯合壟斷英國的水利產業市場。另一家是美國自來水工程公司，它最近併購埃瑟里克斯自來水公司，擴大營業版圖。

屬於前兩類的公司除了經營水利產業外，還跨足其他產業，範圍包括電子、天然氣、建築及娛樂等等，只有第三類公司「純粹是」自來水公司，不過它們都認為能提供多重服務給客戶，它們的服務範圍包括：一、自來水與廢水服務；二、汙水處理設施；三、與水資源有關的建築與工程；四、海水淡化等新興技術。為了能實際提供這些服務，自來水公司透過併購其他公司，或與其他公司聯營來達到目標。

同時，上述的每一家公司都盡量爭取在世界水利市場中占有一席之地。我們已經介紹蘇伊士集團和斐凡迪集團在全球市場的經營情況；布伊格企業則是通過其自來水公司

6 凱爾達集團（Kelda Group）的前身為約克夏自來水公司（Yorkshire Water）。

索爾集團在三十多個國家中擁有二千五百多萬名消費者；安隆集團在墨西哥、巴西、英國、美國及加拿大擁有水資源；透過併購泰晤士自來水公司，萊茵集團將其經營範圍擴大到英國、澳洲和部分亞洲、中東、拉丁美洲及部分東歐國家。儘管英國法律使英國自來水公司向外擴張受到一定限制，但盎格魯自來水公司仍能在世界五大洲擁有七百二十萬名顧客，而凱爾達集團則在中國、法國、加拿大、荷蘭經營自來水服務。

自來水公司採取不同的形式來達到擴張營運的目的。它們有時與政府合作，有時則與其他民營企業合作。例如，在一九九四年，斐凡迪與萊茵集團聯手承包柏林一半以上的水利系統，這個計畫是德國歷史上最大的水利事業民營化專案；大型自來水公司採用的另一個策略是購買已在某地經營的公司股權，然後納為子公司，例如蘇伊士集團在一九九四年購買美國聯合水資源公司三〇％的股權，一九九九年又買下另外的七〇％；有些大型自來水公司乾脆一次買下小型公司來研發新技術，包括淨化與過濾技術等等。

運用這些方法，全球水利產業以前所未有的速度迅速擴張，有幾種因素造成這種現象產生：首先，最主要的因素是自來水公司的股東要求獲利和股利都要不斷成長，因此促使大型自來水公司不斷擴大全球市占率，並透過併購來增加新的商業機會；第二，世界銀行放款給未開發國家的水利產業專案，要求擴大與民營企業聯合經營，來增強多重服務的能力；最後，大型自來水公司與各國政府、政黨、銀行業及國際金融組織，包括世界銀行和國際貨幣基金組織，都有密切的關係，這也是促使它們迅速擴張的因素之一。

蘇伊士集團的征服欲

蘇伊士集團執行長熱切爾・梅斯特雷談到為什麼要向世界各地水資源市場積極擴張時說，「征服哲學」從來就是公司的基本信念。十九世紀，蘇伊士集團就承包修建蘇伊士運河，公司創始人斐迪南・德・雷賽布（Ferdinand de Lesseps）從那時起就將「征服」訂為公司的使命。一個半世紀之後，梅斯特雷再次強調，在新型態的全球經濟中，「征服」仍然是蘇伊士集團的使命，他說：「如果我們成功了，我們就不會愧對蘇伊士集團的歷史和文化。」

二〇〇一年三月，蘇伊士里昂水務集團（Suez Lyonnaise des Eaux）正式改名為蘇伊士集團，更改名字是為了展現一種新的形象——全球性、能提供多重服務的跨國企業。現在的蘇伊士集團經營四大業務：水利產業、能源、通訊、廢棄物管理，其中每年三百四十六億歐元營業額中的大部分來自能源、水利產業及廢棄物管理。以天然氣和電力為主的能源產業占營業額五七・四%，主要集中在法國和比利時兩國。水利產業占二六・四%，其中將近四分之三來自國際市場。廢棄物管理占總營業額的一四・五%，而通訊業只占一・七%。

然而，蘇伊士集團中成長最快的毫無疑問是其水利產業部門，二〇〇〇年的年營業額成長四四%。正因為如此，蘇伊士集團在二〇〇一年三月將水利產業部門重新整合，在總公司底下成立昂地歐自來水公司。這個新公司又分為三個部門：昂地歐服務部門（DNDEO Services）：專營供水與衛生服務；昂地歐納爾科（DNDEO Nalco）部門：負責美國廠商的工業廢水與中間化學過程處理；昂地歐德格雷蒙特（DNDEO Degrémont）部門：專營汙水處理與工程承包。蘇伊士集團誇口說，昂地歐自來水公司將成為「全世界實力最強、服務範圍最齊全的自來水公司。」

同時，蘇伊士集團宣告，成立昂地歐自來水公司是「營收在一九九九年到二〇〇四年成長六〇%計畫中的關鍵一步」。除了在歐盟已有的業務外，蘇伊士集團又先後在拉丁美洲、亞洲和北美洲拿到多份經營合約。在北美，它特別瞄準美國水利產業市場。二〇〇〇年七月，蘇伊士集團併購在美國十七個州經營水利產業業務的聯合自來水公司，這是昂地歐進軍美國水利產業的關鍵。

儘管有這麼多合資企業，但經驗顯示，水利產業民營化的價值令人懷疑。以玻利維亞的拉巴斯為例，儘管蘇伊士集團在承包自來水服務的專案上從國際金融機構得到四千萬美元的貸款，但根據世界銀行的一份報告指出，承包合約並未規定蘇伊士集團必須對拉巴斯的某些地區擴大自來水服務。這顯示貧民是否能得到自來水服務將取決於是否有能力支付水價。另外，設於英國格林威治大學的國際公務員聯合會指控，巴西聖保羅地區的水利事業民營化合約規定，蘇伊士子公司里莫拉自來水公司（Aguas de Limeira）應向該專案投資一千四百四十萬美元，但實際投資額只有七百二十萬美元（里莫拉自來水公司辯解這是由於自來水收費標準過低造成的投資不足）。

一九九九年七月，匈牙利布達佩斯市政委員會駁回蘇伊士和萊茵集團聯合起草的自來水服務經營計畫，原因是這個計畫將使市政府遭受巨大經濟損失，而這兩家公司則可賺得大量獲利。市政府與這兩家公司簽約後，雙方常為執行進度爭吵。布達佩斯市政府的一位高級官員反省：「現在看來，水利產業民營化是個錯誤。」

在英國，政府飲用水檢查官在一九九九年七月宣布，蘇伊士子公司諾森布里亞自來水公司（Northumbrian Water）的經營表現，在整個英國排名倒數第二，主要問題是水質低劣，水中鐵與錳含量過高。在德國的波茨坦（Potsdam），當蘇伊士集團發現自來水的消費量比預期低的時候，它就要求大幅調高水價，不過市政府拒絕這個要求，並中止合約。從法律角度來看，蘇伊士要求調漲水價並不違法，但從公共服務的角度來看，由市政府提供的自來水服務絕不會因為消費量低而大幅提高收費標準，因為它並不追求獲利。

根據國際公務員聯合會的報告，蘇伊士集團在世界各地承包自來水服務過程中，有時會造成大批工人失業。在菲律賓馬尼拉，蘇伊士集團以提高效率為由，解僱大批工人，然後再選擇部分員工重新僱用。在阿根廷布宜諾斯艾利斯，蘇伊士子公司阿根廷自來水公司接管自來水系統後，員工人數由七千六百人裁減到四千人，大部分被裁減的員工以「自願退休」處理，退休金由市政府和阿根廷自來水公司共同承擔。儘管阿根廷自來水公司聲稱後來又創造數千個新工作機會，但實際上那些都是短期合約工（三到六個月），並且不能享受保險、退休等福利。一九九九年四月，印尼雅加達市的自來水產業工人舉行罷工，要求平等的工資待遇，並要求中止水利事業民營化合約，雅加達市市長蘇迪尤沙（Sutiyoso）為此撤換水利管理局局長。儘管從跨國企業的角度來看，為了維持及增加獲利，包括解僱員工在內的節省支出是完全必要的手段，但像雅加達發生的這種解僱動作卻可能引發社會動亂，並中斷公共服務。保證公共服務的連續不中斷是我們反對水利事業民營化的另一個重要理由。

就像很多跨國企業一樣，蘇伊士集團本身也是一架「政治機器」，它的執行長熱切爾・梅斯特雷曾先後在法國交通部、經濟部、財政部任職，並曾任財政部長的工業問題顧問。蘇伊士集團董事會董事傑羅姆・莫諾（Jérôme Monod）曾任法國前總理席哈克的幕僚長，而且現在還兼任萊茵集團董事。蘇伊士集團董事會成員包括法國三家主要銀行的執行長或前主管、雀巢公司的前執行長、殼牌公司董事以及加拿大電力公司的執行長保羅・德馬雷（Paul Desmarais）。蘇伊士集團透過美國子公司捐款贊助一些國會議員的競選活動，並在一九九九到二〇〇〇年總統大選捐助十四萬一千一百五十美元。蘇伊士集團也是歐洲服務論壇（European Forum on Services）主要成員之一，歐洲服務論壇是一個商業遊說組織，在世界貿易組織中大力推動制定有利於將公共服務（包括水）民營化的規則。

斐凡迪帝國

北美過去對斐凡迪集團很陌生，直到二〇〇〇年十二月，斐凡迪與西格雷斯公司（Seagram）和運河＋公司（Canal+）合併，成為世界上最大的公用服務業公司。這個新公司取名為斐凡迪環球公司（Vivendi Universal），反映它在水利、媒體、能源、電訊、運輸等多產業服務的總體實力。

社會學家瓊・皮耶・約瑟夫（Jean-Pierre Joseph）說，斐凡迪集團在法國就像一條章魚，觸角伸展到生活各個方面。他在二〇〇一年一月發表的一篇文章中說：「想像這樣一副情景，在聖艾蒂安（Saint-Etienne）或馬賽有一個十幾歲的孩子，他從水龍頭接了一杯水，喝完後打電話給朋友，然後開始做作業，他需要用到內森（Nathan）或波爾多（Bordes）牌的教科書和拉魯斯詞典（Larousse dictionary）[7]。他關掉鮑伯馬利（Bob Marley）[8]、澤布達樂團（Zebda）、或涅槃樂團（Nirvana）的CD，去帕泰電影院（Cinema Pathé）看《辛格勒名單》或《神鬼戰士》。他也可能玩『暗黑破壞神』或『魔獸爭霸』的電腦遊戲。同時，他的父親正在聽三大男高音、艾靈頓公爵、或U2的音樂會，然後打開電視機，收看『運河＋』頻道的節目。……他打開電腦，連上法國的『美國在線』（AOL），在網路上查看徵人廣告，……他把垃圾拿到屋外，之後奧尼克斯公司（Onyx）會來收。他的妻子是個醫生，正在讀醫學雜誌《維達爾》（*Vidal*）和《每日新聞》（*Quotidien*），然後用電信公司SFR的手機打電話給同事，再去陪小女兒看書，書是從法國休閒書店（Loisirs）買來的。這一家人的所有活動都離不開斐凡迪環球公司。」

今天，斐凡迪環球公司由兩大部分組成：斐凡迪環境公司和斐凡迪通訊公司。斐凡迪環境公司在環境服務公司中排名世界第一，它包括四個部分：水利產業、能源、廢棄物管理與運輸業。斐凡迪通訊公司在通訊與影視服務公司中排名全球第二，包括四個部門：電影電視、出版發行、電信器材、網路服務。二○○○年，斐凡迪環球公司的總營收達到四百四十九億美元，其中近六○%來自斐凡迪環境公司。與公司名稱「環球」相

7 Larousse dictionary，法國兩大詞典品牌之一。
8 Bob Marley，公認為雷鬼音樂教父。

對應的是，總營收中的五八%來自法國以外的市場，其中美國市場就占一八%。集團內營業額最高的是幾家自來水公司，包括通用自來水公司（Générale des Eaux，斐凡迪集團中最主要的跨國自來水公司）和美國濾材公司（美國最大的自來水公司）。

為了鞏固斐凡迪帝國，斐凡迪環球公司將目光轉向通訊部門，主要業務為整合電話、電視及電腦的高速網路。總公司執行長瓊・瑪麗・馬西耶（Jean-Marie Messier）在紐約與投資分析師進行的法說會表示：「我們現在是世界第二大傳媒公司，離第一名只差一步。我們要變成第一，做夢都要變成第一，我們會共同努力，實現這個目標。」然而一些投資分析師指出，儘管公司的營收和獲利不斷成長，但過高的資本負債比（負債總額占資本總額的比例）可能是實現這個夢想的主要障礙。斐凡迪環境公司，特別是自來水公司，正漸漸成為支持母公司穩定的收入來源。二〇〇一年一月，總公司將積欠的所有債務都轉到環境部門和賺錢的自來水公司頭上，這樣通訊部門就沒有任何債務負擔了。換句話說，斐凡迪自來水公司已經成為打造斐凡迪帝國的一把鑰匙。

正因為如此，斐凡迪環球公司的市場策略，就是在全世界爭取水利事業民營化的基礎下獲得水利產業經營權。僅從一九九九年起，斐凡迪集團獲得的經營權包括亞洲城市：中國天津、韓國仁川、印度加爾各達；中東城市：摩洛哥丹吉爾（Tangier）和泰托安（Tetouan）、黎巴嫩貝魯特；西歐城市：匈牙利塞格德、捷克布拉格、德國柏林（與萊茵集團合資）；非洲城市：肯亞奈洛比、尼日全國、查德全國；拉丁美洲城市：哥倫比亞蒙特利亞（Montería）。一九九九年併購美國濾材公司後，斐凡迪集團又接收美國和加拿大一些城市的合約：包括紐約州的奧農達加（Onondaga）、俄勒岡州的威爾遜威爾（Wilsonville）、安大略省的哥德里查（Goderich）、肯塔基州的佛洛伊德河（Floyd River）、麻塞諸塞州的普利茅斯（Plymouth）。美國濾材公司是美國最大的自來水與廢水處理公司，比第二大公司的市占率高出十四倍，在斐凡迪集團的水利產業擴張計畫中扮演關鍵角色。

然而就像蘇伊士集團一樣，斐凡迪集團在提供自來水服務的過程中也遇到很多困難。例如，子公司阿瓜斯（Compania de Aguas）接管波多黎各水利產業管理局（Puerto Rico Aqueduct and Sewer Authority，簡稱PRASA），但在一九九九年八月，波多黎各政府的一篇報告對於維修供水和汙水下水道的工作提出強烈批評。根據媒體交流新聞社（Inter Press Service）的報導，「波多黎各審計長辦公室針對PRASA——阿瓜斯公司發表一篇報告，列出合約執行過程中的幾條重大缺陷，包括供水和汙水下水道維修和管理方面的問題，以及不能按時提出財務報告，有時甚至根本不交財務報告。」媒體交流新聞社接著說：「居民們請求幫助，卻常被置之不理。有的消費者抱怨說，他們的自來水管中有時沒有水，但他們總是按時接到水費帳單，讓他們為根本沒有用過的水繳費。當地一家週刊報導說，PRASA派出的維修工作人員甚至不知道他們該修的管路和閥門的具體位置。」另外，一九九九年審計長的報告還指出，PRASA被民營企業接管後，虧損持續增加至二・四一億美元。結果政府發展銀行（Banco Gubernamental de Fomento）不得不好幾次發放緊急貸款，以幫助PRASA暫時渡過難關。

二〇〇一年五月，波多黎各審計長辦公室又發表一篇報告，指出PRASA在經營、管理、維修自來水基礎設施方面有三千一百八十一項缺陷。其中重要的一項是，PRASA營運虧損金額從一九九九年八月的二・四一億美元上升到二〇〇一年五月底的六・九五億美元，另外還有一・六五億美元的欠帳無法回收。報告還指出，自從一九九五年被阿瓜斯接管以來，美國環保署開出的累積罰款高達六百二十萬美元。審計長曼紐爾・戴斯・桑德納（Manuel Diaz-Saldana）說，民營化「使波多黎各人民在經濟上受到很大損失，……PARSA再也不能像目前這樣經營下去了。」

無獨有偶，斐凡迪集團才在世界銀行所屬的國際投資糾紛調解中心控告阿根廷政府，指控阿根廷政府沒有阻止圖庫曼市政府對公司進行罰款，違反法國與阿根廷間簽訂的雙邊投資協定。圖庫曼市政府對斐凡迪集團開出罰單，因為自來水顏色數次呈現褐色。調解中心後來駁回斐凡迪集團的指控，指出並沒有證據表明阿根廷政府在這個問題上處理不當，而且阿根廷政府的反應也未違反雙邊投資協定。

另外，斐凡迪集團與瑟約卡空間公司（Sereuca Space）聯合管理的肯亞奈洛比自來水收費系統也引起很大的爭議。彼特・米奈塔（Peter Munaita）在二〇〇〇年八月在《東部非洲》雜誌（*The East African*）的文章指出，斐凡迪子公司通用自來水公司和以色列唐德蘭資訊公司（Tandiran Information System）合夥的瑟約卡空間公司「在合約的十年有效期間內將不會對新水庫或其自來水分配系統投資一分錢，而會投資一大筆錢為市政府安裝一套新的收費系統，預計在這段期間裡，可以從一・六九億美元的投資總額中收取一四・九％的服務費。」奈洛比副市長喬・阿克奇（Joe Aketch）反對這個專案，認為「這將會使奈洛比市失去三千五百個工作機會，換得瑟約卡空間公司建議僱用的四十五名員工，其中四人還是外籍員工。」

面對公眾對這個研擬專案的強烈反對，斐凡迪集團後來表示將追加一・五億美元擴大服務與維修設備的投資，來減少漏水問題。然而，肯亞政府在二〇〇一年八月宣布暫時擱置這個專案，先由世界銀行進行民營化意見調查。世界銀行的官員說，研擬中的自來水收費系統合約過於昂貴，而且競標系統也不完善。世界銀行官員彼特・瓦茹特瑞（Peter Warutere）說：「我們將找到比較便宜的替代方案。」米奈塔的文章指出，斐凡迪集團堅持世界銀行的方案需要花四到七年才能實施，而兩年內奈洛比就會碰到缺水問題，所以擱置合約將使奈洛比無法在二〇〇八年之前得到可靠的自來水服務。

在柏林，德國綠黨控告斐凡迪集團的水價過高，並認為在合約中保證獲利（不管生產狀況如何都可以得到一五%的保證獲利）的條款違反憲法。德國憲法法院同意綠黨指控，斐凡迪集團只好重新起草合約。另外英國政府也要求斐凡迪、蘇伊士及布伊格集團在英國合資的一個自來水服務系統降低收費標準，結果它們的回應是解僱三千二百名員工，此舉受到公眾一致譴責。

為了開拓新市場，斐凡迪環球公司也活躍在政壇上，極力推動制定國際貿易規則。斐凡迪集團同時是全球兩個最有影響的商業遊說企業——美國服務業聯盟（U.S. Coalition of Service Industries）和歐洲服務論壇——的成員，這在跨國企業中非常少見。這兩個遊說企業正在世界貿易組織中參加服務業貿易總協定的起草（詳見第七章）。斐凡迪集團的執行長瓊——瑪麗・馬西耶大力在各國政府和公司間鼓吹電子商務的優越性。斐凡迪集團董事會成員包括有擁有政界背景的商界領袖，如電子數據處理公司（Electronic Data System，公司董事包括美國前商業部長威廉・達利）的執行長迪克・布朗（Dick Brown）等。在一九九九到二〇〇〇年大選期間，斐凡迪透過美國子公司，包括環球影城、美國濾材、費城城郊（Philadelphia Suburban）等公司捐助十八・六萬美元的政治獻金，另外還花了約四萬零一百一十美元在政黨捐款。

安隆集團的豪賭

在二十一世紀一開始，兩家總部在法國的水利產業巨頭——蘇伊士和斐凡迪——壟斷著極有潛力的全球水資源市場，它們控制七〇%以上的全球水資源市場，在一百三十多個國家都有業務。但這個市場仍處在早期起步階段，所以很多市場分析家都在問：「誰能成為第三家呢？」多數人估計它將出自前面提過的第二類全球水利產業公司之一。畢竟，這些公司在資本市場和全球市場上已經具備一些條件，有機會挑戰蘇伊士和斐凡迪集團。然而如果要對兩大巨頭真正形成威脅，第二類的公司還需要從第三類的公司中獲得專業技術和經驗方面的支持。安隆集團——全球能源工業巨頭——最近新成立子公司埃瑟里克斯自來水公司，專門從事水利產業，似乎有可能成為一個有力的競爭者。

近年來，安隆集團的能源產業以驚人的速度迅速成長，網路上的能源市場系統還成為全世界最大的電子商務網站。天然氣和電力批發市場的市占率也比第二名高出一倍。安隆運輸公司（Enron Transportation Services）負責天然氣管路修建業務，而安隆能源服務公司（Enron Energy Services）則負責向工業用戶提供能源零售業務。從一九九九年到二〇〇〇年，安隆集團的總營收就從四百零一億美元成長到一千零八億美元，成長幅度高達一五一%！在這段期間，電力部門的營收成長一倍，天然氣營收成長三分之一，大部分的成長來自於把握加州能源危機的機會。到了二〇〇〇年，安隆集團的總營收已經比蘇伊士和斐凡迪兩家公司的合計營收還多，而且沒有過重的債務負擔。

一九九八年，安隆集團進軍水利事業民營化的市場，買下英國韋塞克斯自來水公司（Wessex Water），創立埃瑟里克斯自來水公司，希望這家專營水利產業的子公司能在自來水供水與廢水處理產業搶占一席之地。安隆集團管理階層的新星麗貝卡・馬克（Rebecca Mark）被任命為埃瑟里克斯自來水公司的總裁兼執行長。馬克曾聲稱：「在世界上所有水利產業尚未完全民營化之前，將不會有片刻休息。」在她的領導下，埃瑟里克斯自來水公司提供廣泛的服務，從政府的水利產業管理、自來水廠修建、廢水處理系統的修建，到廢水處理產生的副產品處置等。埃瑟里克斯自來水公司先後在阿根廷、印度、玻利維亞、墨西哥、加拿大併購當地的自來水公司，並在巴西與其他公司合資水利產業專案。例如，它在一九九九年接管總部在加拿大、擁有美加兩國多種水利產業專案的飛利浦公用事業公司（Philips Utilities）。安隆的市場經驗，及其在電力和天然氣行業中廣泛的商業關係網對打入世界水利市場有很大幫助。

安隆集團綿密的政治關係網也是它的一大資產。在美國前總統布希和克林頓時期，安隆集團與白宮的密切關係在華盛頓圈中赫赫有名，在本書撰寫期間，小布希剛當選總統，這種關係似乎更緊密。在二〇〇〇年美國總統競選期間，安隆執行長肯尼・雷伊

（Kenneth Lay）個人向小布希競選委員會捐款十萬美元。他在布希內閣擔任能源顧問委員會委員，並參加副總統錢尼（Dick Cheney）新召集的能源政策發展小組。安隆集團捐給小布希的總統就職慶典三十萬美元，並在二〇〇〇年競選活動中向多位候選人捐款共二百三十八萬七千八百四十八美元。另外，安隆集團還在一些商業遊說組織中扮演重要角色，這些組織包括美國服務業聯盟、國家外貿委員會（National Foreign Trade Council）、美國國際工商理事會（United States Council for International Business）等。

然而，儘管安隆集團擁有強大的經濟和政治影響力，但子公司埃瑟里克斯卻始終不能變成世界水利市場的主要參與者。打從一開始就在商業合約的競爭中落後給蘇伊士、斐凡迪以及其他自來水公司。它本指望韋塞克斯自來水公司可以成為埃瑟里克斯的主要收入來源，可是韋塞克斯的表現卻令人十分失望。英國水務監管機構在二〇〇〇年四月規定水價標準上限，從此以後，公司營收就開始下降。一九九九年底，埃瑟里克斯自來水公司的股票在一天之內下跌四〇％，而且到現在還沒恢復。安隆集團不得不多次以貸款的方式幫助埃瑟里克斯渡過經濟困境。在埃瑟里克斯的股東告上法院之後，安隆集團只好在二〇〇〇年十二月二十一日宣布以三・二五億美元將埃瑟里克斯自來水公司的股票全部買回，這也讓安隆集團重新評估水利產業的未來。

在埃瑟里克斯自來水公司不長的歷史中，曾經遭受幾次重創，最有名的一次是在阿根廷布蘭卡港（Bahia Blanca）的水利產業經營權。這個城市位於布宜諾斯艾利斯西南方四百二十英哩。二〇〇〇年，當地居民對水質低劣和水壓不足提出很多抱怨。那一年年初，政府官員提醒當地居民，由於水庫的藻類迅速繁衍，自來水已經被細菌汙染。在那幾個月，當地居民發現自來水散發出難聞的氣味。公共健康部門的負責人阿納・馬利亞・賴默斯（Ana Maria Reimers）說：「這是我在這裡工作二十五年來見到最嚴重的缺水危機。」而埃瑟里克斯自來水公司技術部門主管理查・賴西（Richard Lacey）反駁說：「這不是我們的錯，問題出在政府負責管理的水庫。」

當公共的水利系統民營化後，各方的責任變得含混不清。如何直接管理像是布蘭卡港埃瑟里克斯自來水公司這樣的民營企業已經成為一個難題。有報導指出，布宜諾斯艾利斯省省長卡洛斯・盧考夫（Carlos Rukauf）打算要求省議會考慮中止與埃瑟里克斯自來水公司三十年的合約，但後來又傳出消息，公共工程局長朱利安・多米尼克（Julian Dominiquez）傾向於修改而不是中止合約。二〇〇一年二月，埃瑟里克斯自來水公司同意投入三千萬美元改進服務品質，可是同年七月，它又在給布宜諾斯艾利斯省政府的信中提到，目前的合約在經濟上並不可行。二〇〇一年九月，埃瑟里克斯自來水公司負責拉丁美洲業務的執行長約翰・葛瑞森（John Garrison）會見省長盧考夫和局長多米尼克，打算從這項合約抽身。就在這個時候，《埃爾迪亞日報》（*Diario El Dia*）報導，這家公司準備採取法律行動，要求布宜諾斯艾利斯省賠償四億美元。

二〇〇一年四月，安隆集團宣布這個麻煩不斷的子公司：埃瑟里克斯自來水公司將清算，資產也要拍賣，安隆集團在埃瑟里克斯自來水公司身上的賭博並沒有成功。《全球水情報》的一篇文章說，這家能源業巨頭對水利部門的表現感到「沮喪」，它習慣能源部門近年來「高速獲利」的表現，對布局世界水利市場的長期計畫失去耐心。四個月之後，美國自來水工程公司宣布買下埃瑟里克斯自來水公司在北美部分的資產，強化在美國東南部、西北部以及加拿大三個省的市場實力。

然而，安隆集團解散埃瑟里克斯自來水公司的舉動，僅僅是戲劇性崩潰的前兆。八個月之後，債權人、政府部門及一些政治人物迅速勒緊套在安隆頭上的繩索，使得這位全球能源業巨人申請破產保護。這顆《財星》雜誌全球五百強裡的新星突然在二〇〇一年十二月面對總額高達一百三十億美元的負債。美國證券管理委員會加緊調查安隆集團的財務操作與可能的舞弊行為，這個不遺餘力推動公共服務民營化的能源巨人最終成為史上最大破產案的主角。

新角逐者

安隆集團不會是世界水利市場的最後一個挑戰者。這個潛在價值高達數兆美元的藍色富礦不會由少數幾個企業獨占，新的角逐者已經開始嶄露頭角，它們可能在幾年內挑戰蘇伊士和斐凡迪集團的霸主地位。一些公司之間的併購或合併磋商正在祕密進行，如果一切順利，它們可能打破目前全球水利產業市場的壟斷現象，成為民營化風潮中的新生力量，兩家總部在德國的公司尤其值得一提。

第一個是大型企業萊茵集團，它併購泰晤士自來水公司，打下進軍全球水利產業市場的基礎。萊茵集團是德國第二大電力公司和最大的廢棄物管理公司，它的平均年營收超過四百億美元，在《財星》全球五百大企業中名列前矛。萊茵集團最近開始調整經營結構，變成一個提供能源、水利產業、廢棄物管理、電訊服務多角化經營的集團。在水利產業方面，萊茵集團最初透過與蘇伊士集團在匈牙利合組公司，以及與斐凡迪在柏林合資的方式進軍水利產業。二〇〇〇年九月，它併購當時屬於第三類的泰晤士自來水公司，加強在國際水利產業的市場競爭力。萊茵集團的執行長迪耶馬爾・庫恩特（Dietmar Kuhnt）說：「泰晤士自來水公司帶來技術和管理規模，讓我們成為世界水利市場的玩家之一。」

一年之後，萊茵集團年營收達到六百二十億歐元，年成長二九％，獲利成長三五％，其中二〇％的獲利成長就是由泰晤士自來水公司為骨幹的水利部門締造。泰晤士自來水公司在併入萊茵集團的第一年就已經開始擴展全球營業版圖。一九九五年在上海設立汙水處理廠，這是第一個外資企業在中國設立的汙水處理廠，二〇〇一年則獲得與浦東自來水公司聯合管理上海自來水系統的合約。同年也獲得泰國兩個省自來水服務的合約，合約金額達二・四億美元，是亞洲目前為止最大的一筆供水合約。被併購不久，泰晤士自來水公司就控制智利的自來水公司艾斯博（Essbio）的股權，透過這家公司向智利第二大城市康塞普松（Concepción）提供自來水服務。

然而，泰晤士自來水公司在英國的表現卻受到批評。二〇〇一年七月二十七日，英國環境部長麥克・米克（Michael Meaker）說：「我對泰晤士自來水公司的表現很不滿意，它不能及時處理漏水問題，有時甚至不知道水管中的水流向何處，這完全不能接受。我完全支持主管機關提出的處理建議，泰晤士自來水公司也接受這個建議，要在之後改正這項缺失。」從一九九九年四月到二〇〇〇年四月，在泰晤士自來水公司的管理下，每天損失的水可以注滿三百個奧林匹克標準尺寸的游泳池。二〇〇一年八月，泰晤士自來水公司被法院判罰二萬六千六百英鎊，因為汙染英國一個社區附近的小溪。

二〇〇一年九月，萊茵集團併購美國自來水工程公司，其中包括被安隆集團出售的埃瑟里克斯自來水公司在美國的財產，站穩國際水利產業的新角逐者地位。

德國能源業巨人意昂集團（E.ON）是世界水利市場中躍躍欲試的另一個角逐者。為了多角化經營，意昂集團在二〇〇〇年以高價購買一家自來水公司，在水利事業民營化市場中爭得一席。在與蘇伊士和安隆集團的談判無疾而終後，意昂集團轉而競標索爾集團。索爾集團是跨足建築與電訊產業的布伊格集團旗下的自來水公司，在水利產業的實力僅次於蘇伊士集團和斐凡迪集團。如果有像意昂集團這樣的母公司可以提供大筆資金，索爾集團向世界水利市場進軍的實力將大大增強，可是到目前為止，意昂集團購買索爾集團的投標還未被布伊格集團接受。

到一九九九年為止，索爾集團的經營範圍已經遍及全世界八十多個國家，特別是拉丁美洲。二〇〇〇年九月，索爾集團與西班牙瓦倫西亞自來水公司（Aguas de Valencia）聯手，要在拉丁美洲打開新的水利事業民營化市場。一年以後，有消息指出索爾集團正與安隆集團談判，希望購買埃瑟里克斯自來水公司在布宜諾斯艾利斯的剩餘資產。同一時間，索爾集團又取得東北非國家馬利的自來水和廢水處理經營權。在此之前，索爾集團已經成功地打入非洲的電力和水利產業，包括象牙海岸、塞內加爾、幾內亞、中非共和國、莫三比克、南非。在波蘭，索爾集團擊敗斐凡迪集團，獲得呂達斯拉斯卡市（Ruda

Slaska）自來水與廢水系統管理和改進的二十五年合約。

不論哪家公司會對蘇伊士集團和斐凡迪集團發起有力的挑戰，毫無疑問地都會掀起水利事業民營化的新浪潮。除非我們能找到有效的辦法，來挫挫這些企業把水利事業民營化的圖謀，否則，作為生命基本組成部分的水，將在二十一世紀的第一個十年內完全商品化。

民營化的慘敗

水利事業大規模民營化的浪潮將導致一個不平等、無法持續的將來。民營化模式展現出對社會、公共財產進行的全方位攻擊、令人不安的前景。在這裡，我們特別來看看全球自來水公司在勞工福利、生活品質與環境保護方面的記錄。

在一九九七年的一次工業界會議上，安隆集團總裁傑夫瑞・斯基林（Jeffrey Skilling）在談到民營化問題時，提出以下建議：「我們必須不留情面地裁掉五〇到六〇％的員工，讓他們走人。」他的話真實地反映許多跨國企業的信念。他們的最終目的是爭取最大獲利，所以在他們的眼裡，透過解僱員工來降低成本、提高水價來增加收入是這麼理所當然。

蘇伊士集團在馬尼拉和布宜諾斯艾利斯，以及安隆集團在阿根廷等地都解僱大批員工。在馬尼拉，蘇伊士集團與聯合公用事業公司承包水利服務之後，很快就開始裁員。在布宜諾斯艾利斯，蘇伊士集團承包水利服務後，將員工從七千六百人減到四千人。安隆集團在英國、阿根廷、瓜地馬拉、印度等國家都與當地工會產生激烈對立。除非像柏林市政府在水利事業民營化的合約中加進嚴格保護員工利益的條件，否則可以預見員工將失去工作，並喪失權益。的確，很多民營化的計畫常常帶來大規模的解僱行為，藉此達到民營企業的主要目標：增加股東權益。

也許更令人不安的是，這些在全球水利產業的主要公司在健康和安全方面擁有的不良記錄。例如，貝泰集團在一九八五年遭到美國核能管制委員會罰款，原因是在賓西法尼亞州三哩島核反應爐的清理工作中有意省略部分安全步驟。另外，安隆集團在一九九五年遭美國職業安全衛生署罰款，因為違反多項安全條例，導致一九九四年設在德州帕莎迪那（Pasadena）的甲醛廠發生爆炸。儘管這些例子發生在其他產業，但這些公司都與水利產業有直接或間接的關係。

相似情況也發生在很多積極參與水利事業民營化的企業環保記錄。英國環保署點名幾個主要的自來水公司，稱它們是最惡劣的環保法違規犯。從一九八九年到一九九七年，盎格魯自來水公司、諾森布里亞自來水公司、塞溫特倫特自來水公司、韋塞克斯自來水公司及約克夏自來水公司因為自來水漏水與非法傾倒汙水總共被成功起訴一百二十八次。另外根據美國環保署的資料顯示，從一九九〇年到一九九七年，貝泰集團必須對七百三十起有害物質洩漏事故負起責任，而安隆集團也有七十六起類似事故。

民營化模式本身使得企業與當地政府之間的權力移轉，而且大部分合約都含有這個條款，結果使政府權力被削弱，很難對企業的經營進行有效管理。另外，當企業提供的水質低劣又不斷提高水價時，政府也常常無法有效開罰。例如，很多英國居民對水價上漲和水質不好提出抱怨，於是英國水資源管理部門要求有關公司降低水價標準，並改善自來水設施，但是像是蘇伊士集團這樣的跨國公司卻用種種藉口抵制這種規定。蘇伊士集團宣布不得不放慢環境投資的步伐，也無法按歐盟規定的時間表達到某些環保標準。

民營化模式主要的著眼點是追求獲利，而不是提高效率和保證公平分配。蘇伊士集團在英國的子公司諾森布里亞就是一個很好的例子。從一九八九年到一九九五年，諾森布里亞自來水公司的水價上漲一一〇％，公司執行長的薪資卻增加一五〇％，而公司的獲利更增加八〇〇％，這說明這種模式的民營化不可能永遠持續下去，它只會鼓勵消費，而不重視對資源的保護。

此外，全球水利產業市場的幾家大公司時常冒出醜聞。一個有名的例子是蘇伊士集團在法國格勒諾伯市（Grenoble）發生的醜聞。調查發先蘇伊士集團與里昂自來水公司捐款一千九百萬法郎給阿蘭・凱昂（Alain Caigon）市長，交換條件是該市在一九八九年水利產業民營化。一九九六年，當時的法國通訊部長凱昂和蘇伊士集團廢水管理國際部主任瓊・雅克・普羅姆普塞（Jean-Jacques Prompsey）以受賄和行賄罪起訴，判處有期徒刑。法院同時宣布，格勒諾伯市的市民因為這樁醜聞而受到的損害可以要求賠償。

另一樁行賄醜聞是斐凡迪集團與法國安古蘭市（Angouleme）。一九九七年，前市長瓊・麥克・布舍龍（Jean-Michel Boucheron，後來擔任內閣次長）因為在公共服務業承包競標過程中收受賄賂而判刑兩年。另外根據國際公務員聯合會的大衛・霍爾（David Hall）報導，通用自來水公司為了得到法國聖丹尼斯市（St-Denis）的水利產業合約向市長行賄，結果幾位公司高階主管被判有罪。一九九八年，美國俄勒岡州上訴法院宣布，安隆集團的子公司波特蘭通用電器（Portland General Electric）向消費者每年多收二千一百萬美元。

另外，布伊格、蘇伊士和斐凡迪三家集團的建築工程部門被控在一九八九到一九九六年之間聯合壟斷工程。根據國際公務員聯合會的報導，這三家公司被控在巴黎郊區的學校興建工程競標中，聯手壟斷價值五億美元的合約，阻止其他競標者染指。此外，它們還私下規定每個合約必須拿出二%來支持當地的政黨。法國《世界報》（*Le Monde*）指出，這種私下協定（如果被證實）實際上是「盜用公共資金」。

儘管民營化的支持者聲稱，營利公司比民選政府更有利於公眾監督，運作透明度更高，但事實卻正好相反。在跨國自來水公司獲得高額獲利的同時，許多水利事業民營化地區的水價持續上漲，使得自來水成為貧民的奢侈品。這是因為民營企業的主要宗旨不是為公眾服務，也不是保證不管是否有獲利，都要對所有用戶平等供水。它的主要宗旨其實是為股東服務，為這一小部分的人爭取最大利益。世界水利市場巨大的潛在獲利使一些公司的高階主管忘記起碼的商業道德。

國際公務員聯合會認為，實際上「無論是水利產業還是其他公共服務業，民營化過程的一個特徵就是腐敗」。世界銀行的一篇報告〈腐敗的政治經濟：原因與後果〉（The Political Economy of Corruption: Causes and Consequences）也證實這個觀點，「……民營化過程本身就是創造腐敗的溫床。一家公司可能用行賄的方式擠進合格競標者名單，或是減少競標者數目、壓低租賃或購買公共財的估價、在競標過程中受到優待等等。」報告接著說，「……行賄的公司可能不僅僅滿足於得到合約，還希望將來獲得政府補貼、獨占利益以及未來政府減少管制措施。」

民營化支持者的一項假設是政府提供的公共服務效率不佳。這一項假定在某些地區的確成立，但絕對不能說所有由政府提供的公共服務效率都不高。以智利為例，一九九八年以來，全國大部分地區的水利事業都部分民營化了，而且都將經營權交給大型的民營自來水公司。但是在民營化之前，智利的水利事業服務效率很高。世界銀行在一九九六年的一個報告中比較六個開發中國家，強調智利的自來水服務是高效率的典型。正如國際公務員聯合會指出，高效率的公共水利產業對民營企業有更高的吸引力。該組織的大衛・霍爾說：「（政府出讓公共服務權力）動機之一是增加政府的收入，然而這將導致一個荒謬的結論，即效率最高的水利產業會最先民營化，因為它的售價會比較高。」

世界上最大的公共自來水服務系統在巴西的聖保羅國營公司（Estado de Saoo Paulo）。一九九五年以來多次進行改造，讓運作更加現代化、更有效率。聖保羅國營公司向聖保羅二千二百萬居民提供自來水服務，在增加收入的同時也降低營運成本。根據國際公務員聯合會的報導，僅在一九九五年，「享受自來水服務的人口從八四％增加到九一％。享受汙水處理服務的人口從六四％增加到七三％，完全無法得到服務的用戶降到八％。」整體來看，聖保羅國營公司的營運成本降低四五％，已經具備完全依靠自有資金及部分貸款進行新投資計畫的條件（當然一九九九年巴西貨幣貶值有一定的負面影響）。同時，聖保羅國營公司增加環境保護的責任，參加拉丁美洲最大的環境保護專案——鐵特河（Tietê River）的整治計畫。

儘管公共服務也可以很有效率，但民營化的步伐仍舊持續。跨國水資源企業的目標不僅僅是要占領各地的水利系統，他們還要推動大宗的水資源出口產業。

第六章　水利產業卡特爾聯盟[9]

民營企業與政府聯手推動全球水資源貿易

一九九九年二月，加拿大《國家郵報》（National Post）主筆特倫斯・寇克倫（Terence Corcoran）在國際商界和政界圈子裡引發一場小騷動。他預測二〇一〇年之前會出現一個如石油輸出國家組織一樣的水利產業卡特爾聯盟，其中加拿大將是聯盟的主角。他寫道，十年之內，「加拿大將向美國出口大量淡水，而更多的淡水將出口到各個缺水的國家。」寇克倫預言，正如石油輸出國家組織成為中東主要產油國的同業聯盟一樣，包括加拿大在內擁有豐富水資源的國家將在十年內「聯合起來，協調各國水資源出口，抬高水價。」他繼續預言，當各國政府看清楚這個事實，即淡水的大宗貿易有極高經濟潛

9　卡特爾聯盟（Cartel）是指一個產業的許多企業聯合起來壟斷市場的組織，控制產品的價格和產量。

力後，二〇〇六年將會出現由二十五個擁有豐富水資源國家簽署的「世界水資源出口條約」，加拿大將力爭成為該條約的領導者。

寇克倫的大膽預言被很多人認為是駭人聽聞。可是仔細分析一下就會發現，他的預言並非不可能實現。從九〇年代初期以來，一些大型企業和國家一直計畫將淡水從擁有豐富水資源的地區出口。一九九六年，世界銀行北非與中東問題首席專家公開宣稱，不管以哪種形式，「淡水最終會像現在的石油一樣，在世界各地內進行交易。」他說：「五年內，人們將更清楚地認識到，水是國際商品。」一九九一年，《環球郵報》所屬的《商業報導》雜誌（*Report on Business*）在一篇評論中預言：「十年內，汙染、人口成長、環保運動將對世界淡水供應產生極大的壓力。」這篇評論繼續說，「加拿大一些大型工程公司已經做好準備，等待著淡水可以像石油、小麥及木材一樣在全世界進行交易。但現在的問題是，誰有權利賣出淡水？」

從二十一世紀一開始，又有一些新成員加入淡水交易行列，環球自來水公司（Global Water Corporation，最近改名為環球 H_2O 公司）便是其中之一。這家企業宣稱：「淡水已經從理所當然無限制取用的商品，轉變成依照實力供給的商品。」在這些公司眼裡，大規模的淡水應該按照供需關係出口，供給的一方當然是那些擁有豐富水資源的國家和地區，包括阿拉斯加、加拿大、挪威、巴西、俄國、奧地利、馬來西亞等，需求的地方則是因為沙漠化、含水層枯竭或汙染造成淡水資源不足的國家和地區，包括中東、中國、加州、墨西哥、新加坡、北非等。對自來水公司來說，重要的是要控制大量的水資源，然後把它賣到缺水的地區，價格中除了成本之外，當然還包括可觀的獲利。

在九〇年代中，為了大規模、長距離的運送淡水，發展出水袋和瓶裝水的新技術，當然還可以運用傳統的輸水管、超級油輪、運河等方法來運送水。有人認為，現在世界上較容易開發的水資源都已經被開發了，新水源的開發成本要比之前貴上二到三倍，所以在經濟上，大規模的水資源出口並不可行。但世界銀行認為，不管成本多高，淡水需求總是存在。另外，海水淡化看來也不可能取代水資源出口。儘管有些國家會用海水淡化技術來供給一部分淡水，但它非常昂貴，需要耗費大量的燃料，所以大型的海水淡化計畫只可能在擁有豐富能源的國家使用。此外，海水淡化還會使全球氣候變暖更加劇，諷刺的是，全球氣候變暖其實也是導致目前水資源危機的原因之一。

大規模的水資源出口還可能對生態系統造成嚴重威脅，儘管這還需要進一步研究，但已經有足夠的證據表明，從江河湖泊中取走的大量淡水將干擾生態系統，破壞生物棲息地，降低生物多樣性，並造成地下含水層的枯竭。

沙漠地區本來就不適合太多人口生活，而大量進口淡水只會加劇對自然的破壞。以美國亞利桑那沙漠為例，那裡的人口在過去七十年成長十倍，達到四百萬人，僅土桑市就有八十多萬人。美國戰略學者羅伯特・卡普蘭（Robert Kaplan）在《大西洋月刊》（*Atlantic Monthly*）發表文章〈沙漠政治〉（Desert Politics），描繪這樣一個景象：

> 也許正如一些幻想力豐富的工程師的想像，加拿大這個寒冷、潮溼的綠色大海綿有可能拯救美國西南部。場景是淡水將從加拿大育空地區和英屬哥倫比亞省透過新建的水壩、水庫、隧道送往美墨邊境；一條巨大的運河把魁北克省哈德遜灣淡化後的海水送往美國中西部；超級油輪把英屬哥倫比亞沿海的冰川融水源源不斷地送往南加州。這些都是為了支持那個不斷膨脹、多民族的城市經濟體。

卡普蘭筆下「幻想力豐富的工程師」其實並不完全是在幻想。為了滿足亞利桑那、加州、墨西哥，甚至中國、新加坡、中東、北非、西班牙、希臘等缺水地區所謂的淡水「需求」，價值數十億美元的大規模水資源出口專案正如火如荼的進行中。

淡水管路走廊

管路灌溉系統有著悠久的歷史，但現在的管路技術已經發展到跨洲長途供水。例如，歐洲修建的高科技管路已經能把奧地利阿爾卑斯山的泉水送往維也納。按照計畫中的歐洲水網專案，在未來十年內將修建一條淡水管路走廊，把阿爾卑斯山的水從奧地利送往西班牙和希臘。奧地利環境學家對這個計畫感到十分不安，他們警告大規模的水資源出口將使阿爾卑斯山地區的生態系統遭受嚴重破壞。

在土耳其，政府和一些企業密切合作，要修建淡水管路走廊將水輸往市場。淡水管路再加上改裝的油輪，將把大量的水從土耳其馬納夫甘特河（Manavgat River）輸往賽普勒斯、馬爾他、利比亞、以色列、希臘和埃及。二〇〇〇年夏天，以色列已經開始與土耳其商議每年購買四千九百萬噸的淡水。土耳其自來水公司說它們有能力出口比這個數字多四到八倍的淡水。它們雄心勃勃地要把大量的淡水透過淡水管路輸往缺水的歐洲中部地區。

為了解決英國愈來愈嚴重的缺水問題，英國的一些自來水公司正在詳細評估利用管路和輪船從蘇格蘭大規模出口淡水的可行性。英國史崔克萊大學（Strathclyde University）教授喬治・弗萊明（George Flemming）認為，在已有的基礎設施下，修建一條從北蘇格蘭與愛丁堡到倫敦與英國其他地區的淡水管路走廊並不難。但因為蘇格蘭居民反對淡水向外運輸的呼聲很強，所以蘇格蘭的水資源管理機構不得不取消將淡水賣給西班牙、摩洛哥以及中東的計畫。然而，觀察家堅持，由於英國缺水的情況將愈來愈嚴重，透過淡水管路從蘇格蘭大規模出口淡水早晚將變成現實。

就在同一個時期，國際聯合自來水公司（United Water International，由斐凡迪集團、萊茵－泰晤士自來水公司及布朗魯特工程公司共有）購買了澳洲南部阿德萊德地區（Adelaide）的水權。它制定一個十五年計畫，準備用管路和輪船將水資源出口到其他國家，用於農田灌溉和電腦製造業。由於這個專案價值高達六億二千八百萬美元，主管機關認為只有大型跨國企業才能承擔，而當地的澳洲自來水公司竟然不被允許參加競標。

當然，最惡劣的管路輸水事件還是第一章提到的利比亞價值幾十億美元的大型輸水專案。這個專案從撒哈拉沙漠的庫夫拉盆地地下含水層抽取大量地下水，然後輸往其他地區。這個專案包含兩條直徑四公尺的水管，一條通往沿海農業區，每年有七億噸的輸水量；另一條則通往西北部山區，每年輸水量有一．七五億噸。承包這個專案的是韓國大型企業東亞建築公司（Dong Ah Construction Industrial company），公司總裁崔源錫（Choi Won Suk）被尊稱為「推土機」或「巨人」，用來形容駕馭這類大型專案的能力。

在北美也有類似的計畫，包括修建一條淡水管路走廊，將加拿大北部與阿拉斯加大量的河水、湖水與冰川融水輸往加州和美國其他缺水地區。有人推測美國總統小布希提出要從阿拉斯加和加拿大北部修建的巨型能源管路走廊有可能不只運送石油和天然氣，也可能包括淡水在內。加拿大亞伯達省和薩克其萬省（Saskatchewan）的農民懷疑，這個穿越農田、長達數千英哩的管路可能是用來出口淡水。

超級油輪

特別是在北美，利用超級油輪來大規模地出口淡水的呼聲愈來愈高，這些超級油輪原來是為了運送原油所設計，但現在看來，它也可以被用來運送淡水。加拿大水資源專家理查・博金（Richard Bocking）解釋，超級郵輪可能在目的地卸下原油後，再裝上淡水返回出發港。一九九五年，日本三菱公司租用一條超級油輪將石油副產品送往海外目的地後，就在阿拉斯加的埃克魯納（Eklutna）裝了二百萬加侖的淡水，載回了日本。

在太平洋沿岸，運送淡水的超級油輪很可能會頻繁往返，穿越危險莫測的海面，進而破壞生態環境。博金說：「這些巨輪將不得不行使於曲折的水道，繞過島嶼，躲避暗礁，而這一地區的海運交通管理系統並不完善，……危險的鯨群也時常出沒在這一帶海面。英屬哥倫比亞海岸大部分牡蠣以及附近漁場的魚群也都在這個地區產卵。」博金認為，最大的危險在於，這些超級油輪都使用C型燃料。在各種型號的燃料中，C型對環境的破壞最為嚴重。考慮海潮、強風、岩石、暗礁的影響，再加上密集的航運時間表，遲早在這裡會發生大悲劇。

一九九三年，加拿大英屬哥倫比亞省政府下令禁止大宗淡水出口。在此之前，西加拿大自來水公司（Western Canada Water）、雪冠自來水公司（Snow Cap Water）、白熊自來水公司（White Bear Water）、多國資源公司（Multinational resources）曾經計畫沿著太平洋海岸，用超級油輪運輸淡水。一個專案是由一家位在德州的公司出面，租用一支由十二到十六艘世界上最大型的超級油輪（載重量五十萬噸）所組成的船隊，晝夜不停地運水到加州，年運水量相當於加拿大溫哥華市全年的用水量。現在，新一屆英屬哥倫比亞省政府上台了，很多人擔心，禁止水資源出口的禁令有可能被撤銷，重新開啟超級油輪沿著太平洋沿岸運水的大門。

阿拉斯加是世界上第一個公開允許大規模水資源出口的地區。對水資源出口抱持支持態度的《阿拉斯加商業月刊》（*Alaska Business Monthly*）認為，在阿拉斯加的錫特卡（Sitka）即使每天出口一艘可以裝滿百萬加侖巨輪的淡水，仍然少於當地一〇%的用水量。根據估計，僅僅在阿拉斯加的埃克魯納，每天可以出口的淡水量高達十一萬三千噸。《阿拉斯加商業月刊》還說，「每個人都認為，淡水是二十一世紀阿拉斯加最有潛力的出口產業。從安妮特島（Annette Island）到阿留申群島（Aleutians），大家都在想著怎麼從這個行業中賺錢。」

例如，加拿大的環球 H_2O 公司與錫特卡市簽訂一個三十年合約，預計每年將出口六千九百萬噸冰川融水到中國，這些淡水將在中國某個低薪的「自由貿易區」加工成瓶裝水。為解決長途運輸問題，環球H_2O公司與美國休士頓的西格奈特海運公司（Signet Shipping Group）組成戰略夥伴。西格奈特有一支超級油輪船隊，每艘船可裝載三十三萬噸的淡水。環球H_2O公司還與新加坡簽署供水合約，公司執行長佛瑞德・佩利（Fred Paley）在一九九八年六月表示：「為了保證對新加坡的供水不中斷，我們正尋求從石油工業退役的單層超級油輪。」

同一個時間，強力推動阿拉斯加水資源出口合法化的里克・戴維奇（Ric Davidge）也跟隨潮流，成立自己的水資源出口公司。他在擔任阿拉斯加水利局主任時，就負責制定水資源出口的各項政策和對外宣傳工作。在此之前，他也曾經擔任美國內政部土地政策委員會主席，並在處理艾克森瓦爾迪茲號（The Exxon Valdez）油輪漏油事故中擔任聯邦和州政府的顧問。他還在雷根總統時期擔任漁業、野生動物及公園部部長助理。離開公職後，戴維奇成立自己的公司，取名為阿拉斯加水資源出口公司。一九九九年創立世界自來水公司（World Water S.A.）的合資企業，其中的股東包括擁有七百多艘輪船的世界最大海運公司：日本郵船公司（NYK Line）。

然而，由於美國「瓊斯法」（*Jones Act*）的限制，無論是環球H_2O公司還是世界自來水公司，目前都不准將阿拉斯加的冰川融水運往加州、亞利桑那或美國其他缺水地區。

「瓊斯法」規定，美國兩個港口間的貨運必須由美國船隻和船員運送。目前，這兩個公司都不符合這個要求，所以，儘管它們可以將阿拉斯加的淡水運往中國和中東，卻不能運往洛杉磯或聖地牙哥。

阿拉斯加並不是北美唯一一個可以向大量出口淡水的地方。一九九八年春天，加拿大安大略省政府批准加拿大新星集團用油輪向亞洲出口幾百萬升蘇必略湖水的申請，此舉引起五大湖聯合委員會和居住在五大湖附近美加兩國居民強烈反對，安大略省政府只好撤銷這個批准案。當時擔任美國國務卿的歐布萊特（Madeleine Albright）還特別為此發表一項聲明，指出蘇必略湖屬於美加兩國共管。無獨有偶，加拿大麥柯迪集團（McCurdy group）向政府申請每年出口五千二百萬噸紐芬蘭省偏僻的吉斯伯恩湖湖水，希望能利用超級油輪將水運送到中東地區。

大運河

最近幾年，運河這種非常傳統的運水方式又重新復活。因為工程與技術方面的進步，使得運河成為跨洲輸水的選項之一。例如，全球水利產業巨頭蘇伊士集團正規畫在歐洲修建一條新的「蘇伊士運河」。這一條二百五十七公里長的運河預計將水從瑞士的隆河通過德國，運送到西班牙加泰羅尼亞的首府巴賽隆納。

儘管世界各地都在計畫修建運河，但擁有最大運河夢的仍非北美地區莫屬。這裡有好幾個利用運河將淡水從加拿大運往美國的專案正在策劃，其中最重要的一個就是「大運河計畫」（the Great Recycling and Northern Development canal，簡稱 GRAND Canel）。大運河計畫打算在加拿大魁北克省北部的哈德遜灣口，橫跨詹姆斯灣，修建一條長堤，圍出一個面積達八萬平方公里的巨型水庫，包括詹姆斯灣和流入詹姆斯灣的二十條河流都導向這個水庫中，然後再通過一系列的堤防、人工水道、水力發電廠及水閘，讓水庫裡的水往南方流，之後再透過一條二百六十九公里的運河，以每秒鐘二百八十二噸的速度，流經喬治亞灣，進入休倫湖和蘇必略湖。從那裡，再通過幾條運河，將淡水輸往美國中西部和西南部。

八〇年代中期，兩位加拿大政治人物在推動這個大運河計畫中起了重要作用。其中之一是當時擔任魁北克省省長的羅伯特・布拉薩（Robert Bourassa），他主導一個規模龐大的詹姆斯灣水利工程計畫，另一位則是曾經在美加自由貿易協定談判中擔任加拿大首席代表的西蒙・賴斯曼（Simon Reisman）。之前賴斯曼就在渥太華為格朗科企業（Granco）進行遊說。格朗科是四家公司組成的聯合企業，它大力推動造價一千億加元的大運河計畫。格朗科企業的領導人是工程師托馬斯・基蘭斯（Thomas Kierans），他是大運河構想的最早發起人，也是加拿大投資銀行界最著名的人物之一。這個企業的一個主要成員就是總部設在美國的建築業巨擘貝泰集團，最近對於水利事業民營化的推動扮演著愈來愈重要的角色。作為加拿大的首席談判代表，賴斯曼最初提出大運河計畫的構想是為了吸引美方對自由貿易的興趣，他說：「在我看來，未來一百年內，水將是美加兩國關係中最重要的問題，……這個問題的重要性取決於美國缺水危機的惡化程度。」

另一項研擬中的運河工程叫做北美水利能源聯盟（North American Water and Power Alliance）。這個運河工程預計將水從阿拉斯加和英屬哥倫比亞北部輸往美國三十五個州。這個計畫將修建一系列的大型水壩，將育空河、皮斯河（Peace river）及利亞德河（Liard river）在洛磯山谷地截斷，形成一個長達八百公里的大水庫，總面積約占英屬哥倫比亞全省面積的十分之一。這就相當於從阿拉斯加到華盛頓州修建一條大運河。透過已有的運河和水道，水庫裡的水即可運送到美國三十五個州。北美水利能源聯盟計畫每年的河水流量將與聖勞倫斯河相當。這個計畫最初由幾個加州的公司提出，造價估計為五千億美元。

因為造價如此昂貴，所以這兩個計畫目前都被擱置。但有跡象表明，它們很快會被重新放回檯面考慮。正如《加拿大銀行家》雜誌（*Canadian Banker*）在一九九一年的一篇文章說：「從觀念上講，北美水利能源聯盟計畫仍是最有可能促進經濟和環境改變極好的催化劑。」從市場的觀點來看，這些運河計畫是否可行將取決於美國用水的需求程度。然而，這些巨大的計畫一旦實施，將會造成生態系統災難性的破壞。馬克‧維里耶在《水》中指出，計畫中的北美水利能源聯盟專案「對環境的破壞將相當於美國現有因為河流改道所造成的環境破壞總和。」

無獨有偶地，在世界其他角落，仍然可以看到修建運河的相關計畫。例如中國三峽大壩工程的其中一個專案，就是將部分長江水引往北京，以滿足工業與商業用水需求。上萬個工人在長江中段已經開鑿出一條長達四百二十公里的水道，未來長江河水將經過一連串山脈，或是經由一條一千兩百三十公里的新運河，將水運送到北京。世界觀察研究所認為，這個專案就好像要把密西西比河改道流向華盛頓。另外，出於不同的戰略目標，有些公司有計畫在中美洲修建更多「巴拿馬運河」。根據製圖學大師、墨西哥大學地理教授安德雷‧貝雷達（Andrea Barreda）透露，中美洲目前有五個修建運河的計畫正在策劃中，主要目的是使中美洲加入新的全球貿易體系，擴大目前從歐洲到中國、價值數十億美元的全球航運產業。雖然這些計畫中的運河並非為了大規模運送淡水而設計，但顯然這些運河可以作為超級油輪運送淡水的航道。

水袋方案

在大規模運送淡水的方案中，水袋是近年來可與超級油輪相匹敵的新技術。這種巨大的水袋裝滿水後以拖船在水道中拖行。根據專門從事此項技術研究與開發的美杜莎公司（Medusa）的資料指出，製造一個可裝下五艘超級油輪容量的大水袋成本只要五艘超級油輪的一．二五％。如果這種新的水袋技術更成熟，那容量四十萬噸的超級油輪就沒有什麼競爭力了。美杜莎公司的目標就是要研發出比超級油輪容量大得多的水袋，也就是研發出五十萬到三百萬噸的載水量，而這種水袋的拖運只需普通的拖船，或經過簡單改裝過的海上鑽探拖船。

美杜莎公司認為，水袋的大小和形狀可以因製造材料、拖運費用、年運輸量、沿岸地理等不同狀況而改變。例如一百七十五萬噸容量的水袋可以設計成上下平坦的流線型水袋，長六百五十公尺、寬一百五十公尺、高二十二公尺。不過因為這樣巨大的水袋需要進一步的研究和實驗，所以美杜莎公司在二〇〇〇年決定把注意力集中在十萬噸容量的小水袋上。

同一時間，已經有幾家公司開始利用這個新技術大規模出口淡水。在英國，水瓶自來水運輸公司（Aquarius Water Transportation，股東包括蘇伊士集團）首次以聚氨酯為材料的水袋用於淡水商業出口。這家運輸公司擁有八個七百二十噸和兩個二千噸水袋，並從一九九七年開始利用水袋將淡水運往希臘的幾個島嶼。這些水袋在英國製造，並經政府的獨立機構試驗批准使用。水瓶自來水運輸公司用小水袋運輸淡水到地中海地區，而二千噸的大水袋則用於短程運輸。儘管已有容量超過十倍的大型水袋問世，但因為造價較貴，水瓶自來水運輸公司並沒有購買。它們並估計水袋運輸市場將很快超過每年兩億噸，而且他們也正在爭取運往其他地中海島嶼、以色列及巴哈馬群島的合約。

在挪威，北歐供水公司（Nordic Water Supply Co.）研製一種以聚酯纖維為材料、表面塗上高分子混合物的水袋，用來防止海水腐蝕和紫外線。二〇〇〇年以來，北歐供水公司用這種水袋和拖船，從土耳其安塔利亞港將淡水運往賽普勒斯北部。這家公司所用的水袋比水瓶自來水運輸公司還大，長度一百六十公尺，可裝淡水一萬九千噸。這種水袋是特別為了適應北海多暴風雨的天氣設計，可以常年使用。二〇〇〇年十二月，北歐供水公司在離賽普勒斯海岸五公里的海面丟失了一個水袋，但它很快從這次事故中恢復過來。二〇〇一年，北歐供水公司已經爭取到輸往希臘、中東、馬德拉群島及加勒比海地區的運水合約。

加州的企業家泰瑞・斯普拉格（Terry Spragg）則創造另一種新型的水袋運輸法。他認為一次運輸較多容量的水，比往返多次、每次運輸少容量的水要經濟實惠，所以他同時拖運五十個容量一萬七千噸的水袋。在麻省理工學院和西爾（CH2M-Hill）公司的工程專家幫助下，斯普拉格設計了這個受到《水資源》雜誌（*Water Resources*）好評的運輸方法。《水資源》雜誌說，這是一種「獨特、耐壓的系統，各水袋間用一種可透水的布套連接。在運輸中，當海水滲入布套的時候，會降低各水袋間的水壓。」雖然仍有許多水袋碰到海上運輸過程的技術難題，但斯普拉格已經取得從加州北部往南部運水的合約。

目前，水袋技術仍處在早期開發階段，沒有人能夠確保這個技術在經濟上、生態上的可行性。儘管像是土耳其的一些國家對水袋技術表示極大的興趣，但是在進一步投入財力進行研發之前，它還是無法取代超級油輪的地位。作為大量淡水的運輸方式，水袋比超級油輪要乾淨而且安全得多，但這並不表示它不會對生態系統造成破壞。只要人為地把淡水從一個地區大量運往其他地區，對環境總會產生負面影響。

瓶裝水

瓶裝水是出口淡水的新方案之一。目前，瓶裝水工業是世界上發展最快、而管理制度最不健全的行業之一。七〇年代，全球瓶裝水總產量每年約一百萬公噸，到八〇年代，這個數字上升到二百五十萬公噸，到八〇年代末達到七百五十萬公噸。過去五年內，瓶裝水的總產量迅速成長，到二〇〇〇年已達八千四百萬公噸，其中四分之一出口到海外。

瓶裝水的著名品牌包括沛綠雅、依雲（Evian）、納亞（Naya）、波蘭泉（Poland Spring）、純淨加拿大（Clearly Canadian）、拉克斯（La Croix）、純淨阿拉斯加（Purely Alaskan）等。雀巢公司在世界瓶裝水市場占據首位，旗下品牌超過六十八種，包括沛綠雅、法維多（Vittel）及聖沛黎洛（San Pellegrino）等。一位沛綠雅的前董事長曾說：「我也很訝異……只需要從地底下取出水，就可以賣得比葡萄酒、牛奶、原油還貴。」瓶裝水最早是西方虛榮驕縱生活方式的產物，而雀巢公司卻很快發現，它在潔淨自來水極為稀少的未開發國家有極大的潛在市場，雀巢在這些國家銷售的主要品牌是雀巢純生命（Nestle Pure Life），這種低檔品牌其實就是把自來水淨化後加入少量礦物質。以「基本健康」為廣告，雀巢純生命牌瓶裝水在巴基斯坦和巴西銷路很好，而其他品牌的瓶裝水在中國、越南、泰國和墨西哥市場上也很受歡迎。

二〇〇〇年，全世界瓶裝水總營收估計為二百二十億美元，但歐洲一家統計機構在一九九八年公布當年世界五十三個國家瓶裝水的營收就達到三百六十億美元。不管哪一個數字才正確，毋庸置疑的是，瓶裝水工業正以令人驚愕的速度迅速發展。除了雀巢以外，其他全球食品加工業巨頭也迅速加入瓶裝水產業，包括可口可樂、百事可樂、寶僑家品、達能等，它們的加入勢必讓瓶裝水產業進一步擴大。百事可樂的瓶裝水主要品牌是水菲娜（Aquafina），而可口可樂在國際市場銷售飄雪（Bonaqua）瓶裝水的同時，在北美市場又推出了新品牌達沙尼（Dasani）。

然而，儘管瓶裝水工業竭力打造一個「純淨泉水」的市場形象，可是實際上瓶裝水並不比自來水更衛生，有時還不如普通自來水。美國自然資源保護委員會在一九九九年三月的一份調查報告中指出，在接受調查的一百零三種不同品牌瓶裝水中，三分之一含有包括微量砷和大腸桿菌汙染物，四分之一的瓶裝水其實就是自來水，只不過增加了一道過濾程序。在許多國家，對瓶裝水生產的管理法規遠不如對自來水的管理來得健全，要求的純度也往往低於自來水。美國自然資源保護委員會的調查報告接著指出，「有一個品牌的水取自一家工廠停車場中的水井，附近就是有害廢棄物堆放場，經常超過美國食品及藥物管理局的化學汙染標準。」

另外，瓶裝水企業大力渲染瓶裝水比自來水更能保護環境、有益於人體健康，這其實是有意誤導。聯合國農糧組織一九九七年的一篇調查報告指出，瓶裝水並沒有比自來水含有更多的微量元素，「瓶裝水可能含有少量的礦物質，如鈣、鎂、氟化物等，但很多地區的自來水同樣也含有這些元素。」測試結果表明，「市場上銷量最大的幾種瓶裝水，品質絕對不比紐約市的自來水來得高。」至於對環境的影響，世界野生生物基金會

（World Wildlife Federation）在二〇〇一年五月指出，瓶裝水工業每年消耗一百五十萬噸塑膠，這些塑膠會在大氣中釋放有毒的化學物質。而且，因為瓶裝水的總產量中有四分之一提供出口，所以運輸過程將不可避免地帶來二氧化碳的排放，加劇全球氣候暖化。

瓶裝水企業為了滿足市場需求到處尋找水源，他們在很多鄉村購買擁有水井的農田，把井水用光之後一走了之。在烏拉圭等拉丁美洲國家，外國瓶裝水企業買進大面積的土地，有時甚至買下整個水源做儲備。很多時候，他們抽光的不僅是一塊土地的水源，而是整個地區的水源。

更令人氣憤的是，儘管水是公共財產，可是瓶裝水企業在所謂的「私有財產權」保護下，常常不需要因為取水而繳交使用費。以加拿大為例，瓶裝水的取水量在過去十年增加五〇%，瓶裝水企業每年可以合法取水三千萬公噸，平均每個加拿大人分攤一公噸，生產出的瓶裝水中，將近一半出口到美國。石油開採業和伐木業都需要向政府繳交使用費，而瓶裝水企業在加拿大的大部分地區卻不需要向政府繳交取水的使用費。《全球郵報》的一份調查指出，除了英屬哥倫比亞省以外，全加拿大其他省分都沒有要求瓶裝水企業支付使用費，而英屬哥倫比亞省政府每年收取的取水使用費只不過二萬五千加幣。

瓶裝水的興起同時也反映世界上貧富差距。根據美國自然資源保護委員會一九九九年的報導，有些人購買瓶裝水的費用比自來水貴一千倍。諷刺的是，瓶裝水企業一邊以破壞公共水源的代價向「菁英」提供塑膠瓶裡的「純」水，一邊還誇口說他們的產品既保護環境，又體現一種健康的生活方式。

可樂大戰

百事可樂與可口可樂的「可樂大戰」還沒平息，現在他們又在瓶裝水產業交鋒。在《財星》雜誌二〇〇〇年的五百大企業名單上，它們分列第二百三十三和二百三十四位。可口可樂公司年營收二百零四億五千八百萬美元，而百事可樂公司為二百零四億三千八百萬美元。在碳酸飲料製造業中，水是最重要的原料，所以這兩家公司都把擁有乾淨水源作為優先考慮。現在它們都踏入瓶裝水市場，雙方的競爭有可能決定全球市場的水價。讓我們看一看這兩家碳酸飲料巨頭在瓶裝水市場的鬥爭，特別是可口可樂對百事可樂的挑戰。

百事可樂在一九九四年推出水菲娜牌瓶裝水，在瓶裝水市場上捷足先登。可口可樂公司儘管在三十五個國家銷售飄雪等不同品牌的瓶裝水，但直到一九九九年才決定向百事可樂挑戰，在北美市場首次推出達沙尼瓶裝水。二〇〇〇年，百事可樂的水菲娜瓶裝水在全世界擁有七・八%的占有率，排名第一，而可口可樂的達沙尼瓶裝水則排名第五，市占率為四・九％。到了二〇〇一年第一季，在重要的美國市場上，達沙尼瓶裝水已經排名第二，僅次於水菲娜瓶裝水。其中水菲娜瓶裝水銷量增加五九・四％，占美國市場一五・一％；而達沙尼瓶裝水的銷量竟然增加一二三・九％，占美國市場的八・七％。一些市場分析家認為，兩家碳酸飲料巨頭將利用本身遍布全球的銷售網，擴大全球市占率，而其他一些較小的品牌則將成為犧牲品被淘汰出局。

與其他品牌不同，這兩家公司銷售的是「淨化水」，而不是「天然泉水」。它們把當地的自來水當做原料，而毋須從幾千里外運來山泉水。此外，它們利用逆滲透的過濾技術將自來水淨化，並加入少量礦物質，就成為所謂的淨化水。自來水的成本每公升不到一美分，經過濾和裝瓶後，每公升賣一美元。觀察家指出，儘管它們使用的過濾技術能比自來水除去更多雜質，但瓶裝水的水質並不一定比北美大多數地區的自來水更好。

在進入瓶裝水市場之前，可口可樂內部對此進行長期爭論。一九八一到一九九七年擔任可口可樂公司執行長的羅伯特・古茲維塔（Roberto Goizueta）在一九八六年預言，到二十一世紀初期，全世界都會仿效美國人的生活方式，以碳酸飲料滿足身體對水分的需求。換句話說，可口可樂公司打賭，未來碳酸飲料將取代自來水，成為人類吸取水分的主要方式。可是到了九〇年代後期，碳酸飲料市場衰退，而瓶裝水開始大受歡迎，特別是在工業化國家。對可口可樂公司來說，如何在瓶裝水上獲利成為一個重要議題。在碳酸飲料的業務上，可口可樂主要是向遍布世界各地獨立經營的授權公司出售配方保密的濃縮糖漿，得到授權的公司只需要加入水和二氧化碳就可以製成最後產品。不過在瓶裝水的業務上，可口可樂無法出售糖漿，但是淨化水需要加入一些礦物質和少量鉀與鎂來改善口感，所以可口可樂決定出售「礦物質包」。這樣，可口可樂就可以沿用碳酸飲料的成功經營模式。

在瓶裝水的銷售策略上，百事可樂和可口可樂兩家公司都希望以「名牌效應」贏得消費者。在北美和歐洲市場上，它們以「健康的生活方式」作為宣傳重點。百事可樂在廣告中強調，人體的七〇％是水，「你身體的每一部分都需要純水」，只要飲用水菲娜牌瓶裝水，就可以給身體補充這種重要的液體。可口可樂則在廣告中打出「簡化生活」口號，聲稱只要喝了達沙尼牌瓶裝水，不但補充身體的水分，還能在緊張的工作、休息以及健康之間找到平衡。針對二十五歲到四十九歲的女性消費者，達沙尼牌瓶裝水的廣告強調「每天都要善待自己」。可口可樂公司則與一家以女性為主要消費者的網站伊為利（iVillage）聯手，以達沙尼健康專家小組的名義，在網站提供烹調、營養、健身及精神放鬆方面的小常識。為了替達沙尼品牌造勢，可口可樂還推出名為「康復花園」的禮品盒，內裝護膚液和「人體平衡指南」。為了控制青少年市場，可口可樂與北美很多學校簽訂校園獨家經營的合約。

可口可樂也意識到，最大的潛在市場在北美地區以外，這些地區的營收占全公司總營收四分之三以上。可口可樂宣稱，在全世界兩百個國家中，隨時都有一百七十億箱各式品牌的飲料可供出售。二〇〇一年第一季，可口可樂的碳酸飲料銷售量在亞洲和非洲的成長率比在北美的成長率高出十倍。這並不令人訝異。一項市場調查顯示，全世界有九八%的青少年都對很熟悉紅白兩色的可口可樂商標。

針對目前的全球布局，可口可樂打算在幾個國家擴大營運。二〇〇一年七月，商業媒體報導，可口可樂公司正計畫擴大拉丁美洲瓶裝業務。摩根大通證券分析師則分析，墨西哥的人均瓶裝水消費量僅次於義大利，居世界第二。可口可樂在墨西哥擁有十七家瓶裝公司，而百事可樂只有六家。可口可樂在巴西有十九家瓶裝公司，並從一九九七年起在當地出售飄雪瓶裝水，可口可樂並計畫進一步增加在巴西淨化水的市占率。同時可口可樂也著眼智利市場，目前它在礦泉水市場占有三〇・八%的市占率，碳酸飲料市場則占六九%。

可口可樂的銷售戰略不論是在傳統的碳酸飲料市場，還是在較新的瓶裝水市場，都是從人體對水的需求出發。在二〇〇〇年的年報宣稱，「我們正在重新定義人體補充水分的方式」。一般認為，人們每天需要喝八杯水才能滿足身體的需要，但是談到補充身體所需的用水，汽水的功用遠遠不如普通的水。營養學家、也是紐約大學的馬里奧・內斯特（Marion Nestle）教授認為，碳酸飲料不僅不能補充充足的水分，而且「一個口渴的人如果每天喝八瓶以上含咖啡因的汽水，他吞下的主要是興奮劑，而不是水分。」碳酸飲料少有營養成分，不但會損害牙齒健康，還會使人發胖。波士頓南端出版社（South End Press）的前主編索尼亞・沙爾（Sonia Shah）評論說：「……在大多數人營養不良且缺乏乾淨水的地方，以棕色的糖漿取代普通的淨水是加倍的不人道。」

最近，可口可樂開始策劃一項更大膽的計畫，以進一步拓寬銷售管道。二〇〇一年三月，當時的執行長道格拉斯・達夫特（Douglas Daft）宣布，公司的創新部門提出一種新構想，打算用水管把可口可樂的產品直接送進消費者家中。達夫特說：「在這個新構想中，水將與濃縮糖漿自動混合，……管線接好後，只需要轉開水龍頭，就可以在家中享用可口可樂了。」為了保證品質，管線裡的水必須先經過淨化處理，而加入二氧化碳氣體與糖漿混合的兩道工序則直接在消費者廚房的自來水池進行。達夫特補充說：「為了保證品質，需要採取很多的步驟，所以必須採取封閉式系統，以防止有人改變用料的比例，損害品牌的聲譽。」這個「家庭可樂管線計畫」實際上十分符合前執行長羅伯特・古茲維塔的構想，他希望水龍頭上表示「冷水」的字母「C」應當表示「可口可樂」[10]。

10　英文中「冷水」和「可口可樂」的第一個字母都是「C」。

這個大膽的構想似乎有些匪夷所思，但它與可口可樂的長期戰略目標：「重新定義人們補充身體水分的方式」一致，它也符合古茲維塔的夢想：在不久的將來，碳酸飲料的引用量將超過水。

大家不應該忘記，可口可樂的產品曾經發生過嚴重問題。一九九九年，比利時和法國有超過兩百人因飲用可口可樂而染病。在比利時發生的原因是比利時安特衛普省（Antwerp）的瓶裝公司使用不合格的二氧化碳原料；而在法國的敦克爾克則是可口可樂在運輸過程中使用的木箱受到化學防腐劑汙染。可口可樂公司為此不得不從歐洲的超級市場和自動販賣機回收和銷毀一千七百萬箱可樂產品。之後不久，可口可樂公司在波蘭出售的飄雪礦泉水又因為發現有黴菌汙染而不得不回收。

在美國，民間環保組織草根回收網絡（Grassroots Recycling Network）在二〇〇〇年的「世界地球日」給可口可樂公司戴上「飲料廢物製造冠軍」的桂冠。他們說，從一九九五年以來，可口可樂公司生產兩百一十億個塑膠瓶，它們「被扔棄在大街、公園、沙灘上，或被送進垃圾堆和焚化爐。」這個數字是草根回收網絡的協調員比爾・希姆博士（Dr. Bikl Sheeham）計算出來的。根據這個指控，佛羅里達、明尼蘇達和加州三個州的政府官員通過決議，要求可口可樂公司使用再生塑膠來製造飲料瓶。一九九一年，巴西食品部在里約熱內盧市的調查指出，從嬰兒時期就開始大量飲用可口可樂的六到十四歲貧困兒童患有嚴重的營養不良。聯合國一位官員最近說，「……（第三世界的）嬰兒們在該喝母奶的時候，得到的卻是可口可樂。」

一九八〇年，有傳言說可口可樂公司與瓜地馬拉敢死隊有聯繫，這引起世界各地對可口可樂公司的抵制。後來瓜地馬拉的兩位工會領導人被謀殺，更加引起大家關注。不過，對可口可樂公司的這個指控還無法證實。

二十多年後，二〇〇一年七月二十三日，幾位勞工領袖控告可口可樂公司，指出在哥倫比亞的授權瓶裝公司引進右翼準軍事部隊，利用謀殺和拷打的手段試圖解散工會，而可口可樂公司並未採取有效的措施來制止這個行為，所以應該承擔一定的法律責任。這些勞工領袖引用美國「外國人侵權索賠法」控告可口可樂公司及授權瓶裝公司，外國人侵權索賠法允許外國人對在該國經商的美國公司不法行為在美國進行控告。不過可口可樂公司堅決地否認這個指控，哥倫比亞的授權瓶裝公司到二〇〇一年七月二十九日仍對此案表示「無可奉告」。

在可口可樂公司總部所在地，喬治亞州的亞特蘭大市，當地的新聞記者把二〇〇一年一月二十六日命名為「長刀日」，因為可口可樂公司在那一天宣布裁減二一％的員工，預計每年可以因此節省三億美元支出。一個食品行業的工會指出，可口可樂公司最主要的信條是「生產產品，透過廣告把它們推向全世界，同時也盡量減少公司的員工。」透過轉包合約和授權獨立經營等方式，可口可樂公司可以避免僱用大量員工。

在美國，可口可樂公司曾被指控種族歧視，並經法院判定有罪。一九九九年，八名黑人離職員工在法院指控公司對在同工同酬、升遷機會和工作表現評定方面有歧視行為。二〇〇〇年十一月十六日，法院判決可口可樂公司必須向將近兩千名黑人員工賠償一億九千萬美元。

全球聯盟

目前還沒有清楚跡象表明二〇一〇年以前是否會有一個控制水資源出口的卡特爾組織出現。如果一個類似於石油輸出國家組織的組織成立的話，那麼那些擁有大量湖泊、江河、冰川等水資源的國家將成為它的成員。彼得・葛雷克在《水資源危機》（*Water in Crisis*）一書中，介紹廣受尊敬的俄國水文學家伊格爾・西克洛曼諾夫（Igor Shiklomanov）在這個問題上的研究結果。他指出，全世界最大的二十八個淡水湖水量占世界所有淡水湖總水量八五%，這些大湖包括俄國貝加爾湖（Lake Baikal）、非洲坦噶尼喀湖（Lake Tanganyika）和美加邊境的蘇必略湖。北美五大湖是全世界最大的湖群，占全球湖水總量二七%。全世界最大的二十五條河流在亞洲有十一條（恆河、長江、葉尼塞河、勒那河、湄公河、伊洛瓦底河、鄂畢河、西江、黑龍江、印度河、薩爾溫江）、在北美有五條（密西西比河、聖勞倫斯河、馬更些河、哥倫比亞河、育空河）、在拉丁美洲有四條（亞馬遜河、巴拉那河、奧利諾克河、馬達蘭河）、非洲的三條（剛果河、尼日河、尼羅河）、歐洲的兩條（多瑙河、窩瓦河）。

從上面的資料可以發現，巴西的淡水資源最豐富（約占全球總量的二〇%），其次是前蘇聯國家（占一〇・六%）、中國（占五・七%）、加拿大（占五・六%）。這些數字並沒有包括有極大潛力的冰川融水，它分布在北極、阿拉斯加、格陵蘭、西伯利亞、南極以及阿爾卑斯山等地。如果把冰川融水也計算在內，那麼挪威、奧地利、美國等國家也將名列前矛。這些國家的領土很廣，所以現在還不清楚，是否會產生一個類似石油輸出國家組織組織的水利產業聯盟出現。除了美國長期對加拿大水源感興趣外，這些國家沒有任何一個表現出興趣或能力來組織這樣一個聯盟。看來不是這些國家的政府，而是一些跨國企業更有可能組成這樣一個聯盟，控制水資源及出口。

然而，到目前為止，只有一些較小、獨立的企業真正集中力量控制尚未開發的水資源，用來提供大規模出口，不過它們有時也會與大企業合資。我們在前面已經提到，環球 H_2O 公司與西格奈特運輸公司聯手，將阿拉斯加的冰川融水運往中國和其他市場銷售。以被稱為「阿拉斯加水利產業沙皇」的里克・戴維奇為首的世界自來水公司合資企業，取得挪威和北阿拉斯加冰川融水資源出口的特許權。加入這個合資企業的包括日本的大型海運公司——日本郵船公司和從事水袋運輸的北歐供水公司。環球 H_2O 公司和世界自來水公司有可能是將來控制全球水資源出口的合作組織雛形，儘管現在還處於非常基礎的階段。

有些資本雄厚的大公司也有可能加入水資源出口業的行列。隨著淡水的市場價值不斷升高，能源業的巨頭們，如艾克森、殼牌、英國石油、安隆等公司，都可能將水資源出口納入經營範圍內，因為他們早已擁有相關的運輸管路和超級油輪。當然，如果經由大運河的洲際運水需求增加，那麼在工程、建築及水利產業有堅強實力的公司，如蘇伊士、貝泰、萊茵集團等，都可能成為世界水資源出口業的領頭羊。這種水利產業集團很可能得到索羅斯的全球動力聯合基金、世界銀行、通用電器基金的貸款。另外，不管大宗水資源出口業將以哪種形式主導，以百事可樂和可口可樂兩家碳酸飲料巨頭為首的瓶裝水產業將繼續在世界水價的決定發揮關鍵作用。

在未來五年內，基於市場需求和獲利高低，相關的大企業肯定會作出決定，大宗水資源出口究竟採用哪種方式最好，是管線、運河、油輪還是水袋？同時，大宗水資源出口可能暫時以近距離運輸為主，例如從挪威和奧地利到缺水的歐洲國家和中東、從巴西到其他拉美國家、從加拿大和阿拉斯加到美國缺水地區和墨西哥。同時，大企業與政府的關係也會更加密切。畢竟，這些利用生命攸關資源來謀利的行為需要政府提供政治與道德的合法性。就在本書即將付梓的時候，有消息指出，又有二十多國準備將大宗水資源出口合法化。

公司與政府在水資源出口問題上的關係愈來愈緊密，水利產業的卡特爾組織到底會以何種形式出現？在這個問題上，世界貿易組織、國際貨幣基金組織、世界銀行等國際經濟組織將會扮演舉足輕重的地位。

第七章　全球網路

國際貿易和金融組織是怎麼成為跨國自來水公司的工具

二〇〇〇年四月的一個早晨，玻利維亞哥查班巴市的四十五歲機械師奧斯卡・奧利維拉（Oscar Olivera）第一次登上飛機，離開他的祖國。他要飛往美國首都華盛頓，希望當面向世界銀行總裁詹姆斯・沃爾芬森（James Wolfensohn）轉達哥查班巴市市民的意見。

一九九八年，世界銀行要求玻利維亞政府將哥查班巴市公共自來水服務出售給民營企業，並由當地居民負擔成本，否則世界銀行將拒絕提供哥查班巴市自來水系統所需的二千五百萬美元貸款。所以玻利維亞政府將哥查班巴市的自來水系統轉讓給美國建築業巨頭貝泰集團新成立的子公司——阿瓜斯自來水公司（Aguas del Tunari）公司。此外，世界銀行還要求水價以美元計價、不得低於成本、貸款不能用於對貧民進行補貼等條件。

哥查班巴市的居民很快發現水價上漲將近三五％，於是數萬人走上街頭抗議，連續四天的罷工和交通阻塞使哥查班巴市陷入癱瘓。抗議活動由奧利維拉領導的保衛水與生命聯合陣線（Coordiadora de Defense de Agua y la Vida）發起。民意調查指出，九〇%的哥查班巴市民希望自來水服務交回市政府。經過一個星期愈演愈烈的抗議活動，玻利維亞總統雨果・班瑟（Hugo Banzer）宣布全國戒嚴，並承諾中止與貝泰集團的合約。在抗議活動中，一名十七歲的青年被槍殺身亡。

當記者問到玻利維亞事件時，世界銀行總裁沃爾芬森仍舊堅持，向居民提供免費公共服務將導致浪費，像玻利維亞這樣的國家應建立「更恰當的水價系統」。他的立場與世界銀行一九九九年六月發表的一篇報告一致。那篇報告認為應該取消哥查班巴自來水系統的補貼，所有用水者，包括貧民，都應該為自來水系統，以及研擬中的擴建計畫付費。然而沃爾芬森卻斷然表示，哥查班巴市的自來水供水民營化計畫並不是針對貧民。

「我願意當面教育沃爾芬森先生，民營化是怎樣直接地打擊玻利維亞的貧民」，抗議活動領導人奧利維拉指出，「有些家庭每月收入只有一百美元，可是每月的水價就漲到二十美元，超過他們的食品消費。我願意邀請沃爾芬森先生來哥查班巴市，親眼看一看他在華盛頓辦公室無法看見的事實。」

奧利維拉到達華盛頓後，馬上發現處於一種非常熟悉的氛圍中。來自美國各地的數萬名民眾以及社團代表正聚集在華盛頓的大街上，抗議世界銀行和國際貨幣基金組織的種種政策和專案。從八〇年代初期開始，這兩個國際金融機構就在第三世界國家大肆推行結構調整計畫，並把結構調整計畫當作提供經濟援助的先決條件。因此第三世界國家被迫採取一系列激烈的社會改革措施，包括出售國營企業來支付欠款，以及大幅削減公共衛生、教育和社會服務的開支。在過去十五年，這些結構調整計畫對第三世界國家貧民的生活狀況，產生極大的負面影響。近幾年，世界銀行和國際貨幣基金組織又把公共自來水系統和衛生設施民營化作為同意延期償債的先決條件之一。

這些調整措施大幅降低第三世界廣大居民，特別是貧民的生活水準。正如發生在哥查班巴的事件，世界銀行的政策主要是為了像貝泰這樣的跨國自來水公司利益服務，從另一個角度來看，這也說明這些企業為了占領世界水利市場，對國際金融機構產生依賴。但跨國自來水企業的影響不只這樣，它們還與各國政府緊密配合，建立一個全球經濟網路，制定對這些企業有利的金融、貿易及投資方面的法規。

公司的公關活動

全球自來水大公司深知不能對水利事業民營化和水資源出口過程中的任何細節掉以輕心。因此藉由包括世界貿易組織、世界銀行、國際貨幣基金組織等國際貿易和金融組織的力量，來提供全球水資源市場的經濟和法律保障，這絕對必要。另外，這些大企業也積極爭取一些關鍵國家的支持。正如埃瑟里克斯自來水公司的前執行長麗貝卡・馬克所說：「我們將不停地爭取他們支持」。於是，一個由遊說組織、職業公會及政治組織所組成的國際關係網便應運而生了。

一九九二年，在都柏林舉行的國際水資源與環境大會，以及在里約熱內盧舉行的聯合國環境及發展會議，為這個國際關係網的建立奠定基礎。總共有三個相互聯繫的國際機構在隨後的幾年中陸續產生，它們是全球自來水公司公會、世界水資源公會、二十一世紀世界水資源委員會。從表面上來看，這些國際機構並不代表任何特定企業利益，它們聲稱將協調各個利益企業，以保證水資源永續管理。但仔細分析這些機構的組成與行為就會發現，實際上這些組織與全球自來水公司和國際金融組織的關係密切，所以必定會大力推動水利事業民營化和水資源出口。

全球自來水公司公會在一九九六年成立，宗旨是「幫助各國政府永續管理水資源」。但它的根本信條卻認為水是商品，水資源的經濟價值取決於競爭。全球自來水公司公會在各國所進行自來水系統改革和水資源管理專案無不體現這項信條。而全球自來水公司公會指導委員會的主席就是世界銀行副總裁伊斯梅爾・薩拉傑丁（Ishmail Serageldin），活動經費則是由加拿大、丹麥、芬蘭、德國、盧森堡、荷蘭、挪威、瑞典、瑞士、英國等國的援外部門、世界銀行、聯合國發展署以及福特基金會提供。

世界水資源公會也在一九九六年成立，它把自己定位為一個智囊團，主要工作是向政策制定者提供水資源相關問題的諮詢和幫助。它有一百七十五個成員，包括職業公會、自來水公司、聯合國組織、各國水利產業主管機關、金融機構以及一些非政府組織代表、政策制定者、科學家、媒體等。它與全球自來水公司公會在二〇〇〇年海牙舉行的「世界水資源論壇」中起了關鍵作用。在那個論壇中，他們鼓吹解決全球水資源危機的唯一辦法就是水利組織民營化。世界水資源公會還帶頭發表〈世界水資源前景報告〉（World Water Vision），這個報告由八十五個個人與組織（其中有不少與跨國自來水公司關係密切）簽署，描述水利事業民營化的前景。

第三個聲稱要促使水資源永續使用的組織是成立於一九九八年的二十一世紀世界水資源委員會。領導者是世界銀行副總裁伊斯梅爾・薩拉傑丁（他也是全球自來水公司公會指導委員會的主席），二十一名成員都是各國知名人士。它的經費來源除了加拿大和荷蘭兩國政府外，還有聯合國旗下水資源相關機構，包括聯合國教科文組織、聯合國發展組織、聯合國農糧組織、聯合國環境保護組織、世界衛生組織等。這個組織與全球自來水公司公會和世界水資源公會關係密切，它的中心目標很可能也是推動水資源和水利服務市場化。

這三個機構的領導階層都有跨國自來水公司的代表，尤其蘇伊士集團對此著墨甚深。例如蘇伊士集團前董事勒內・庫侖（René Coulomb）同時擔任世界水資源公會副總裁和全球自來水公司公會指導委員會委員；蘇伊士集團高級顧問委員會主席伊凡・謝雷（Ivan Chéret）是全球自來水公司公會技術顧問委員會成員；蘇伊士集團管理委員會主席傑羅姆・莫諾是二十一世紀世界水資源委員會的二十一名成員之一；加拿大國際開發署前總裁、現任水資源諮詢委員會（由蘇伊士集團發起）主席瑪格麗特・卡塔莉・卡森（Margaret Catley Carlson）也是世界水資源公會的成員。

同時，自來水公司也有自己的職業公會，用來推動水利事業民營化、水資源出口、遊說各國制定相關法條與補助、在大眾面前樹立良好形象等活動。其中一個工會是國際民營水利產業公會（International Private Water Association），成員包括斐凡迪——美國濾材公司、安隆——埃瑟里克斯自來水公司、百沃特集團（Bi-Water，一家英國自來水公司）等。這個公會聲稱的宗旨是「在全球促進水利產業民營化專案」，它是民營自來水公司與政府之間的橋樑，提供民營自來水公司與政府溝通管道，它的工作小組分布歐洲、中東、非洲、亞洲、北美、拉丁美洲。有些國家還有自己的水利產業公會，例如美國的自來水公司共同成立「全國自來水公司公會」（National Association of Water Companies），主要功能是針對聯邦政府或各州政府對水利產業的法規提出建議。

自來水公司很重視公眾形象。為了回應聯合國訂定一九八一至一九九〇年為水資源年，由塞溫特倫特自來水公司帶頭，英國多家自來水公司聯合成立一個名為「水支持公會」（WaterAid）的非政府組織，以幫助開發中國家的貧民，並以改進自來水系統、公共及個人衛生條件為宗旨，營造關心第三世界國家缺水情況的公眾形象，但同時這些公司的商業運作並沒有任何改變。世界銀行則發起成立商業發展合作公會（Business Partners for Development），聲稱在提供未開發國家的城市貧民自來水服務中，促進「商業道德」。作為一個商業公會，它與政府機構和一些民間社團保持一定接觸，有時不同的公會及公司可能共同發起一些活動。在一九九八年到一九九九年，水支持公會、斐凡迪集團及商業發展合作公會，召開了一系列與水資源有關的國際會議。

除與世界銀行和其他國際金融機構保持密切關係之外，各大自來水公司還力爭在世界貿易組織發揮影響力，尤其是在制定服務業國際貿易規則的時候。在第五章已經提過，美國服務業聯盟和歐洲服務論壇這兩個強大的遊說組織，在世界貿易組織中十分活躍，它們代表著大型自來水公司的利益。斐凡迪和安隆集團都是美國服務業聯盟的成員，而斐凡迪和蘇伊士集團則是歐洲服務論壇中的關鍵成員。第五章提到，蘇伊士和斐凡迪是全世界最大的兩家自來水公司，而安隆集團則是一個擁有水利產業在內的大型集團。斐凡迪集團是三大自來水公司中，同時為這兩個遊說組織的成員。與銀行、電訊、能源、醫療保健、教育、娛樂、郵政、工程、社會服務等大公司一樣，斐凡迪、蘇伊士及安隆集團參與制定全球經濟體系的貿易規則，大力促進水利產業民營化和水資源出口。

國際金融機構

在未開發國家提供自來水服務的資金主要來自國際金融機構，如國際貨幣基金組織和世界銀行。國際貨幣基金組織是由一些國家的中央銀行所組成的多邊放款組織，而世界銀行主要是由一些民營銀行所組成的多邊放款組織。然而這兩個組織的政策和專案常常互相重疊，它們與一些區域性開發銀行，如歐洲投資銀行（European Investment Bank）、泛美開發銀行（Inter-American Development Bank）、亞洲開發銀行（Asian Development Bank）、非洲開發銀行（African Development Bank）、歐洲復興開發銀行（European Bank for Reconstruction and Development）、伊斯蘭開發銀行（Islamic Development Bank）等組成一個強大的放款網。全球水資源企業在許多未開發國家爭取控制自來水系統的過程中，不僅得到世界銀行和國際貨幣基金組織在資金方面的支持，而且也常常從區域型的開發銀行中獲得貸款。

世界銀行有兩個附屬機構與跨國水資源企業的利益直接相關。第一個是國際復興開發銀行（International Bank for Reconstruction and Development），它向各國政府提供貸款，有權將公共自來水系統民營化作為放款的先決條件。一九九九年，世界銀行以提供基礎建設貸款和減免債務為條件，成功迫使莫三比克將公共自來水服務民營化。世界銀行透過國際復興開發銀行，與非洲開發銀行等其他金融機構提供莫三比克一億一千七百萬美元的貸款，不過放款的前提是將水利產業民營化。這個事件的直接受益公司是布伊格——索爾集團，它得到提供莫三比克二百五十萬人自來水和公共衛生服務的長期合約，每年可以獲得將近九百萬美元的收入。世界銀行在提供許多未開發國家貸款時都採取這種模式。本章一開始提到的玻利維亞哥查班巴市也是一例，貝泰集團的子公司獲得當地自來水服務的經營特許權，而世界銀行則要求玻利維亞將哥查班巴市公共自來水系統民營化，作為提供二千五百萬美元貸款的先決條件。

世界銀行所屬的國際融資公司（International Finance Corporation）則直接向水資源企業放款。在被視為水利事業民營化「模範」的阿根廷布宜諾斯艾利斯，蘇伊士集團及合作夥伴起初承諾第一年將投資十億美元，這是目前為止全世界最大的水利事業民營化專案。可是蘇伊士集團實際上只投入三千萬美元，其餘部分則是向國際融資公司和其他金融機構貸款。根據報導，國際融資公司提供四億一千五百萬到五億五千萬美元的貸款，國際開發銀行提供一億美元，其餘部分則由阿根廷的一些銀行提供。蘇伊士集團在巴西聖保羅和玻利維亞拉巴斯獲得水利產業的服務合約時，也成功取得國際融資公司的貸款。在非洲，國際融資公司帶頭進行奈及利亞拉各斯市（Lagos）十二億美元的水利產業管理和投資專案，它在迦納也進行一個價值八億美元的類似專案。另外根據報導，二○○一年三月，萊茵集團的國際泰晤士自來水公司在泰國經營的一個大型水利產業服務專案中，國際融資機構投資了二億二千五百萬美元，成為主要的海外投資者。

歐洲復興開發銀行在中歐和東歐提供貸款給政府機構與民營企業，也提供不少貸款給幾個主要的跨國自來水公司。例如，斐凡迪集團擁有二五%股權的匈牙利布達佩斯汙水處理公司（Budapest Municipal Sewage Company）就從歐洲復興開發銀行貸款二千七百萬歐元。國際公務員聯合會指出，這個貸款專案降低斐凡迪集團及合作公司的投資成本，並因此提高它們的獲利，不過卻未必能改善經營表現。歐洲復興開發銀行還在二○○○年二月提供蘇伊士集團九千萬美元貸款，供蘇伊士集團進軍歐洲中部和東部的水利市場。之後，蘇伊士集團在捷克經營的汙水處理公司也獲得歐洲復興開發銀行七○%的貸款。

在其他區域銀行中，亞洲開發銀行最近也提供貸款給斐凡迪和蘇伊士集團參加的好幾個水利事業民營化專案。二○○一年三月，斐凡迪集團在中國第四大城天津獲得自來水與汙水處理特許權，亞洲開發銀行提供這個專案一億三千萬美元，占專案總貸款金額四○%。斐凡迪集團還參加泰國北欖（Samut Prakarn）廢棄物管理專案的合資，雖然這個專案已經成為當地農民和環保組織抗議的目標，可是亞洲開發銀行仍然提供二億三千萬美元的貸款。另外，蘇伊士子公司里昂越南自來水公司（Lyonnaise Vietnam Water Co.）承包越南胡志明市自來水處理設施的興建案，這個專案的資金需求為一億五千四百萬美元，而亞洲開發銀行在二〇〇一年六月宣布提供一億六百萬美元的貸款。

另外，國際貨幣基金組織近年來也加大對未開發國家水利事業民營化專案的貸款力道。一項對國際貨幣基金組織在四十個國家貸款記錄的隨機抽樣調查顯示，它在二〇〇〇年對其中十二個國家的貸款條約中，將水利事業民營化或成本回收法作為放款前提。這十二個國家中有八個是非洲撒哈拉沙漠地區最小、最窮、債務負擔最重的國家。所謂的成本回收法，按照國際貨幣基金組織的意思是所有的用水人都必須全額支付水價來分擔所有自來水系統的成本，因此水價不只要負擔自來水系統的經營維修成本，也要負擔建設費用。這項調查報告指出，由於國際貨幣基金組織與世界銀行關係十分密切，「我們有理由認定，這些國際貨幣基金組織在合約中設定先決條件的國家，世界銀行提供的貸款也一定附有類似的條件。」

這十二個國家中，有九個國家的貸款屬於國際貨幣基金組織的脫貧致富專案（Poverty reduction and growth facility）。以坦尚尼亞為例，國際貨幣基金組織要求若要減免債務，先決條件是「必須將沙蘭港（Dar es Salaam）的自來水與汙水處理系統交由民營企業管理」。世界銀行則要求尼日將國內四大國營企業（水、電信、電力、石油）民營化，將轉型的收入專門償還國債。國際貨幣基金組織要求盧安達必須在二〇〇一年六月前把國營水利產業和電力部門轉由民營企業管理。在中美洲，國際貨幣基金組織要求宏都拉斯在二〇〇〇年十二月之前，制定自來水與汙水處理系統民營化的規劃法案，另外也要求尼加拉瓜每月上漲一・五%的水價和汙水處理費，直至達成收支平衡為止。此外，國際貨幣基金組織還要求尼加拉瓜政府將國內四個地區的自來水與汙水處理系統轉由民營企業管理。

然而，世界銀行在這方面走得比國際貨幣基金組織更遠。從世界銀行成立開始，主要業務就是提供未開發國家的水電水壩專案貸款。根據英國一家專門研究環境問題的機構「角屋」（Cornerhouse）的報告披露，從一九四四到二〇〇〇年，世界銀行提供九十三個國家五百二十七個水壩專案五百八十億美元的貸款。然而，這些錢當中，大部分放款給已開發國家，而不是未開發國家。只是當已開發國家水電專案的市場需求逐漸減弱之後，世界銀行才把重點轉向未開發國家。事實證明，世界銀行在未開發國家的水壩專案貸款中，受益最大的還是建築公司、設備公司、建築技術顧問以及電力公司。報告還指出，這些公司與世界銀行的承辦人員交往密切，經常邀請銀行專案負責人參加公司講座，並參與相關專案。而世界銀行的官員則經常扮演家庭老師的角色，向第三世界國家鼓吹修建水壩帶動經濟發展的必要性。

可是現在在南非，由世界銀行資助建立的水壩和自來水系統民營化直接造成貧民被停水，甚至導致霍亂爆發。根據在南非由國際發展組織贊助的南非政府組織：資訊與發展選擇中心（Alternative Information and Development Centre）的一篇報告指出，世界銀行贊助的賴索托高地水資源專案（Lesotho Highlands Water Project），包括凱茨（Katse）與莫赫（Mohale）兩個水壩，設計的目的是提供約翰尼斯堡更多自來水和電力，這個非洲最大的水壩工程起於南非種族主義政府卸任前最後幾年。世界銀行在這個專案中嚴重高估賴索托的用水需求，並低估修建水壩所需的成本（共需四十億美元以上）。一九九四年，曼德拉（Nelson Mandela）當選南非總統七個月之後，世界銀行官員開始為新政府制定城市基礎建設投資計畫。在這個過程中，世界銀行禁止南非中央與地方政府為了幫助貧民而實行交叉補貼政策。為了填補水壩超支所造成的財政漏洞，水價大幅增加。在約翰尼斯堡郊區的亞歷山大鎮（Alexandra township），很多貧民因為無力支付水價而被停水。無乾淨水可用的亞歷山大鎮很快流行起霍亂和痢疾，僅僅一個週末就有四人死於霍亂。

全球貿易

就如同世界銀行和國際貨幣基金組織，世界貿易組織也在為跨國企業打開市場、推動商品與服務業的民營化和出口扮演關鍵角色。為了保證資本、商品與服務業在各國自由流通，一九九五年成立、擁有一百多個成員國的世界貿易組織目標就是消除現存的一切關稅及貿易壁壘。為達到這個目的，世界貿易組織的主要手段就是制定與執行包括關稅貿易總協定在內的一系列國際貿易規則，基本原則則是民營化與擺脫政府對貿易的干預。而所制定的貿易規則使得政府更難控制資本、商品、服務業（包括淡水）的進出口。

按照關貿總協定的規則，水被定義為「天然水或人造水和汽水」，是一種可用來交易的商品。關貿總協定第十一條特別強調，禁止政府出於任何目的對出口採取控制手段，並不得有進出口配額限制。這就是說，一個擁有豐富水資源的國家，即使出於保護環境而對水資源出口採取禁止或限量措施，仍可能被世界貿易組織視為阻礙自由貿易，違反國際貿易規則。這個基本規則也可能被用於任何出於環保考慮而準備對進口水資源進行限制的國家。世界貿易組織的規則甚至要求成員國放棄出於對生產和消費方式的考慮，不得對進口實行任何區別對待的權利。關貿總協定第一條「最惠國」和第三條「國家待遇」要求世界貿易組織的所有成員國在國際貿易中對「同樣的」產品必須完全一視同仁，不管它的生產方式是否會對生態系統有任何損害。例如，如果一個國家發現進口的淡水是利用對水資源系統有害的方式來提取，想要出於環保考慮而採取禁止或限制措施，很可能就因此違反世界貿易組織的貿易規則，因為任何環保措施也不得「增加對貿易的阻礙」。

世界貿易組織的贊同者可能會辯解說，規則中有保護環境和自然資源，包括淡水的「例外」條款。關貿總協定第XX條規定，成員國可以制定必要的進出口法規以「維護人類、動物或植物生命或健康之必要措施……保存可能枯竭的自然資源，只要國家也有相應的法律對國內生產和消費作出同樣的限制。」然而，第XX條也有一段前言（Chapeau），規定這個條款只能在「非歧視」的條件下使用，不能被用來建立貿易壁壘的藉口。世界貿易組織可以引用這個前言，宣布一個國家因為出於環保考慮而對進出口設定的某些限制實際上是「建立貿易壁壘的藉口」。在已經發生的相關糾紛中，世界貿易組織總是根據這一個前言作出對關心環保一方不利的裁決。所以事實上，看來第XX條不過是一個幌子，而「非歧視」這個前言才是世界貿易組織的真意。簡而言之，世界貿易組織制定的規則不是為了環保而設計。

另外，世界貿易組織規定將全球經濟的利益放在國際環保標準之上。例如，在牽涉到國際貿易糾紛時，它不承認多邊國際環保協定的權威性，並曾經威脅要破壞《瀕臨絕種野生動植物國際貿易公約》（*Convention on International Trade in Endangered Species of Wild Fauna and Flora*）。拉夫．奈德（Ralph Nader）[11]建立的公眾利益組織國家公民（Public Citizen）認為，「世界貿易組織對各項環保法律採取愈來愈敵視的態度」。結果是儘管有所謂的「例外」條款（第XX條），可是在世界貿易組織體系中，對水資源的保護變得愈來愈困難。

一方面將水定義為可交易的商品，另一方面又不執行關貿總協定的第XX條，世界貿易組織完全倒向水資源出口商，這些大企業積極促進水資源出口，不論是利用水管、超級油輪、水袋，還是運河、瓶裝水，實際上國際貿易組織的規範都在迎合水資源出口商的利益，這種狀況讓重視環保的國家感到憤怒。可是世界貿易組織並不滿足於僅僅將水定義為商品，在世界貿易組織的服務業貿易總協定中，水又被視為是一種「服務」。幾百種不同的專案都被歸屬於水利產業中，包括淡水服務、汙水服務、廢水處理、自然與風景保護、輸水管建設、航道建設、輪船、地下水評估、灌溉、水壩、運輸淡水服務等。

服務業貿易總協定被稱為一個「多邊架構的協定」，意思是一開始只是一個粗略的框架，新的規則將不斷地增加。服務業貿易總協定起於一九九四年，現在已經含括十

11　拉夫．奈德是美國消費者運動之父，曾以綠黨候選人身份參加二〇〇〇年總統大選。

分龐雜的內容。它的規則適用於所有服務的提供與交付，包括國外投資、鄰國服務業交易、電子商務、國際旅遊等。這些規則在成員國間具有法律效力，直接限制各國政府對民營服務業公司設限的權力。在服務業貿易總協定規則起草和發布過程中，它已經完全淪為跨國企業奪取地球上僅存公共財產的工具。

服務業貿易總協定確實也有對「由政府交付的服務業」的豁免條例。乍看之下，這好像是保護水資源這類的公共服務，可是這個豁免條例嚴格限制僅適用於「由政府直接向公民提供的服務」，不得含有任何商業行為。只要有民營企業或社區部門牽涉其中，或有貨幣交付行為，例如水價的繳交，則這項服務便不能被視為「政府交付的服務業」，因而不能得到豁免，這樣的結果就是幾乎所有的自來水系統都不能得到豁免。

GATS 2000

二〇〇〇年二月，世界貿易組織進行新一輪國際服務業貿易規則的談判，這輪被稱為「GATS 2000」的談判從二〇〇二年開始，二〇〇五年結束。提案之一是要擴充服務業貿易總協定第六條「國內管制」，加入一個「必要性檢驗」，即政府必須證明，它在公共服務（例如自來水系統）方面的任何法規都是「必要」。以條款草案的說法，這個檢驗必須以「透明、客觀的判準」為基礎，符合「適當的國際標準」，而且是「所有可能的標準中最低的貿易限制」。舉例來說，如果一國政府對飲用水制定若干標準，而代表外國自來水公司的政府對這個標準提出質疑，則該國政府必須證明，它已經用盡各種提高水質的方法，制定的標準已經評估水利產業國際貿易的影響，而且它的標準對外國民營自來水公司的權利阻礙最小。換句話說，這個政府必須花費人力、物力去證明，它已經考慮所有可能幫助提高水質的民營自來水公司（以所有可能的方式），並且已經仔細研究各種不同的決定對跨國自來水公司和市場的影響，因此作出的最後決定是所有決定中對外國民營自來水公司最有利的一種。也就是說，政府必須為自己作「無罪辯護」，而外國政府與相關民營企業卻毋須對這些指控提供證據。這種龐大的負擔顯然將迫使政府乾脆讓民營企業接管公共服務，放棄由政府提供公共服務的方案。

GATS2000的其他提案還包括幫助國外民營企業獲得政府合約的條款。其中一項提案是要將國民待遇原則中禁止歧視的規定擴及政府補貼，也就是說，像斐凡迪集團、蘇伊士集團這樣的外國公司也可以享有政府津貼、政府貸款等公共資金補助；另一項提案則強調跨國服務業企業在其他國家建立商業基地的權利。一般貨物的交易只需要把貨物從一國運送到另一國即可，而服務業交易則常需要在所在國家建立商業基地。所以，這項提案要求不得限制外國服務業公司在本國建立商業基地。簡而言之，如果這些提案通過的話，將讓全球水資源企業奪取各國自來水系統的企圖披上合法的外衣。正如加拿大貿易法律師史蒂文・施賴布曼（Steven Shrybman）在二〇〇一年三月發表對於服務業貿易總協定的法律意見中所說，「水源的公共所有權、政府提供的自來水服務、以及政府出於環保、資源保護與公共健康等原因而對民營企業設限的權威性都（由於服務業貿易總協定而）受到威脅。」

GATS2000的各項提案再次顯現世界貿易組織的主要目標就是以犧牲普通公民與民主社會的利益為代價，來保護跨國企業的利益。世界貿易組織的權威不僅在於有權制定貿易規則，還有一套為了執行這些規則而建立的解決糾紛機制。在這套機制之下，一個成員國可以代表國內的民營大型企業而指控另一國的法律、政策、經濟計畫違反世界貿易組織規定。而由那些未經選舉產生的貿易問題專家組成的合議庭則根據世界貿易組織規定執行裁決。如果一個國家被判有罪，但又拒絕廢除相關法律，則合議庭可以授權其他成員國對這個國家實行經濟制裁。這些制裁措施往往十分嚴厲，很可能導致民選政府屈服，因而廢除或修改相關法律。

換言之，與其他世界組織不同，世界貿易組織既擁有立法權，又擁有司法權。世界貿易組織未經選舉產生的合議庭不僅可以對國與國之間的糾紛作出裁決並給予懲罰，還有迫使成員國廢除或修改國內法律的影響力。雖然世界貿易組織無權直接要求成員國修改國內法，但經濟制裁的威脅常迫使一些國家重新審議，修改相關法律，以避免成為世界貿易組織合議庭的制裁對象。

區域性國際貿易組織

除了世界貿易組織之外，各洲還有一些區域性國際貿易組織，同樣都在幫助跨國企業擴展國際市場。例如美洲自由貿易區就是其中之一。美洲自由貿易區主要沿用北美自由貿易協定的規則和架構。從已經發表的文件可以清楚地看出，美洲自由貿易區將使水利產業和水資源出口業的大公司獲得巨大的利益。像其他區域性組織一樣，美洲自由貿易區與世界貿易組織的規則一致，但有些方面則走得更遠。

如同北美自由貿易協定一樣，美洲自由貿易區建立一套解決糾紛的機制，不像世界貿易組織要求民營企業必須透過本國政府才能對另一國政府提出指控，美洲自由貿易區的「投資者──國家」條款賦與跨國企業繞過國內司法系統，直接控告另一國政府。按照這種機制，跨國企業的指控將由商業調停合議庭祕密裁決，可能導致被控訴的國家對跨國公司作出鉅額賠償。如果這種機制最終被採用的話，那麼全球水資源企業將可以聲稱一國政府違反某個美洲自由貿易區的貿易或投資條款，而控告北美和拉丁美洲任何一國政府。

另外，所有的跨國自來水公司都將得到「國家待遇」和「最惠國待遇」，這意味著成員國政府必須給任何國內或國外投資者最好的待遇。「投資」的定義非常寬鬆，實際上包括所有的財產權。美國正大力推動一項提案，禁止任何政府對資本流入和流出進行管制，這將使跨國自來水公司可以自由將獲利轉出或買賣外國水權，而不必受所在國政府因為公共利益而設置的任何限制。此外，美國在投資條款中，也把國內法「徵用」的定義擴大解釋，包括管制上的徵收（regulatory taking），意思是說，如果政府訂定的規定可能降低財產的價值或獲利（包括將來的獲利），公司便可起訴這個政府，即使規定是為了保護環境、消費者利益或公共健康也不例外。

儘管美洲自由貿易區與服務業貿易總協定在很多條文都一致，但在公共服務的規定卻走得更遠。它不僅包括水資源和廢水處理在內的所有服務業，還適用於「各級政府制定的所有影響服務業貿易的法律」。雖然政府有權對服務業制定法律，但這些法律必須與美洲自由貿易區的規定一致。這樣一來，外國公司便擁有參與成員國公共水利產業的權利，也有控告與抵制成員國的權利。

美洲自由貿易區沒有公開申明的目標是，透過降低甚至摧毀政府保護公共服務的能力，進一步促進像自來水與公共衛生這一類公共服務民營化。例如，美洲自由貿易區也有一個「必要性檢驗」，要求政府盡量少訂定法規，並「避免訂定不必要的法律」，這些措辭令人感到十分不安。政府訂定的水質標準、降低貧民水價、改善自來水基礎設施等規定都可能被美洲自由貿易區的合議庭視為「不必要」。美洲自由貿易區不鼓勵政府透過法律、政策、專案來管制民營企業運作，保護公民利益，它希望政府「用市場機制達到管理的目的。」換言之，給民營企業更多的租稅補貼，希望它們能為公共利益服務。

這種方案的主要問題在於沒有相應的規定能夠保證跨國企業在得到租稅補貼後，一定會以對當地社會和人民負責的方式運作，公眾只能指望跨國企業夠仁慈。但跨國企業在收取水價的時候卻未必認為在道德上有義務施行這種仁慈。傳統上，當道德制約不足以保證負責的行為時，法律便以強制的手段達到這個目的，可是美洲自由貿易區的相關條款卻完全背離這個歷史悠久的民主傳統，結果就是民營企業的行為只受到市場制約，所以公民和社區便處於非常脆弱的地位。

美洲自由貿易區的另一個重要內容是「市場准入」條款。它要求政府制定一個時間表，限期廢除所有關稅壁壘和非關稅壁壘。非關稅壁壘包括政府抑制國際貿易的一切法律、政策及作法。它可能包括從政府提供的自來水服務，到對於公共衛生與安全所做的任何努力。的確，當談到公共服務時，政府的管制被視為「非關稅壁壘」。例如，如果政府提供的自來水服務被視為「壟斷」，美洲自由貿易區就可能援用「國家待遇條款」

而宣布這是對外國自來水公司的歧視。

如果美洲自由貿易區在自然資源的議題採用與北美自由貿易協定類似的條款，那將大大幫助水資源出口商。簡單地說，北美自由貿易協定不准任何政府對出口自然資源設限，包括淡水。北美自由貿易協定第三〇九條款提到，「任何成員國都不得向另一成員國的出口設限。」這也意味著，政府不得徵收水資源出口稅。北美自由貿易協定還有一條「比例」條款（第三一五條），要求一旦兩個成員國間已經有某種資源的進出口，那出口國政府不得減少或限制出口量。換言之，如果從加拿大已經出口淡水到美國或墨西哥，水龍頭就再也不許關上，而且水流量也不准比以前少，出口國必須保證出口量至少與前三年的平均出口量相等。

現在看來，北美自由貿易協定中提及的進出口條款很可能被美洲自由貿易區所採用，尤其當時美國總統布希（George Bush）又有建立一個北美大陸能源和淡水走廊的夢想。一旦採用這些條款，即使某個成員國有證據證明淡水大量出口會對當地生態系統造成破壞，它也不能單方面廢除這些條款。舉例來說，如果巴西出於環保考慮禁止大宗水資源出口，就可能被某個水資源出口公司引用「投資者——國家」條款而被直接起訴。同樣地，如果阿拉斯加州改變政策，禁止水資源出口，或改變法律，只允許美國公司經營阿拉斯加水資源出口，以保護本國的工作市場，則諸如環球 H_2O 一類的加拿大公司（它目前擁有每年從阿拉斯加的努特卡向中國出口六千九百萬公噸冰川融水的合約）也可以引用「投資者——國家」條款起訴美國。

到目前為止，已經有一件這類的訴訟案。一九九八年秋天，加州聖塔芭芭拉的陽光帶自來水公司（Sun Belt Water Corporation）向北美自由貿易協定控告加拿大政府，原因是英屬哥倫比亞省政府從一九九一年開始禁止水資源出口，導致陽光帶自來水公司失去出口加州的淡水合約。公司聲稱，這個禁令違反北美自由貿易協定投資和出口的條款，要求賠償經濟損失一百億美元。陽光帶公司執行長傑克・林塞（Jack Lindsay）說，「由於有了北美自由貿易協定，我們現在是加拿大水資源政策的『利害關係者』了。」如果美國和墨西哥的缺水進一步惡化，或是出於環保原因而反對大宗水資源出口的呼聲上漲，這類訴訟案可預見會大量增加。

這些條款最主要的影響其實不在於出現這類訴訟案。這些條款的存在，再加上可能被起訴的威脅，讓各成員國產生強大的警戒作用。而對於這類牽涉動輒數百萬甚至數十億美元的訴訟案，政府在頒布新法規時會變得非常謹慎，生怕被指控違反這些貿易條款。已經有愈來愈多條款在制定前使用「貿易條款檢驗」，以保證不會與北美自由貿易協定抵觸。簡而言之，美洲自由貿易區這一類的國際貿易組織將使政治權力從政府轉移到民營企業，讓這些企業可以任意在全美洲大陸擴張。在這過程中，政府很難與這些企業對抗，因為它們仗恃相關的貿易條款，強迫包括水利產業在內的公共服務商品化和民營化。

同時，國際貨幣基金組織和世界銀行的結構調整計畫正在摧毀著國家依照民主原則做事的能力。它迫使負債的未開發國家削減衛生、教育、社會服務的開支，把國營企業民營化，將國內經濟改為出口導向經濟，以接軌全球。過去二十年來，結構調整計畫已經在拉丁美洲替民營企業接管自來水系統提供條件。在世界貿易組織的支持下，美洲自由貿易區勢必將提供全球自來水公司法律工具，讓它們進一步擴大水利產業的民營化和水資源出口。

投資協定

將包括水資源在內的公共財產商品化，並逐漸集中於少數人手中的過程中，投資協定也起著重要的作用。六〇年代早期，德國（當時的西德）和法國開始與其他國家簽訂雙邊投資協定。這些雙邊投資協定主要是保證一國的公司可以在另一國無條件經營，並向對方開放國內的市場和資源。從一九九四年開始，新簽訂的雙邊投資協定開始採用北美自由貿易協定中的一些主要條款，包括投資者的權利、對「投資」廣泛的定義、限制政府訂出水資源出口限額等限制、直接和間接的「徵用」、「投資者——國家」機制等。

根據聯合國貿易與發展大會的資料，直到一九九七年一月為止，全世界共簽訂一千三百一十個雙邊投資協定，其中簽約最多的是西歐國家。二〇〇一年，簽訂的雙邊投資協定總數穩定成長到一千七百二十個。儘管有這麼多雙邊投資協定，可是在國際社會中，它卻像機密一樣，不用說普通公民，就連政治人物也很少有人知道雙邊投資協定的存在。至於知道雙邊投資協定的內容，以及賦與跨國企業在其他國家經營權利條文的人就更少了。如果全球自來水公司的所在國家與它們想進入市場的國家之間訂有雙邊投資協定，這將給這些自來水公司在經濟和政治上帶來極大的方便。如果雙邊投資協定中含有「投資者——國家」條款，對公司的幫助就更大，因為它們可以直接起訴其他政府。

貝泰集團對玻利維亞政府的報復就是一個例子。在玻利維亞哥查班巴市發生大規模群眾上街抗議後，波利維亞中止與貝泰集團的合約。因此貝泰集團以旗下在荷蘭控股公司的名義，引用一九九二年玻利維亞與荷蘭簽訂的雙邊投資協定，要求波利維亞賠償四千萬美元。貝泰集團雖然是一家美國公司，但它卻利用在荷蘭的控股公司向世界銀行的國際投資糾紛調解中心起訴拉丁美洲這個最窮的國家。自從二〇〇〇年十一月貝泰集團的這個舉動曝光，玻利維亞政府就公開聲明將正面迎擊。但政府內部也有人認為，最好的解決辦法是賠錢了事，以表明玻利維亞已經準備好融入全球經濟體制，在世界貿易組織控制下的世界新經濟體制中是個負責的成員。人們不免擔心，雙方可能通過幕後交易，最終以庭外和解的方式收場。

斐凡迪集團也曾利用法國與阿根廷的雙邊投資協定，控告阿根廷及圖庫曼省政府。一九九五年，斐凡迪集團的子公司通用自來水公司和在阿根廷的子公司阿康奎亞自來水公司（Aguas del Aconquija）簽署阿根廷圖庫曼省自來水與汙水處理設施的管理合約。後來因為公司沒有安裝適當的水質測試設備，被省政府衛生主管機關罰款；而且省政府監察官拒絕賦與公司對不交水價的公民逕自停水的權力，也拒絕提高水價的要求。因此斐凡迪集團透過旗下自來水公司向法國政府提出申訴。在法國和阿根廷兩國政府調解後，斐凡迪集團引用兩國的雙邊投資協定，要求阿根廷賠償三億美元。這場糾紛在兩國都引起熱烈爭論。一個法院在聽取案情後，指示斐凡迪集團在尋求國際仲裁之前，應先從圖庫曼省的法院尋求救濟。

對斐凡迪集團和貝泰集團這樣的跨國企業來說，在一九九八年多邊投資協定談判正式宣告失敗之後，雙邊投資協定就顯得愈來愈重要了。多邊投資協定談判是由號稱富國俱樂部的經濟合作發展組織發起，一九九六年由國際商會提出草案。草案條文試圖讓企業的權力高過國家，包括透過市場化摧毀國有企業（草案稱為「國家壟斷」）；禁止政府對自然資源出口設限；廢除與多邊投資協定中的投資條款不符合的法律、政策和專案；允許外國公司直接起訴政府的「投資者──國家」機制等。在反對全球化經濟運動早期，制止多邊投資協定就是主要的目標之一。在公眾強烈的反對、歐盟幾個國家之間的分歧以及美國對此的冷淡態度，終於使多邊投資協定談判在一九九八年十月宣告失敗。假設多邊投資協定真的成為國際公約，它將成為包括水利產業巨頭在內的跨國企業掠奪地球上僅存公共資源的合法武器。世界貿易組織總幹事曾將多邊投資協定稱為「全球經濟的憲法」。如果真的通過，那麼許多國家將被迫修改憲法，以符合多邊投資協定的條文。

儘管多邊投資協定遭遇挫敗，但世界各地的企業與政府聯盟並沒有停止前進的腳步。二〇〇〇年七月，聯合國公布「聯合國全球契約」，號召企業自願遵守一些實踐社會責任感的準則，在這個契約上簽字的企業有殼牌、耐吉、蘇伊士等著名大公司。多邊投資協定引起的反對、對世界貿易組織、國際貨幣基金組織、世界銀行日益高漲的不滿，畢竟使不少跨國企業清楚地意識到，它們正失去道德和政治上的合法性以及公眾的支持。更何況，實踐這個改善形象的「契約」並不需要花多少錢。在北美自由貿易協定和美洲自由貿易區裡，對於投資者權利的規定是有約束力的，違反者會遭受懲罰，而這個「契約」完全是自願性質，效力遠遠不能相比。

二〇〇一年十一月，在卡達舉行的世界貿易組織第四次部長級會議上，歐洲國家

（大型自來水公司的大本營）在會議的最後一分鐘加進一節「貿易與環境」的內容，對水資源的健康造成威脅。它要求「減少甚至取消對自然資源商品與服務課徵關稅和非關稅壁壘」。水在服務業貿易總協定中被稱做「服務」，在關稅貿易總協定中被稱為「商品」。如果世界貿易組織通過這個提案，水很快又會被稱為「投資」。在世界貿易組織這個危險的新條文中，保護水資源作為公共服務和基本人權，或對民營化作出限制的國內法律可能被視為「非關稅壁壘」，因此必須廢除相關條文。另外，這個新條文規定，任何國家的「環境服務」（指水資源的有關規定）必須與世界貿易組織的有關條文一致，即不准用諸如環保一類的「非關稅壁壘」干擾自由貿易。

儘管跨國企業為了改善形象作出努力，但許多國家的公民仍然認為，它們對追求獲利的興致比服務社會來得高昂。抽出地下水然後出口將造成水井枯竭；第三世界國家將自來水服務民營化以後，水價急劇上漲，很多貧民被斷水，而且無法得到廢水處理服務；如果一國政府依據國內標準對違反的企業課以罰款，這些企業還可能利用雙邊貿易協定、世界貿易組織、北美貿易總協定、服務業貿易總協定的有關條款及國際貨幣基金組織和世界銀行的結構調整計畫這些武器來報復政府。世界各國的公民看到這類損害民主政府權力的行徑，已經開始抵制大規模的民營化，奪回公共財產的控制權。

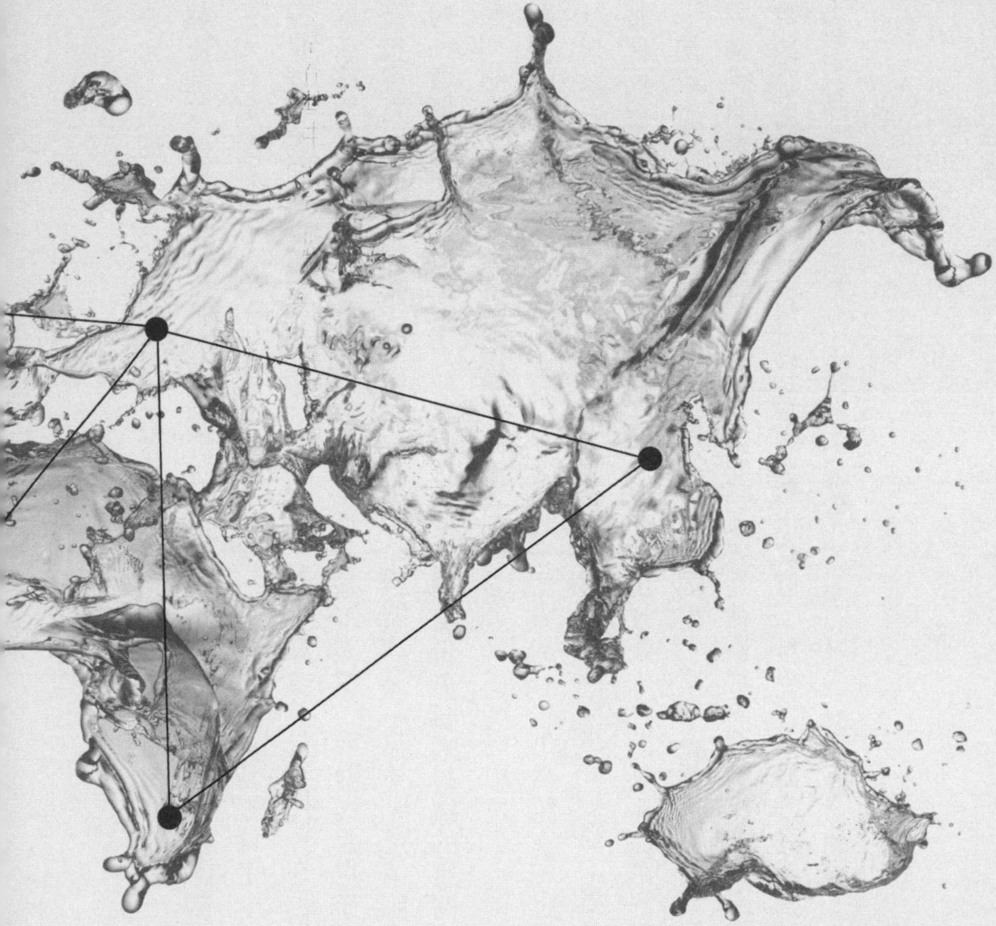

BLUE GOLD:

The Fight to Stop the Corporate Theft of the World's Water

第三部　放眼未來

第八章　反擊

世界各國人民如何對「水權遭竊」做出抵抗

一九九九年，在印度那馬達谷（Narmada Valley），隨著沙達沙洛伐水壩工程的進展，水庫的水位在一年內第三次上漲。當地村民和他們的支持者仍然堅持誓言，拒絕移民到指定地點，即使這意味著他們可能被持續上漲的水庫水淹死。

這些村民和支持者是「拯救那瑪達河運動」（Narmada Bachao Andolan）的一部分，代表那馬達谷地區受沙達沙洛伐、那馬達薩加（Narmada Sagar）、瑪哈施旺（Maheshwar）三個水壩影響的村民。這個運動的精神領袖是一位女性曼達・帕卡（Medha Patkar）。帕卡不是本地人，她來到那馬達谷是為了調查沙達沙洛伐水壩和水庫對這個地區的影響。在目睹這個工程可能對生態和社會造成的多方面損害後，她決定走遍壩區，鼓勵那些被迫移民的村民組織起來。

在分析這些工程的官方文件後，帕卡和她的夥伴發現許多問題，包括完全沒有環境影響評估調查、不確定有多少居民被迫遷移、誇大完工後可以得到的灌溉農田面積、浮報自來水系統工程的資金，而且沒有列入財政評估報告。從一九九〇年開始，拯救那瑪達河運動者誓言，在獨立第三方重新評估這個專案之前，會以非暴力形式堅決抵制水壩修建。

過去十年中，拯救那瑪達河運動最重要的一項抗爭發生在一九九一年。數千位村民和支持者進行一次「長征」，進行長達二十一天的絕食，要求當時提供沙達沙洛伐水壩資金的世界銀行出面，重新對整個專案進行獨立評估。在國際媒體的注視下，世界銀行答應這個要求。之後，獨立評估後發表的〈莫爾斯報告〉（Morse Report）指出，這個專案有重大的環保缺失，並對世界銀行和印度政府在這個專案中扮演的角色提出批評。

當印度政府拒絕世界銀行要求改正的條件後，世界銀行以前所未有的方式宣布取消這個專案的融資。然而，印度政府修建水壩的決心很強烈，印度從其他管道獲得資金，讓工程得以繼續進行。從一九九三年到一九九五年的雨季，當水位開始上升後，政府多次出動警察，把居住在低窪地區又不肯遷移的村民強行撤離到地勢較高的地區。一九九五年初，印度最高法院下令停止這項工程，以回應拯救那瑪達河運動的陳情。然而，印度政府在一九九九年成功地說服最高法院，允許將沙達沙洛伐水壩增高幾公尺，這引起了水庫水位上升和新一波抵抗運動。

在過去的十年中，由拯救那瑪達河運動所領導的反建壩運動成為全世界人民為了水權抗爭的一個象徵。當地村民組織起來，不但反對興建沙達沙洛伐水壩，也反對在那馬達谷地區修建另外兩個水壩。例如，二〇〇〇年一月，村民在三年內第八次占領瑪哈施旺水壩。那馬達谷地區的村民抵抗運動不僅僅是為了反對強制移民，還因為水庫使當地的河流消失，進而毀壞傳統的農業水利系統。村民清楚認知到，他們對生命的要素——水，擁有最基本的權利。他們也知道，即使沒有這些破壞自然河川的水壩專案，他們也能從山谷中得到灌溉和飲用水。

反建壩運動在一段時間裡成為爭取水權抗爭的前線。另外，世界各地愈來愈多人加入當地社區的抗爭，討伐偷竊水資源的行為。抗爭的內容包括水利事業民營化、水資源出口、維護湖泊、河流及其他水域的水質等。這些以社區為基礎的抗爭是對日益成長的水資源商品化和企業接管水源供給的反抗。

收歸公有

近年來，為水權奮鬥所側重的一個重點是重新將已經民營化的自來水系統服務收歸公有。在前幾章曾經提到的兩個例子非常有意義：一個是玻利維亞的哥查班巴市，另一個是法國的格勒諾伯市。

正如第七章一開頭提到，由奧斯卡・奧利維拉領導的保衛水與生命聯合陣線，在玻利維亞哥查班巴市成功組織廣大的反抗運動。在世界銀行的要求下，玻利維亞政府同意由貝泰集團的子公司接管當地的公共自來水服務系統。保衛水與生命聯合陣線將工人、農民及其他居民組織起來，目標是將當地的自來水系統去私有化，保衛社區「水與生命」的權利。哥查班巴市的自來水系統被貝泰集團民營化後，水價大幅上漲，同時世界銀行又禁止玻利維亞政府利用貸款補貼貧民。於是數千位玻利維亞人走上哥查班巴市街頭。他們舉行大罷工，並在街頭設置路障，使城市陷於癱瘓。二〇〇〇年四月，政府宣布戒嚴，警察對群眾使用暴力，一些活躍分子在深夜遭到逮捕，停止播放廣播和電視節目。

但是，保衛水與生命聯合陣線的大規模抵抗運動畢竟取得兩項重要成果，它趕走貝泰集團的子公司，而且說服玻利維亞政府放棄將哥查班巴市自來水服務民營化的計畫。二〇〇〇年四月十日，貝泰集團的子公司阿瓜斯自來水公司董事收拾行李，離開玻利維亞。在公眾的巨大壓力下，玻利維亞政府取消令人憎恨的水利事業民營化立法。可是現在誰來管理當地的自來水公司呢？玻利維亞政府乾脆把它們交給當地自來水公司的員工和社區負責。

因此當地社區透過選舉產生新的董事會，制定幾條沿用至今的經營原則。新的經營原則包括：必須高效率運作、嚴禁腐化行為、合理對待員工；從社會正義的角度出發，公司必須先向無水地段的居民提供自來水；另外，還要進一步成為社區各草根組織的黏合劑。在這些原則的鼓舞下，公司很快建造一只巨大的水箱，向哥查班巴市最窮的地區供水。公司與四百個過去被遺棄的大小社區建立關係，並與市民商討解決自來水服務中出現的問題。二〇〇一年夏季，保衛水與生命聯合陣線進行一次公聽會，聽取大家對自來水公司未來發展方向的建議。未來這樣的聽證會將持續舉行。

同時，在大西洋的另一邊，法國格勒諾伯市的居民正舉行慶祝活動，經過十多年的社區抗爭，當地的自來水與汙水服務終於回歸公有。一九八九年，格勒諾伯市市長開始將水利產業民營化。儘管公眾對此表示強烈反對，市政府還是與世界水利產業巨頭蘇伊士集團的子公司里昂簽訂合約。然而，正如在第五章所敘述，這項交易籠罩著腐敗醜聞，原來水利事業民營化是里昂自來水公司在市長競選活動捐款的交換條件。當里昂自來水公司大幅提高水價時，公眾反應非常強烈，居民的抗爭運動從此誕生。一九九五年，市長和里昂自來水公司的一個主管被起訴，並在一九九六年宣判犯下行賄罪。

居民的抗議運動出現了兩個群眾組織，一個是「民主生態團結聯盟」（Association for Democracy, Ecology, and Solidarity），另一個是「拯救水資源運動」（Eau Secours）。這兩個組織都對與蘇伊士子公司所簽訂的合約進行背景調查，並攜手合作，制定法院攻防的行動計畫。最後格勒諾伯市的居民在法院上贏得一系列的勝利。法院下令禁止提高水價，並宣布市政府一九八九年水利事業民營化的決定和之後簽署的民營化合約無效。面對法院這項宣布，格勒諾伯市議會與里昂自來水公司的一家子公司簽訂轉包合約，群眾運動再次團結起來告上法院，最後法院判決轉包合約無效。

格勒諾伯市自來水系統的「國營」化很快就要實現。一九九五年以來，居民中幾位活躍人士以「把自來水系統收回公眾手中」作為競選口號，在市議會中贏得席次。千禧年春天的第一天就給格勒諾伯市民送來值得慶賀的消息：在民營化十年後，里昂自來水公司終於收到逐客令。二〇〇〇年三月，市議會決定自來水和廢水系統將永遠收歸公有。

與民營化作戰

哥查班巴市和格勒諾伯市的故事顯示，只要公眾組織起來，就能奪回當地自來水系統的控制權。近年來，世界各地反對社區自來水系統民營化的抗爭愈來愈高漲。抗爭得到像國際公務員聯合會這類組織及其分支的大力協助。南非是目前世界上唯一把水權寫入憲法的國家。在諸如約翰尼斯堡和德班這類大城市周圍的小鎮，對水利事業民營化的抗爭愈來愈高漲。南非市政工會等工會組織公開挑戰蘇伊士集團、百沃特集團等水資源企業在當地水利事業民營化的計畫，並提出用「公營共管」（Public-Public partnership）的形式來取代民營化。在約翰尼斯堡周圍貧窮的小鎮，自來水公司為了收回成本而提高水價，一些貧民因為無力負擔水價而遭到停水，於是當地居民以街區為單位組織起來。當發生停水時，自願組成的工作小組立刻將重新接通自來水，並拆掉水錶。類似的故事也發生在德班郊外的昂佩恩格尼鎮（Empangeni），居民用拆掉水錶的行動表達憤怒。當昂佩恩格尼鎮鎮長拒絕讓居民使用任何公共設施開會後，居民轉移到政府的公用土地上，討論當地的水資源危機。

國際貨幣基金組織和世界銀行堅持把水利產業民營化作為迦納債務延期的先決條件。迦納各公民組織聯合起來，成立「反對水利事業民營化全國聯盟」（National Coalition against the Privatization of Water）。面對全國有四四%的人口得不到自來水服務的現實，聯盟在二〇〇一年六月五日發表〈阿克拉水權宣言〉（Accra Declaration on ther Right to Water），拒絕跨國自來水公司鼓吹「民營化是迦納水利產業問題最恰當的解決辦法」的言論，呼籲迦納政府撤銷迅速實行水利事業民營化的決定，要求調查能充分利用社區、政府和當地企業進行自來水服務的其他替代方案，並要求舉行全國水利產業改革的討論。聯盟還制定行動計畫，爭取在二〇一〇年前達到每個迦納人都有自來水可用，爭取在憲法裡納入保證人人都有水權的條文。行動計畫還包括保證自來水服務收歸公有和推動解決公共管理效率問題的替代辦法等。

在大西洋另一側的烏拉圭，一些工會與社團聯合成立「平民立法提案運動」（Movement for a Popular Initiative），目的是起草新的法律，防止自來水服務進一步民營化。在一九九二年的一次公民投票中，七〇％的烏拉圭人對公共服務民營化說「不」，可是在二〇〇〇年一月，西班牙巴塞羅納自來水公司（Agua de Barcelona）卻獲得管理蒙特維多（Montevideo）及其他社區自來水與汙水處理系統的三十年合約。蘇伊士集團的一個子公司也獲准建立烏拉圭地下水資源的資料庫。由於烏拉圭的立法程序允許公民自己起草法案，所以平民立法提案運動在二〇〇一年起草一項法案，要求政府停止進一步讓自來水系統民營化，並廢除財政計畫中的自來水系統民營化預算。按照烏拉圭的立法程序，如果政府不同意這個法案，那這個法案應交由全體公民投票決定。

在美國的很多城市，社區組織和公務員常與當地市議會議員一起抵制水利產業民營化。他們抗爭的主要目標是美國自來水工程公司。例如，在經歷幾年的失望之後，伊利諾州培金市（Pekin）在一九九九年從美國自來水工程公司手中買回當地的供水系統。在俄亥俄州達頓市（Dayton）郊外的休伯海斯（Huber Heights），市政府經過與美國自來水工程公司在法院長達兩年的纏訟，終於獲勝。隨後在一九九五年舉行全體居民公投，結果有七五％的居民贊成買回自來水服務系統。阿拉巴馬州伯明罕市在一九九八年拒絕美國自來水工程公司出價三・九億美元購買當地自來水系統的企圖。田納西州納什維爾市

（Nashville）居民採取一系列行動，確保自來水系統永遠處於公有狀態下。加州的橘郡（Orange County）在一九九四年因為在股票市場損失十七億美元而宣布破產，就算是在如此困難的情況下，橘郡的桑特瑪格麗塔區仍拒絕美國自來水工程公司出價三億美元購買該區自來水系統的提議。

像美國一樣，加拿大各地也進行類似的保護公共自來水與汙水系統、對抗公司接管的抗爭。二〇〇一年六月，一千位居民擠滿了大溫哥華地區的公共聽證會，要求取消將西摩（Seymour）自來水過濾廠民營化（競標者包括斐凡迪集團和貝泰集團的子公司）的提案。由加拿大公務員工會、加拿大人評議會及環境保護公會聯合發起的這場抗爭運動強調，一旦自來水處理系統被民營化，北美貿易協定和世界貿易組織等國際貿易組織將阻止市政府將來收回公有的行動。因此有關當局很快取消這次據說已經準備三年的水利事業民營化計畫。

在英屬哥倫比亞省甘露市（Kamloops），市民組織與公務員成功地阻止市政府以公私合營（public-private partnership）形式興建新的自來水設施計畫。在加拿大的另一側，紐芬蘭省沿海各社區的領導人保證改善汙水處理設施，這將直接影響到附近聖約翰市（St. John）的港口。加拿大公務員工會與這些市長聯繫，鼓動他們保持公共服務業的公有化。到目前為止，市長們頂住聖約翰斯市商界的壓力，沒有理睬大型自來水公司購買它們自來水系統的競標。

水資源出口

對於修建水壩和自來水系統民營化的抵抗運動已經在許多地區展開。然而，對水資源出口的反擊卻仍處於早期發展階段。部分原因是，透過管線、運河、超級油輪和水袋大規模出口淡水大多處於試驗或計畫階段。瓶裝水的情形則完全不同，有跡象表示，瓶裝水的抵抗運動已經開始形成。

例如，雀巢公司最主要的瓶裝水品牌沛綠雅，在美國威斯康辛州已經引起廣泛的反彈。威斯康辛州自然資源部批准配沛綠雅的副品牌——冰山牌（Ice Mountain）——以當地地下水為主要水源。一個叫做「新港擔憂公民」（Concerned Citizens of Newport）的組織正領導一場公眾抗爭，制止沛綠雅抽取地下水所引發的溼地退化。當地居民約翰・斯坦豪斯（John Steinhaus）說：「從任何生態系統把泉水抽走，就像從人的身上把血抽走一樣。」在兩次公民投票中，居民以四比一和三比一的比例反對沛綠雅抽取當地泉水。新港擔憂公民組織多次在州參議院聽證會和公眾資訊大會上作證，並在二〇〇〇年十月向法院控告威斯康辛州自然資源部。

同樣地，密西根公民護水組織（Michigan Citizens for Water Conservation）發起一場抗議運動，反對密西根州政府向美國沛綠雅企業發放部分五大湖水利事業民營化、運水及水資源出口的許可證。沛綠雅企業計畫每月抽取六萬四千公噸的湖水，亦即每年抽取七十七萬公噸的湖水，這些水足足可以填滿一個五公頃大、十五公尺深的湖。密西根公民護水組織認為，這個專案「可能對當地水資源和其他自然資源造成長期損害，並降低密西根州保護五大湖湖水的能力。」他們還認為，沛綠雅企業這個計畫將減少魚鷹湖（Osprey Lake）及下游溪流的水量，並損害十六公頃以上的溼地。根據密西根州的「環境保護法」、「島、湖、溪流法」、「溼地保護法」的規定，保護水資源的密西根公民組織堅持密西根州政府絕對不應該對沛綠雅企業的這個計畫發放許可證。

當百事可樂與可口可樂在瓶裝水市場競爭日益加劇之際，許多地方的居民都組織起來，反對抽取當地的水源做出口之用。然而到目前為止，最主要的一個爭奪熱點是原住民社區的水源。從「公開資訊法」得到的一個諮詢公司為加拿大政府所作的報告顯示，有些投資經紀人出價幾百萬美元，要從位於原住民保留地的湖泊和河川中抽水，以供出口。基於文化與傳統精神總是與水資源和生命有極密切關係，加拿大原住國族聯合議會（Assembly of First Nations）堅持表達反對立場，並與其他社團一同呼籲加拿大政府禁止大規模水資源出口。可是正如諮詢公司的報告指出，人們擔心，「一些較窮的社區恐怕很難拒絕數百萬美元的誘惑。」沒有政府的禁令，許多社區可能因此屈服。

在加拿大，大規模水資源出口已成為公眾反擊運動的焦點。當麥柯迪集團試圖從紐芬蘭省的吉斯伯恩湖抽取大量湖水，用超級油輪出口到中東地區時，加拿大人評議會發起大規模的群眾抗議活動，在一九九九年十月舉行公眾集會，並與紐芬蘭省政府舉行會議。省政府很快宣布不會發放出口許可證。儘管從那以後，抗議運動的規模已經逐漸縮小，但它肯定會再次興起，因為新任省長在最近的一份聲明中說，紐芬蘭政府可能會發放許可證給麥柯迪集團。加拿大人評議會還發起一個全國性的活動，呼籲加拿大政府制定相關法律，禁止大規模水資源出口。以克雷坦（Chretien）為首的加拿大政府一方面承認加拿大人評議會的立場有眾多民意支持，另一方面又不肯採用立法方式，而是希望由各省聯合發表協定，反對水資源出口。加拿大人評議會警告，如果加拿大政府不能自己發布禁止大規模水資源出口，最終將導致由世界貿易組織和北美貿易協定左右加拿大國家政策的後果。

加拿大人評議會還積極參加其他地區反對水資源出口的抗爭。它在法律上對安大略省東南部泰河（Tay River）河水出口提出質疑，並發動公眾支持英屬哥倫比亞省前任新民主黨政府對水資源出口的禁令。當然，加拿大並不是反對水資源出口的唯一戰場。歐洲環保運動正發起抵制從奧地利阿爾卑斯山和挪威大規模出口淡水。隨著大眾漸漸意識到大規模水資源出口會對生態系統有所損害，勢必會加強反對的力道。

水質保護

與反對水資源出口的抗爭相比，水汙染的抗爭歷史要長得多。從農業企業化生產中農藥、化肥的大量使用，到石油業、天然氣、採礦業中工業廢料的棄置，大型工業生產活動正在對大自然的水資源系統進行大面積的汙染，導致全世界各地興起各式各樣保護水質的抗爭運動。

從九〇年代中期開始，哥倫比亞的環保、農民、工人及人權組織形成統一陣線，在水汙染問題上與西方石油公司（Occidental Petroleum Corporation）展開抗爭。一九八六年，西方石油公司在氾濫平原上修建巨大的採油和管路設施，對當地的自然水資源系統造成巨大損害。統一陣線在一篇報告中說，每當暴雨降臨，雨水就會沖刷裸露的井口，把有毒和可致癌的化學物質帶進當地的水域，如阿勞卡河（Arauca river）。警訊首先發生在一九八八年，哥倫比亞自然資源研究所（Institute of National Resources in Columbia）披露，西方石油公司在哥倫比亞的廢水處理設施不能有效保護地表水免受汙染，完全不符合美國的環保標準。而西方石油公司的廢水處理設施所處理的廢水量遠遠超過原先設計，而且生產中產生的毒性泥漿根本沒有經過處理。這個研究所在一九九二年發表的一篇調查報告中說，當地的水資源系統中，重金屬和有毒碳氫化合物的濃度比北美飲水標準高出三百倍。一九九八年，西方石油公司因為損害環境，包括汙染當地水源被告上法院。

回到加拿大，一九九九年，亞伯達省的一些農民、牧場主和其他關注者集結抗議石油工業從地下含水層抽取大量的地下水注入油井深處，以增加油井的壓力，提高出油量。這不但會消耗大量的水，而且還會讓這些水嚴重汙染。二〇〇〇年一年，亞伯達省用於油田加壓的水就高達二億零六百萬公噸，其中來自地下含水層的地下水就有七千七百萬公噸。當加拿大石油公司為了開採一個大油田，向省政府申請抽取從地表到地下五百公尺深的水時，這個組織發動群眾，以寫抗議信、連署請願等等行動試圖阻止省政府批准這個申請。儘管這個抗議行動沒有奏效，這個組織還是決定，要成為代表公眾發出「反對石油工業誤用和濫用淡水」的聲音。這個組織採取種種行動，公開指責亞伯達省環境部只顧及石油工業的利益，而沒有執行保護水質的責任。這個組織還揭露一些石油公司排出的廢物汙染水源的具體事實。

同時，在工業化農業生產中，農藥與化肥的大量使用已經成為汙染水源的一個重要來源，以及引發抗議活動的焦點。雨水會將農藥化肥中的毒性和致癌化學物質透過土壤，帶進地表水和地下水，進而汙染水源。農藥行動網（Pesticide Action Network）是一個專門反對農藥破壞環境（包括破壞水）的國際性聯盟，由非洲、亞太地區、歐洲、北美和拉丁美洲六十個國家四百多個組織組成。透過各種活動，農藥行動網向農民、工人以及各社區宣導各種化學物質的使用和濫用知識，以及化學物質對生態環境和人體可能造成的損害（致癌、畸胎、腦部損傷）等知識。農藥行動網還大力支持有機農業，因為它對水質有正面影響。

近年來，反對大規模養豬生產也成為保護水質運動的重點之一。水資源監護聯盟（Water Keeper Alliance）主席小羅勃・甘迺迪（Robert F. Kennedy, Jr）在二〇〇〇年十二月向美國大型養豬場發動法律攻擊。養豬場把大量的豬禁錮在小小的空間內，使它們無法躺下，讓豬糞容易以液化處理。而液化後的豬糞就直接流入溪流或滲入地下水汙染水源。小甘迺迪稱之為「罪大惡極的環境犯罪」（monumental environmental crime），他所領導的水資源監護聯盟指控美國政府還不能以環保法規對大型養豬場開罰。加拿大農民及農村其他行業的人也組織起來，進行類似的抗議活動。他們把「現代化的」養豬場稱為「動物集中營」，因為豬欄太擁擠，以至於母豬甚至無法走動和轉身。

正如在第一章和第四章介紹的，高科技產業也在矽谷和亞利桑那州的鳳凰城等地成為反對水汙染運動的打擊目標。在過去十年間，矽谷毒物聯盟、經濟正義西南聯絡網、科技業責任運動（Campaign for Responsible Technology）等發起了社區抗議運動，反對高科技產業對當地水資源系統無休止的汙染和毒化。他們教育大眾，揭露高科技產業是乾淨工業的假象，數盡其汙染環境的劣迹，同時也對美國政府姑息高科技產業，未嚴格執行環保法規提出抨擊。

社運人士和公務員在民營化的抗爭中也十分強調保護水質這個議題。例如，加拿大公務員工會在抵制企業接管公共自來水處理設施和公共衛生系統的抗爭中發現，公眾最關心水汙染和公眾監督權問題。特別是一些小老闆和餐館老闆，他們對水質問題尤其關心。他們會問，如果我們的自來水處理系統交給民營企業經營，公眾如何監督呢？英屬哥倫比亞省甘露市一家食品店的老闆說：「企業只對股東負責，而不對市民負責，我們為什麼要冒著損害健康的風險，把保證水質的責任交給這些企業呢？」

修復水資源系統

反擊可以有很多不同的方式，包括保護某個單獨的水資源系統或一整個集水區（一些湖、河川、溪流的彙聚地）。像其他抗爭一樣，人們有時會自己行動，修復遭到損害的河川或集水區，保護它們長期的健康。

一九九〇年，一個由美國環境學家組成的團體「生態信託」（Ecotrust）在加拿大英屬哥倫比亞省北部拯救原住民聚居地的一個集水區。在美國，他們曾經為了保護其他國家的熱帶雨林發起抗爭。這一次，他們與凱特羅帕谷（Kitlope Valley）的原住民艾斯拉人（Haisla）並肩合作。這個谷地具有豐富的水資源系統，包括湖泊、河川、溪流及氾濫平原，鮭魚的所有六種亞種都生活在凱特羅帕河裡。在對這個地區進行詳細的生態調查後，「生態信託」與當地原住民和居民共同規劃保持質樸的原貌。規劃中排除伐木等以毀壞資源為代價的經濟發展思維，提出開展旅遊、生態研究、觀看野生動物、野營等活動。一九九三年，「生態信託」與艾斯拉人共同成立納那克拉（Nanakila，在艾斯拉人語言中表示「守衛」的意思）公會，向當地居民傳授這些活動的技能。這些活動最後使他們與省政府和一家林業公司達成協定，共同保護這個集水區。

在美國奧勒岡州，許多社區居民聯合起來，保護雅柏蓋特集水區（Applegate watershed）。這個集水區占地二十萬公頃，包括所有流入雅柏蓋特河的水系。過去，農民、伐木者、環境學家在這個地區經常發生衝突，原始純樸的谷地到處可見伐木遺留的木樁，輸木道及緩緩流動的棕色小溪。雅柏蓋特合作組織（Applegate Partnership）把農民、環境學家、牧場主、伐木者、教育工作者、其他居民及政府自然資源部門的官員聯合起來，共同為恢復這個集水區健康而工作。他們互相學習，提出「實踐信任──『他們』就是『我們』」的口號。雅柏蓋特合作組織與政府有關部門制定一個「森林健康」計畫，以恢復這個集水區健康為目標，並與林業公司達成一些協定。再加上社區內農場和牧場類似的修復計畫，集水區已經逐步恢復生機。

保護當地的集水區也是加州西北角一個伐木小鎮居民的共同主題。在七〇年代和八〇年代，這個叫海福克（Hayfork）的小鎮經常出現伐木者與環境學家暴力衝突的事件。一九九〇年，法院為了保護瀕臨絕種的斑點鴞（spotted owl）而發布的一道禁令，實際上等於是伐木禁令。當地居民認識到，只有以永續的方式發展經濟才能生存下去。一九九二年，當地的環境學家、伐木者、鋸木廠工人、餐館老闆、政府官員開始合作修復當地的集水區。他們建立一個集水區研究和培訓中心，開展培訓工作。一九九三年到一九九四年，在聯邦林業部的工作人員幫助下，當地居民制定一個修復約九千公頃集水區的計畫，希望能恢復當地森林和水系的生氣。

在美國另一側的緬因州，有一條河在被水利發電水壩禁錮一百六十二年之後，在一九九九年終於重新流動。一八三七年建成的愛德華茲水壩（Edwards Dam）損害肯納貝克河（Kennebec River）的生態系統，阻礙河中魚群的通過。儘管水壩的擁有者拒絕修建一條魚道，使魚群能夠迴游到上游去產卵，不過一些倖存的魚仍然在水壩下頑強地存活著。在整個九〇年代，一個自稱「肯納貝克聯合陣線」（Kennebec Coalition）的組織持續進行和教育活動，推動水壩解體。一九九七年，美國聯邦能源管理委員會採取一個前所未有的措施，不顧水壩擁有者的反對，下令拆掉這座水壩。肯納貝克聯合陣線提供長達七千頁的論證，詳述這座水壩給當地生態系統帶來的損害。能源管理委員會因此得出結論，認為在經濟和環保兩相比較下，肯納貝克河重新流動的利益高於水壩繼續運行的利益。為了慶祝這個勝利，當地居民紛紛穿上新設計的T恤，上面印著：「肯納貝克河新生了，肯納貝克河重新流動了。」

修復集水區的行動絕不僅限於北美洲，其他地方也正發生相似的活動。例如在印度，反建壩運動的社會運動者把精力集中在重新恢復傳統的水利系統，用來提供灌溉和飲用水，以取代現有的水壩。在南非，人們組織多個「集水區社區（catchment communities）」，集水區社區就是一個水系聚集雨水的地區。而「奧卡萬戈聯絡組」（Okavango Liaison Group）是一個地區性聯盟，大力推動奧卡萬戈河及其三角洲新生。「大艾登代爾環境網」（Greater Edendale Environmental Network）是一個草根組織，它與彼得馬利茨堡——芒杜茲地區（Pietermaritzbirg-Msunduzi）的其他組織一起爭取「在二〇〇九年以前，讓芒杜茲河（Msunduzi River）變得乾淨又安全。」

反建壩運動

在世界各地內，反建壩運動始終處於水權抗爭的前線。國際河流聯盟的派屈克・麥卡利說，在過去一百年裡，全世界大約修建四萬座水壩，水庫占去地表近一%的面積，造成多達六千萬人的水壩移民，其中大多數移民因此變得更加貧窮。同時，這些水壩對生態系統和生物多樣性造成無法估量的損害。然而，菲律賓原住民在一九八一年的一場暴動中，讓有關當局取消由世界銀行資助、在奇科河（Chico River）上修建一座水壩的計畫，這件事大大鼓舞世界各地拯救河流運動的人們。

麥卡利說，全世界大大小小幾千個環保和人權組織參與這次運動。經過他們的努力，利用水壩來提供電力和淡水的手段漸漸不被大眾接受。建壩的巨大開支往往成為國家沉重的財政負擔，而且水壩往往沒有達到預期可以提供大量、廉價的能源和淡水。反建壩運動在多數國家使建壩變得愈來愈困難。正如麥卡利指出，在七〇年代的建壩高峰，全世界平均每年修建五百四十座水壩，這個數字到九〇年代下降到兩百。國際水壩委員會主席沃夫岡・普切爾（Wolfgang Pircher）在一九九二年對建壩行業警告說：「一系列的反建壩運動……在公眾眼中降低了建壩工程的聲譽，幹我們這行愈來愈困難了。」

儘管在全世界反建壩運動有許多動人的故事，但其中有幾個特別能證明這個運動的重要性。其中一個來自東歐。在匈牙利，一個叫做「多瑙河環」（Duna Kor）的非法組織在八〇年代初期建立，從事反對修建納吉瑪諾斯水壩（Nagymaros Dam）的運動。有鑒於當時匈牙利仍由共產黨獨裁統治，這個組織的首要任務便是打破圍繞修建納吉瑪諾斯水壩的神祕色彩。他們發送一份請願書，要求議會對這個工程進行討論。一九八五年，「多瑙河環」發表一份水壩環境影響調查報告。一年之後，當他們正舉行記者招待會時，遭到警察逮捕與審訊，此事引起群眾抗議遊行。這些小衝突使這個運動進一步發展。一九八八年十月，一萬五千名匈牙利人在布達佩斯公開集會，反對在多瑙河上修建水壩。一九八九年五月，剛剛上台的非共產黨政府下令納吉瑪諾斯水壩停工。同年十月，議會通過決議撤銷這個專案。

八〇年代初期，一場類似的抗爭在瓜地馬拉則以大屠殺告終。一九八二年，由世界銀行和泛美發展銀行共同提供資金的瓜地馬拉奇克索水壩已接近完工。到了準備注水進入水庫的時候，居住在里奧內格羅村河邊的馬雅阿契居民拒絕離開他們的房屋和土地，因為瓜地馬拉電力部門提供的遷居地點土壤貧瘠、房屋狹小，因此由政府支持的準軍事部隊在一九八二年的八個月內進行四次大屠殺，在里奧內格羅村殺死了四百四十名馬雅阿契人。克里斯托巴爾・奧索里奧（Cristobal Osorio）在大屠殺中失去妻子、出生不久的小孩以及十九名家庭成員。他回憶說：「只因為我們堅持自己擁有土地的權利，他們就屠殺我們。」當然，里奧內格羅村的生態系統是另一個犧牲品。現在，奧索里奧擔任由這些失去親人和土地的一百五十個家庭所組成的委員會主席。聯合國後來譴責這個暴行，稱這是滅絕種族的大屠殺。世界水壩委員會要求有關方面採取措施，為過去的錯誤進行賠償。

泰國的帕穆水壩由世界銀行提供資金，在一九九四年建成，不過社區抗議行動從未間斷。帕穆地區的村民向世界銀行和泰國政府要求拆毀水壩、恢復被截斷的河流、恢復漁場（因帕穆水壩而造成的漁獲量急劇下降，使得超過二萬五千人生計受到直接影響）。世界水壩委員會的調查報告指出，這項工程的效益並沒有達到原先設計的水準，同時還使漁業受到嚴重損害。受到這份報告的鼓舞，當地居民認為他們有權要求賠償，可是世界銀行的官員根本不承認這個專案有任何缺陷，因此也談不上對此採取任何行動。村民沒有氣餒，在一九九九年三月，大約五千位村民在水壩附近建立一個「抗議村」，同年十一月，「抗議村」遭到襲擊，村民被強行驅逐，他們所居住的簡易木製房屋和營地被燒毀，不過這些村民沒有被嚇倒，他們發誓要繼續抗爭。

在美國，反建壩運動有顯著成果。政府官員認識到，在這個國家建壩的時代已經遠去，他們的主要工作是規劃水壩「退役」，使自然河川恢復原樣。一九九八年，美國內政部長開始所謂的「大錘之旅」，準備拆除一系列對漁業造成損害、規模小又老舊的水壩。到二〇〇〇年，反建壩運動瞄準美國一百多個水壩。在這個推動水壩退役的運動中，河流保護組織、漁業問題專家、社會運動者、當地政治人物、政府各部門的科學家形成一種特殊的合作關係。河流聯合陣線在威斯康辛州發起的「二〇〇〇與二〇」運動，目標在二〇〇〇年前將威斯康辛州六個社區的二十座水壩拆除或列入拆除名單。「地球之友」與「美國河流」（American Rivers）兩個組織與哥倫比亞河——蛇河盆地（Columbia-Snake River Basin）的原住民合作，爭取當地的水壩退役。山脈俱樂部也帶頭促使淹沒赫奇赫茨谷（Hetch Hetchy Valley）的加州優勝美地國家公園區（Yosemite National Park）的水壩退役。

的確，反建壩運動已經相當成熟，運動的重點已不再僅限於阻止在主要河流上修建水壩。人們愈來愈意識到，必須以一種更永續、合理、更有效的方法來對待大自然，而且必須根植在社區之下建立一個更民主的決策過程。同時，一些反建壩運動的參與者也深深認識到，居主導地位的經濟和政治體系本身也需要產生變化。著名作家阿瑞達狄・羅伊（Arundhati Roy）說，印度那馬達谷地區的反建壩抗爭「不僅僅是為了一條河流而抗爭，它讓居民對整個政治體系產生懷疑。現在的問題實際上是發生在我們的民主本質。到底誰是土地的主人？誰是河流的主人？誰是森林的主人？誰是魚蝦的主人？」

國際抗爭

儘管在水權問題的抗爭中，很多社運人士把主要精力放在與當地政府打交道，但在一些國家，人權和社運組織並沒有忽略他們的中央政府。例如，法國社運人士正積極參與一場有關水權法案的公開辯論；加拿大政府也正受到壓力，要撥出大筆款項重建全國公共服務系統的基礎設施，並制定禁止水資源出口的政策；迦納和烏拉圭水權運動的目標是改變政府的政策和法令；在南非，有一些小鎮對於停水發動抗爭，主要目標是要保證憲法中「水是基本人權」的條款能夠兌現；而在美國，聯邦政府在公民的壓力下開始讓一些水壩退役。這些事情說明，即使在這個由企業主導的全球化時代，社運人士也沒有完全放棄透過政府管道，以民主手段改變社會的方法。

同時，水權問題的抗爭愈來愈國際化。像印度那馬達谷地區這類的反建壩抗爭已經成為全世界水權運動者的焦點。一方面是因為世界銀行和國際貨幣基金組織這種國際性機構的捲入，另一方面也是因為國際河流聯盟等組織在運作。類似情況也發生在玻利維亞哥查班巴市反對水利事業民營化的抗爭活動，不僅因為世界銀行和貝泰集團參與其中，而且保衛水與生命聯合陣線和國際公務員聯合會等組織的運作也功不可沒。實際上，大多數社運人士認識到，局限在當地社區的水權抗爭很難取得勝利。水利產業以及市場的全球化，迫使以社區為基礎的水權運動必須進軍國際舞台。從長期的觀點來看，只有這樣抗爭才會有效，尤其抗爭的對象是全球水利產業巨頭的時候。

另外，像二〇〇〇年三月在海牙舉行的世界水資源論壇就為水權運動提供重要的國際舞台。如果不是由加拿大人評議會在二〇〇〇年發起的「藍色星球計畫」和國際公務員聯合會在論壇上據理力爭，出席大會的絕大多數代表可能只會聽到跨國自來水公司的言論。另外，在反對全球化，特別是反對被印度社運人士稱為「邪惡三角」的國際貨幣基金組織、世界銀行、世界貿易組織抗爭中，水權運動占據重要地位。很多年來，反建壩抗爭的主要切入點是反對國際貨幣基金組織和世界銀行。自從一九九九年大規模的抗議活動以來，這些國際機構也開始藉由他們的影響力，迫使政府將自來水服務民營化。在世界貿易組織正處於談判中的服務業貿易總協定中，水權抗爭也是幾個主要議題之一。

在世界各地的水權抗爭中已經證明，抵抗的種子不僅已經種下，而且正成長壯大。然而，這些運動仍存在嚴重缺陷和不足。很明顯地，直到目前為止，圍繞水權問題而組織的社會運動與全球水資源危機的嚴重程度相比，仍然非常不足，更不用說那些經濟和政治菁英也在十分賣力地推銷他們無法永續的「解決危機方法」。但是大家不應該氣餒，因為我們的水權運動還在初期階段，我們應該採取一些步驟，加強世界護水運動的聲勢，建立共同原則。我們很高興地看到，在其他環保和社會正義組織的支持下，向企業接管世界水源企圖的抗爭已經展現出強大的聲勢。

第九章　立場

如何制定共同原則與目標來拯救世界水源

多倫多大學退休教授烏蘇拉・富蘭克林認為，歷史上重要的社會運動都有一個明確的「立場」。富蘭克林博士解釋，「立場」就是一個宣揚自己目標和任務的道德架構。「你的立場和眼光會決定什麼是前景、什麼是背景；什麼是重要的、什麼是不重要的。」隨立場而來的是對事物輕重緩急的判斷和一種責任感。一個運動如果想要真正影響社會變革，它必須有膽量找到一個鮮明的立場，並在必要時為了捍衛這個立場而戰鬥。富蘭克林博士說，當今多數政府悲哀的地方在於，它們欣喜地接受全球化經濟，而全球化經濟卻完全沒有站在社區或環境的立場考量，只想著獲利。對政府和企業來說，獲利很重要，而對公民、大自然、民主原則的考慮則只能退居其次。為了拯救世界水資源，以流傳給我們後代子孫，全世界千千萬萬的居民必須找到一個建立在某種原則和倫理基礎之上的立場，而這個立場與目前占主流的全球經濟立場針鋒相對。

在新千禧年初，全世界該對水資源問題做出至關重要、甚至是無法逆轉的決定了。全球各大洲的國家、企業和人們仍在繼續汙染著天賜的生命之水。貧窮國家的自來水處理設施不是完全不存在，就是超過運轉極限。即便在已開發國家，自來水裡面也常有環境荷爾蒙和致命化學物質存在。即使面對種種汙染破壞環境的證據，有些汙染者仍繼續向水中傾倒毒物。但是到目前為止，這些損害大多不是有意造成，而是因為善意的疏忽、無知、貪婪、對有限資源過多索求、粗心的汙染，以及不計後果的河流改道集結而成的結果。總的來說，人類將任意用水視為天經地義，而且我們誤判這些被我們輕率損害的地球水資源系統自己有復原的能力。儘管我們今天必須為自己造成的巨大損害尋找修補之道，但公正地說，沒有哪一個人有意製造當今全球的水資源危機，或有意摧毀世界的水資源供給。

十字路口

然而，人類不能再拿「無惡意」當做藉口了。我們現在知道夠多了：我們知道毀壞森林和傾倒毒物正在損害水資源供給；我們知道大量消耗能源的工業和人類行為會導致全球氣候變暖，破壞水生生物棲息地。儘管有大量的證據表明目前地下水的抽取速度完全不可能長期持續下去，但因為我們不會停止汙染地表水，所以只好繼續抽取地下水。我們完全清楚，目前普遍使用的灌溉方式不僅會導致沙漠化，還將造成地下含水層的枯竭。

可是，世界各國（至少是政府和商界領導人）卻都認同建立在經濟無限成長和不加限制的消費基礎上的全球化經濟。於是我們繼續用各種理由迫使農民拋棄土地，湧向擁擠的都市。我們推動全球貿易政策，鼓勵生產無法永續使用的商品和食物。我們支持政府對農業、食品生產、化學品使用、工業廢物傾倒採取寬鬆管理，來換取廉價的商品生產。實際上，我們在已開發國家的大部分作為已經大大加深水資源危機。大型跨國企業處於像北美自由貿易協定一類的國際貿易組織保護傘下，而各國政府則擔心遭到國際貿易組織合議庭的報復，降低環保標準。同時，很多企業採取各種手段逃漏稅，降低政府的稅收，而這些稅收本來可以用於改善自來水基礎建設，增加公共衛生設施，提高飲水品質。我們的領導人把我們的生命委託給滿腦子只為了追求獲利的人們。

正如前幾章所介紹，在國際貨幣基金組織和世界銀行等國際貿易和金融機構的支持下，跨國企業打算直接從全球水資源危機中牟利。如果允許這些民營企業控制全世界的水資源，我們將失去拯救世界水源的能力，而那些菁英將從私利出發，決定誰可以得到水，誰不能得到水。我們必須站起來，幫助世界各地的人民和社區勇敢承擔責任，共同享有水資源、善待水資源，以保證我們的子孫後代有水可用。

無論從倫理角度、環保角度，還是從社會角度來看，將全世界日益枯竭的水資源商品化都是錯誤的，它將導致水資源的分配方式幾乎完全以商業考慮為基礎，而無視環境和社會方面的考量。企業股東尋求的是最大獲利，而不是資源永續或公平分配。民營化意味著對水資源的管理原則是「物以稀為貴」，以及追求最大獲利，而不是長期永續使用。為了增加獲利，企業依靠的是消費量的成長，因此很可能將資金放在化學技術、海水淡化、河川改道上，而不是放在節約用水上。

公共服務業商品化使公民無法自己管理與分配水源。一旦自來水系統被民營企業簽約承包，權力便集中到企業手中，政府很難奪回自來水服務的管理權，這實際上是剝奪公民的部分民主權利。另外，跨國自來水公司大力遊說，希望能放鬆環保法規，降低水質標準，實際上是不合法的對政府政策施加壓力。

儘管看似危險重重，可是對世界上水資源商品化還是在以一種令人擔憂的速度推進，這個寶貴資源的決定權落到少數人的手中：世界銀行、聯合國的官員和身為職業水資源專家的顧問、政府外交部門、經濟學家以及牽涉自身利益的大型自來水公司。這個規模小、權力卻很大的企業宣布，討論已經結束，「所有的人」都支持水利產業民營化。

這當然是公然撒謊。從來沒有人徵求過全世界公民的意見，甚至從未被告知有這麼一回事。實際上，正如第八章所說，愈來愈多證據指出，如果公民能夠選擇，他們會讓水資源放在共有、在地化與透明運作的方式來管理。

很顯然地，無法指望政府帶頭領導這場辯論，公民將被迫建立自己的政治立場，以保證世界水資源永遠保持「公共財產」的地位。要做到這一點，我們必須就幾個基本原則達成共識。我們首先必須提出五個水資源上的道德問題：公有化、管理、平等、普遍與和平。

水資源的公有化

水資源商品化的解藥就是水資源「去商品化」。水資源必須永遠認定為公共財產。在這個任何事物都可能民營化的世界上，我們必須清楚劃出一片禁區，包括對生命而言神聖不可侵犯，或必須符合社會和經濟正義。公平的用水權就是生命和正義的核心要點。

正如印度物理學家和社會運動家范達娜・席娃指出，只要在資源保護的控制下，水資源的公有化就不會被破壞。事實上，在水資源短缺的情況下，有效保護水資源的唯一途徑就是重建水資源的公有性，這樣水資源的使用才可能同時考量大自然再生能力和社會正義。使用水資源必須制定一些明確的規章，如果沒有一些懲罰手段配合，有一些人一定會希望得到更多。席娃說：「水利事業民營化不會制止水資源供給狀況的惡化，反而會加劇惡化。它將挑起人與人之間、地區與地區之間、農村與城市之間、貧民與富人的『水資源戰爭』。」

國際水資源問題改革運動家里卡多・彼得雷拉解釋，市場的一個主要特色是在價格和品質的比較基礎上，在多種同類商品中做出自己的選擇。水資源商品化的支持者認為，水資源商品化與一件小器具商品化沒有什麼區別，市場就是一個讓物質和自然資源有效配置的模式，也是一個財富分配模式。這就是說，每個國家都生產最擅長的商品，拿到公開的全球市場上競爭。因此富國出口技術、觀念、電訊，而窮國擁有廉價勞動力，可以在惡劣的出口條件下生產商品。擁有豐富石油和水資源等自然資源的國家則可將這些資源當作商品，到全球市場上去「競爭」。根據這樣的論述，政府的出口法規和補貼都是阻礙公開市場的競爭「效率」。

然而，用水權與市場選擇和累積財富完全沒有關係，它關乎生存或死亡。水不是像鞋或披薩那樣可以買賣。事實上，瓶裝水公司把它們的「產品」拿到市場上販售，就像對待帽子、手套、汽車等其他商品一樣，但這只不過是一種幻象。而且水是如此珍貴的資源，根本不應該被放到以獲利為最高信條的市場上分配，因為這會導致消費和市場過度擴張。所有的瓶裝水實際上都來自有限的資源，水資源不可能無限成長來適應不斷增加的市場需求。除了土壤與空氣之外，自然生態中沒有任何物質比水對生命更重要。水具有獨特性，水資源有限、不可取代、對所有生命至關重要。沒有任何其他東西能取代水這個事實，就表明水是一種不可能按照市場基本原則運作的資產。彼得雷拉說，水資源是社會運作的必要物質，是社會的資產，是屬於任何社區的公共財產。

范達娜・席娃補充說，水資源商品化並不能保證人人有水可用；相反地，它只保證有錢人的用水權，而將貧民排除在外。當我們都成為不受節制的「自由」市場奴隸時，資源共有原則就被摧毀，而社會中的弱勢群體被剝奪這個對健康與生命都不可缺少的資源使用權。

這個悲劇性的後果不是不可避免，相對於讓水資源進一步商品化，我們可以根據自然資源保護主義者的原則，加強參與社區對水資源的管理，以恢復水資源的公共財產地位。南非的一個社團指出，當水被作為公共財產對待時，它能以更公平的方式分配給更多的人。這意味著更多公民的健康可以得到保證，因此他們能對社會做出更多貢獻，進而增強社會的經濟活力。同時，水資源也得到保護，因為以獲利為推動力，持續增加水資源供給直到乾枯的行為是不允許存在的。這會增強地球的健康，維持生態系統的平衡。而且如果地球更健康，它會反過來支持更負責任、永續的經濟活動，促進整個社會的繁榮。換言之，水資源公有化不僅可以保證每個人的用水權利，也將促進全人類的繁榮。正如彼得雷拉指出，這正是為什麼每個社會都要選擇負擔供水給每個人的成本。這是人類的基本義務，並對生態與經濟活動的長期健康具有積極意義。

水資源管理

我們痛心地看到，在大多數已開發國家中，人類對待大自然已喪失了理智，直接威脅著地球的存在。我們本應尊重水資源在大自然中的分配方式，可是我們卻總是試圖馴服、改變和控制它們，來適應我們的需要，這樣做將出現災難性的後果。這種行為是把人類置於自然與上帝之上，在一段時間裡，我們似乎不須遵守大自然法則。可是現在很清楚，大自然正在為我們的不敬向我們進行報復。

新的水資源倫理原則核心必須建立在尊重水在自然中的神聖地位上。人類必須了解自己只是生活在其中的一個物種，就像其他生物一樣，都要遵守大自然的法則。絕對不允許有人汙染我們的共同財產，未來要以一種合乎邏輯的方式使用自然資源。身為一個物種，人類如果想繼續生存下去，就必須保護我們的湖泊、河川、地下水源，人類的所有經濟活動都不得與這個原則相悖離。

新的水資源使用倫理包括重新審視被迫改道的河流、已修建的水壩、大規模灌溉等人類行為。未來我們使用水資源時，必須以更永續、公平、有效的方法為基礎，以自然友善的方式從事農業生產。必須廢除大型、工業化的農業生產，以及其所仰仗的技術手段與化學藥品。重要的是，我們必須停止利用新技術，透過超級油輪、管線、運河及迫使河流改道，將大量的水從地球的一處移往另一處。

那些將水視為商品的人爭辯說，流進海洋或存留於荒野的水無法產生經濟效益，因此是浪費資源。這種說法是建立在一種基本假設，即所有的資源都應該用來買賣，以創造更多的金錢價值。這種觀點最主要的錯誤就是它沒有認識到，自然資源需要自我補充，流向海洋的水是水文循環的一部分，而正是這種循環，讓地球上的生態系統在這幾千年來保持平衡。企圖永久、大規模地阻斷、歪曲這個循環的過程，是對目前為止成功滋養地球上眾多生命的自然系統的褻瀆。大規模地將水從一地移往另一地則會損害鳥類、兩棲動物和哺乳動物的繁衍場所，而修建水壩和迫使河流改道將造成地下水位下降、湖泊河流枯竭、乾旱區域擴大。

科學家們還警告，從集水區大量將水外移，有可能摧毀當地的生態系統。例如，地下水位下降可能導致地表塌陷、水井乾枯。水的大規模移轉還會帶來巨大的能源消耗。仍處於策劃階段的北美大運河計畫（將流入詹姆斯灣的河水外移）有幾種不同的計畫草案。加拿大提出的一份草案要在運河沿岸建立一系列核電站，用來提供遷移大量河水所需的能量。現在，河水改道和水力發電水壩專案已經造成局部地區氣候改變、生物多樣性降低、汞汙染加劇、森林喪失、魚類棲息地和溼地喪失等等惡果。然而，如果將來發生大規模河水轉移，對生態環境將產生比之前更大的負面影響。

科學研究指出，大規模將水轉移影響到的不僅僅是水源地的生態系統。加拿大水資源專家傑米・林頓針對維護自然河流、保持海岸生態系統平衡的重要性發表評論時指出，「毫無疑問，水流向大海絕對不是『浪費掉了』，從湖泊、江河、溪流中用輪船運送大量水資源出口會對海洋和沿海環境產生累積性的嚴重影響。」類似情況，加拿大作家、電影製作人和水資源問題專家理查・博金說，透過迫使河流改道，我們得到的是「浮士德合約」[12]。他說：「我們得到的是電力和灌溉用水，而付出的代價是河流的生命，包括河谷及當地的生態系統，以及一部分人的生活方式。隨著過去五十年間修建水壩的代價愈來愈明顯，我們已經無法再以無知為藉口，假裝不知道將河流與湖泊視為輸水系統會帶來的後果。」

依靠海水淡化技術獲取淡水也是一個「浮士德合約」。儘管這項技術已經應用在某

12　德國傳說中，浮士德向魔鬼出賣靈魂，換取青春、知識與權力。

些國家和社區，儘管這種應用未來很可能繼續擴大，但它絕不是拯救這場世界性水資源危機的靈丹妙藥。首先，這項技術極為昂貴，所以至少在可以預見的未來，只有富國才用得起。即使將來營運成本下降，海水淡化技術仍然要耗費大量的能源，這會燃燒大量礦石燃料，加劇全球氣候變暖，而我們已經知道全球氣候變暖是造成目前水資源危機的原因之一。

此外，海水淡化技術會產生一種致命的副產物。每處理一加侖海水，只有其中的三分之一變成淡水，剩下的三分之二成為濃度更高的鹽水。當這些高濃度的鹽水在高溫下倒回海洋時，就會汙染海洋。而且，海水淡化技術目前完全無法解決愈來愈嚴重的地下水鹽化問題。常識告訴我們，我們應先集中精力，制止現存淡水水源的鹽化，而不是去尋求如何把大量海水淡化。平心而論，一些侵入性技術的應用正是造成我們今天困境的因素之一，它決不是解決水資源危機的答案。

用水公平

在這個水資源分布不均的世界上，富水地區是否有義務與其他地區共用水資源呢？一個全面、永續的水倫理原則對這個問題的答案當然是肯定的。水資源缺乏的國家幾乎都是第三世界國家，而擁有豐富水資源的國家則大多是已開發國家，那裡的企業和一些特定階層的人靠許多缺水地區的殖民化發了財，這使我們陷入一個兩難境地。有一種觀點認為，已開發國家有義務與缺水地區共用水源，即使這意味著對已遭受損害的生態系統造成更大的壓力。要解決這個兩難命題，我們應該區別短期解決辦法和長期解決辦法。對缺水地區來說，依靠淡水進口無論對生態系統或對人民都不是最理想的長期解決辦法。由於水對於生命極端重要，任何人都不應該完全依靠國外的水源，因為它有可能因為政治或環境因素而被切斷。我們還應該把水資源貿易與水資源共用加以區別。在一宗商業性的水資源貿易中，最需要的人往往是最不可能得到水的人。企業從遠方運來的淡水將只賣給有錢人，因為商業水資源出口的唯一動力就是獲取利潤。在這種情況下，進口淡水供給那些富裕階層，將降低缺水國家尋找真正可持續、公平供水方法的緊迫感和政治壓力。

喬治・維爾米策爾（George Wurmitzer）是奧地利阿爾卑斯山區小城西米茨市（Simitz）的市長，他談到從當地大規模出口淡水的問題時，明確區分水資源貿易與水資源共用這兩個概念：「我認為，對處於乾渴中的人們給予幫助是我們神聖的責任，而出口淡水供某些人用於沖馬桶或洗汽車則是犯罪……它沒有任何意義，而且從生態上或從經濟上看，都是件瘋狂的事。」水資源專家傑米・林頓說：「或許，反對商業水資源出口最有力的論點在於，這種出口會使造成目前這場水資源危機的一個重要假定合法化，這個假定就是：人們對水日益成長的需求永遠可以藉著增加供給來得到滿足。這個思路導致湖泊的乾涸、地下含水層的枯竭和水生生態系統的毀滅。」

然而，如果公眾控制著水資源，那麼在危機下，兩個國家之間有可能在短期時間內共用水源。在這種情況下，水資源的共用應該附加嚴格的時間表和附帶條件，以使得到供水的地區盡快達到水資源自給自足，鼓勵它們修復水資源系統。然而，如果繼續讓世界水資源及分配權民營化，那麼這個法則完全不可能實施，因為企業絕不會允許非營利的水資源轉移系統存在。

全球用水不均的問題根源在於富國與窮國之間逐漸擴大的貧富差距。大多數第三世界國家很少有能力向人民提供公共衛生服務或制止水媒病爆發。它們無力對外國投資限定條件，無法制止工業汙染水資源。另外，國際貨幣基金組織和世界銀行強加給它們的農業生產與出口方式耗費大量的水，這種政策必須停止執行。另外，富國強迫第三世界國家放棄對貧民提供公共衛生服務（包括自來水服務）的政策也必須立即停止。

要真正解決全球水資源不均問題，富國必須提供財力，不是去推行幫助跨國企業牟取巨額獲利的不永續水資源分配系統，而是建立一個永續系統。已開發國家現在有幾件事可以做。第一，免除第三世界國家所欠的債務。第二，把對外援助標準恢復到以前的水準（國民生產總值的〇・七％）。第三，對金融投機者徵收托賓稅[13]，來改善全世界自來水服務及基礎設施。

另外，必須更關注世界各地原住民的權利。在很多國家，原住民的水權成為別人牟利的犧牲品。他們受到水壩和運水專案的損害往往不成比例地嚴重，他們的土地和水源遭受工業汙染的程度往往也特別高。此外，必須尊重原住民祖傳地的水權的另一個原因是，水在他們的精神生活中具有特殊的地位。

人人有用水權

與「用水公平」相關的問題是「如何為水定價」以及這對「人人有用水權」這個原則的影響。在世界上很多城市興起「水價必須全面反映成本」的聲音。他們的觀點是只有訂出一個合理的水價，人們才會注意節約用水。這聽起來似乎很有道理，但在目前情況下，實際存在不少問題。

首先，這種定價方法會增加用水權的不平等。我們都知道，缺水最嚴重的往往是那

13　托賓稅（Tobin tax）是只對外匯交易課稅，只要金融投機者買賣外匯就課稅。

些窮國，向貧民們徵收水價只會進一步擴大貧富間獲取用水的能力差距。許多已開發國家認為，第三世界國家的人口爆炸是造成全球缺水的主要原因，所以「為水定價」在有些情況下很可能是他們希望限制人口的一個託辭。這種觀點與「愛滋病是大自然對第三世界人口爆炸的回應」的論調何其相似！

即使在已開發國家，對水資源這種稀有資源實行民營化也會讓社會產生極端的兩個族群：付得起水價和付不起水價的人。這將使數百萬的民眾被迫作出痛苦的選擇：要水？還是要醫療衛生？例如，英國在柴契爾夫人在位時，高漲的水價迫使人們選擇有限的水是要用來清洗食物？還是用來洗澡？

第二，在目前國際貿易協定和世界銀行制定的條文中，定價後的水被當然地視為商品。只有保持自來水服務的公有性質，由政府交付給公民並加以保護，才能使自來水服務免受這些強大的國際貿易條文制約。世界貿易組織和北美自由貿易協定一類的國際貿易組織在這個問題的立場很明確：如果水資源被民營化並拿到市場上賣，那麼，只有付得起錢的人才能得到它，至於誰最迫切需要水，則完全不在考慮之列。按照這些貿易協定的條文，水資源出口的龍頭一旦打開，就再也不允許關上，而且政府不得差別取價。水價必須由全球市場來決定，而即使是水資源出口國的政府，也必須向本國公民徵收與全球市場同樣的水價，這樣一來，不管是富國還是窮國的貧民都將受到最大的打擊。

世界銀行似乎已經發現水利事業民營化後造成貧民無水可用的問題，它鼓勵窮國政府實行用水補貼。例如，智利對最窮的貧民發行「換水券」。任何對社會福利問題，特別是第三世界國家的社會福利問題有一定了解的人都知道，這種救濟事實上常常並不存在，而且在特定情況帶有獎懲性質（例如，政府會向在大選中支持執政黨的社區免費供水）。水是聯合國「經濟、社會、文化權利國際公約」中明確規定的基本人權之一，用水福利絕對不是這個偉大宣言作者們的本意。

第三，為水定價在省水方面也不會有太大成效。一般認為，在城市中，六五％到七〇％的水用於工業，二〇％到二五％用於一般機關，一〇％用於家庭。關於為水定價的討論往往把注意力放在家庭個人用水，卻忽略工業用水這個大戶。其實大家都知道一些工業用戶使用各種手段逃漏水費。

最後一點，在市場上公開競標賣水時，誰來付錢給環境和未來呢？在水利事業民營化和為水定價的討論中，很少有人提及大自然及其他物種。討論到各種水價計算時，也從未有人提到環境成本，而這個成本不能被忽視。所有關於水價的任何立法都必須考慮環境成本。如果我們喪失對水資源系統的公共控制權，我們無法用法律手段保護集水區和原始湖區。

為水定價的議題很重要，其實我們應該從更大的架構來看這個問題。考量可行性與正義，任何水價的嚴肅討論都必須包括三個條件：全球貧富差別、用水權是人權、水與大自然的關係。如果水被用來貿易，必須有公正的定價過程，並以支付能力、對基本用水的保證和公正的稅收系統為基礎。水資源貿易所得收入必須用於改善世界各地水資源系統狀況，特別是保證地球上所有的人，無論貧富，都能得到基本用水和衛生條件。這筆收入還應該用於環境保護、改善集水區狀況、修復目前造成水資源極大浪費的基礎設施。

要達到人人有水可用的目標，各國政府必須制定相關法律並嚴格執行，制止大工業和大型農業這些濫用大戶浪費水。政府還必須建立更公正的稅收系統，堵住大公司逃稅的漏洞，並停止使用以減稅、免稅吸引投資的作法。這些稅收本來可以大大修復地球上垂死的水資源系統。解決方法很清楚，重點必須放在用水量最大的那些人身上，他們一直在以犧牲社區利益的代價換取高額獲利。在當今這個公司併購和跨國經營的時代，像水資源這樣的公共財產可以被運到幾千英哩外出售。可是這些大公司根本無權以剝奪任何人用水人權的代價來換取獲利，這個代價太高了。

以上這些措施可以保證所有人的用水權和良好的衛生條件。但如果水資源的控制權不在公眾手中，這些措施根本不可能實施。相反地，如果政府允許企業控制水資源，並將水資源商品化，獲利原則就會主導一切。在這種情況下，水價將成為市場工具，而不是實現省水與正義的機制。因為水對生命必不可少，所以，人人有水可用是基本人權，這個人權必須是關於水的新倫理基礎原則。

用水和平

在這個水資源危機的世界，國際間因水資源而產生的衝突肯定會愈來愈多，除非人類能夠意識到，大家面臨的共同威脅比非共同的威脅多。事實上，除非全人類立即採取行動解決全球水資源危機，否則世界水資源的前景將十分黯淡。為了採取共同的行動，我們必須就這場水資源危機的本質和規模達成共識。假如科學家告訴我們，一顆巨大、足以毀滅地球的彗星正朝地球飛來，只有全人類共同採取行動才能避免這場災難。那麼毫無疑問地，任何關於種族、宗教、社會和經濟的分歧立刻就會變得微不足道。事實上，一場全球性的水資源災難正朝我們飛來，如果我們不能正確面對這個挑戰，最後全人類將會同歸於盡。

國際社會必須在一個新模式下團結一致，但這個模式絕對不是世界銀行以追求獲利為主的模式。國際社會必須承認水的公有權、水的管理權、用水公平、人人有用水權、用水和平的價值。一些支持這些價值的慣例早已存在，包括過去十年聯合國主持的一系列國際會議中，就已經提出三條原則，這些原則與上述的五條價值一致，可以作為我們將來處理水問題時的基礎：

一、**有限主權原則**：在不損害其他國家利益下，每個國家都有權使用境內的水資源；

二、**社區利益原則**：一個國家在使用境內的水資源時，必須與其他相關國家以合作的態度協商，就共同管理達成共識；

三、**公平合理使用原則**：對於多國共用的水域，每個國家應該得到公平、合理的份額。

這些原則無疑是正確的，但並不夠完整。首先，大多數國際協定或雙邊協定都在共同水域發生爭議，例如河流、湖泊、地下含水層。然而，愈來愈常發生一個國家在用完自己的水資源後，要求使用其他國家境內的水源。對於這種情況，我們需要制定一個原則。

第二，基於這些原則的協定都是兩國或多國政府之間簽訂，如果出現爭議，也只有政府才有能力解決。可是目前的情況是，在許多國家，愈來愈多民營企業控制水權和自來水系統。水資源商品化的趨勢使國家權威變成公司權威，造成國家對水資源重大決策無權置喙的窘況。

第三，世界貿易組織和世界銀行等強大的國際貿易和金融組織具有推翻國家（包括聯合國）所做的與水資源相關的決策能力。除非出現與之抗衡的其他國際組織，否則關於水與環境或水與社會公義的國際協定都有可能被推翻，以適應全球貿易與投資利益的需要。

人類最終將發現必須在關鍵時刻做出正確決定。如果做出錯誤決定，千百萬人將因此死去，也許地球也會變得再也不適合人類居住。但是，如果我們認清這場水資源危機的本質，而且能在尋找對策的過程中建立國際和諧，我們也許能藉此達到很多人都憧憬的世界和平。

十項原則

為了拯救地球上愈來愈稀少的水資源，防止衝突進一步擴大，所有政府和社區都需要共同努力，就像過去在戰後重建社區那樣。為了完成這個使命，首先必須制定一組共同原則。在這裡，我們提出十項原則，作為大家討論的起點：

一、水資源屬於地球及生活在地球上的所有物種。

二、在可能情況下，都應該避免大規模的淡水遷移。

三、任何時候都必須節約用水。

四、被汙染的水必須予以淨化。
五、在自然集水區裡，水資源可以得到最好的保護。
六、水是公共財產，應受到各級政府保護。
七、得到足夠的乾淨水是基本人權。
八、水資源最好的保衛者就是在地社區和居民。
九、公眾必須以夥伴的身分與政府一同保護水資源。
十、全球化經濟不利於水資源長期永續。

一、水資源屬於地球及生活在地球上的所有物種

沒有水，人類及其他生物都會死去，地球將不再有活力。然而不幸的是，現代社會失去對水在生命循環中的神聖地位和它在精神領域的中心地位的尊重，導致人類濫用水。我們變得相信人類才是宇宙的中心。決策者忘記水屬於地球，屬於地球上的所有物種及子孫後代。他們完全忽略這些「利害關係者」的存在。儘管人類充滿光輝與成就，但我們是動物的一種，我們都需要水來維護生命。然而與其他動物不一樣的是，人類有摧毀維持所有生命的生態系統能力。我們長期以來恰好就行進在這條破壞性的道路上。只有重新定義我們與水的關係，尊重水在自然中基本而神聖的地位，才能糾正過去的錯

誤。只有在未來的決策中全面考慮對生態系統的影響，我們才有希望修復那些已經受到嚴重傷害的水資源系統，並保護那些尚未受到傷害的水資源。

二、在可能情況下，都應該避免大規模的淡水遷移

大自然讓每個水資源有其歸屬。若從集水區以大量遷移水的方式干預自然，很可能會毀掉當地的生態系統，以及其他有關的系統。從湖泊、江河、溪流大規模地移水對周圍的土地和江河入海口處海岸的環境有災難性的影響。從健康的水域運水，或對水域其他形式的破壞將毀掉原住民和當地人賴以為生的經濟活動。

儘管當水資源或糧食發生危機時，其他人有義務提供援助，但從長期觀點來看，這並不是一個好的解決辦法。一個國家或地區過度依靠外來水源，將造成不穩定的局勢。現代運輸技術的發達使很多人忘記從很遠的地方進口淡水其實既不經濟，也不可靠。如果將建壩、引水、油輪運水對環境的損害考慮在內，我們就會發現，水的全球貿易毫無積極意義。如果靠進口來維持對水的需求，將會造成一種依賴關係，這對進出口雙方都不利。相反，我們應該學會在自然條件的限制之內生活，從居住地區、社區、與家庭日常生活中，尋找省水的途徑，同時尊重水資源在大自然的地位。這樣，當緊急情況發生時，就能保證我們的水資源處於良好的狀態，可以暫時援助給遠方的需求。

三、任何時候都必須節約用水

每一代人都要確保水資源的品質和數量不會因為人類活動受損，這意味著我們要根本改變生活習慣，特別是用水習慣。生活在富裕國家的人，尤其是生活在富水地區的居民，必須改變用水方式。如果我們不改變，那麼任何分享水資源時的猶疑——即使是因為環保和倫理方面的原因——也會被別人理所當然地不信任。

如果我們改變用水方式，我們就可以保持地下水源的永續利用，以確保取水量不超過自然補水量。另外，一些調往城市和農業企業化生產的水也必須歸還大自然和中小型農業生產。政府也必須停止補貼浪費水的工業和大型農業。政府可以藉著拒絕補貼給濫用水資源的人和獎勵節約用水對外發出一個明確的訊息：水是珍貴的，不應該浪費。

必須留下一些大面積的水資源系統來做儲備。各國應該同意這個國際目標。計畫中的主要水壩工程和運水工程必須暫停，尋找其他替代方案。一些現存的運水工程應恢復到河川原來的自然狀態。各國政府都應把優先任務放在改善陳舊、破損的自來水設施。每年都有大量的水因水管破裂而損失，而老舊的管路還可能累積致病的病原體。

四、被汙染的水必須予以淨化

人類集體汙染全世界的水資源，因此必須負起恢復這些水資源的責任。鼓勵過度消費和浪費水的經濟價值觀造成缺水和水汙染，最終將威脅到我們的健康和生命。人類和其他物種的生存都有賴於修復受到損害的生態系統。

世界各國和各社區都必須淨化被汙染的水，並停止破壞溼地和集水區。應制定更嚴格的法律，並確實執行。對農業、城市廢棄物、工業這些造成水質退化的主要來源進行控制。政府必須重新控制跨國企業的採礦業和林業經營狀況，它們未受監督的行為對水資源系統造成無法估量的損害。

另外，水資源危機不應該與其他主要環境問題分開來看。例如，毀壞森林將嚴重損害水域的健康，破壞魚類的棲息地；而由人類活動造成的氣候變遷則造成頻繁的極端氣候：洪水更猛，暴風雨更劇烈，旱災持續時間更長，這更加劇缺水的現象，讓淡水更加缺乏。世界各國必須共同行動，大幅減少人類活動對氣候的影響。

五、在自然集水區裡，水資源可以得到最好的保護

一個用水安全的世界將取決於人類是否能在「生物區域」，或是說「集水區」的限制內生活。這些集水區內的地表水和地下水的狀況實際上決定動物和植物的生命狀況。在一個地區，以生態限制下生活就稱為「生物區域主義」（bioregionalism），其中集水區的狀況就是問題的主要切入點。

從集水區角度規劃水資源保護還有一個優點。水的自然流向並不受國界線的束縛。長期以來，國際間、地域間、部落間常因為邊界的存在而不能有效管理集水區。從集水區的利益出發，而不是從政治邊界出發，更有利於作出合作、明確的決策來保護集水區。

六、水是公共財產，應受到各級政府保護

像空氣一樣，水屬於地球和生活在地球上的一切生物，任何人無權將水資源竊為己有，或以犧牲別人利益的代價為己牟利。水是公共財產，必須在政府和社區的保護下。這意味著水資源不應該民營化、商品化、或以商品目的大宗出口。為了阻止目前水資源商品化的趨勢，各國必須立即採取行動，宣布境內的水資源是公共財產，並制定法律妥善保護。現存和將來簽訂的多邊、雙邊貿易投資協定中，水資源的相關條文應該刪除。各國政府還必須立法，禁止大宗的水資源貿易專案。

儘管政府保護境內水資源的績效很差，但是我們仍然相信，只有透過民主監控下的政府才能根本扭轉這種局面。如果由民營企業掌握對水資源的控制權，那麼任何有關水資源的決定都將以謀利出發，而在決策過程中，公民得不到任何發言權。

各級政府都必須大力保護水源。大城市不應該再從農村地區運水供自己使用；各地區之間應加強合作，保護大型河流和湖泊系統；國際間必須嚴格制止跨國企業的違法行

為；政府應向民營企業徵收足夠的稅收，然後用在維修基礎設施維修；各級司法機構應加強合作，保護全世界未開墾的水資源。

七、得到足夠的乾淨水是基本人權

無論生活在哪一個國家，任何人都有權得到乾淨水和良好的衛生條件。保持公有的自來水和汙水服務系統，訂定法規來保護水源，鼓勵水資源的有效使用是對這個基本人權的最好保證。在缺水地區，這是使每個人都能得到足夠乾淨水的唯一途徑。

另外，要保證原住民擁有他們傳統領地（包括水）的特殊權利。土地和水在原住民的社會和司法系統中占有重要地位。所有政府都必須從法律上承認原住民不可剝奪的自決權，而在水資源問題上的主權是這種自決權的基礎。

各國必須實行「當地資源優先」（local sources first）的政策，保證所有公民都有享用淡水的基本權利。所有國家、社區、生物都要保護當地的水源。在把目光移向其他地區尋求幫助之前，應先在本區之內尋找其他水源。這對制止對環境造成極大損害的遷移水資源專案會有很大幫助。「當地資源優先」政策必須伴隨「當地人、當地小型農業主」的原則。大型農業和工業，尤其是大型跨國企業，必須適應這種「當地優先」的政策，否則就應該被關閉。

這並不意味水資源應當免費，或任何人都可以無限地用水。任何訂定水價的過程都應保證每個人對水的基本需求，同時鼓勵節約用水。為水定價和「綠色稅」（grean taxes，它可以增加政府收入，同時限制汙染和資源消耗）應該主要以大型農業和工業為主，而不是瞄準普通公民。而這些得到的收入應該用在追求為所有人提供基本用水。

八、水資源最好的保衛者就是在地社區和居民

地區管理者是水資源最好的保衛者，比民營企業、昂貴技術，甚至是政府都還好。只有當地居民最能理解民營化、汙染、運水對社區的累積性影響。只有當地居民清楚知道，大企業把當地水資源移出後所造成的失業和農田喪失。因為居民和社區的生活與生計都維繫在當地的河流、湖泊及地下水，所以他們是第一線守衛者，他們應該被給予足夠的政治權力，以便有效地進行管理。

成功的水資源再生專案常常是由環保組織帶頭，然後各級政府和私人捐款參與其中。可是要讓這個專案可以負擔、持續且維持公平正義，就必須以當地社區為基礎來找出解決缺水問題的辦法。如果這個辦法不是從當地情況出發、以當地人的共識為基礎，那麼這個辦法就不可能長期有效。

在缺水地區，過去被新技術所取代的傳統習慣，例如水資源共用和雨水收集方法

等，現在被人們重新加以審視。在有些地區，當地居民完全擔負起水資源分配系統的責任，而且由所有用水者出資設立一筆基金，這筆基金反過來保證社區的每個人都有水可用。這種模式應當推廣到其他缺水地區。

九、公眾必須以夥伴的身分與政府一同保護水資源

要保證一個用水安全的未來，重要基本原則是，在政府制定水資源政策時，公眾必須以夥伴的身分參與。長期以來，政府和世界銀行、經濟合作發展組織之類的國際機構只著眼於企業利益，非政府組織和環保組織只允許出席少數場合，但他們的聲音往往被忽略。捐贈大筆選舉款項給執政黨的企業常常獲得控制水資源的合約，而且企業遊說團體常常直接參與國際貿易協定和條約的起草，這對各國政府產生合法性危機。

我們必須建立一套方式，使一般公民、工人、環保組織代表在水資源政策的制定中被視為平等的工作夥伴，而且是這個無法取代的資源的真正繼承人和捍衛者。

十、全球化經濟不利於水資源長期永續

全球化經濟和國際貿易的無限成長理念與解決全球缺水的辦法完全不相容。全球化經濟只獎勵那些強者和無情者，卻把當地民主，這個用來保障未來用水的制度拋在一

旁。如果我們接受必須在自然條件允許的限度內生活才能保護水資源，那就必須把整個世界看成一個大型市場的觀念拋棄。

全球化經濟使資本流動變得容易，並容許地方資源遭竊取，這損害當地社區的利益。貿易與投資的自由化使一些國家的消費超出生態和水資源的限制，而使另外一些人濫用有限水資源來種植專供出口的農作物。在已開發國家中，在沙漠上興建城市、大型農業及工業的事屢見不鮮。一個以水資源永續為目標的社會應該對這些現象加以譴責。

儘管全世界的水資源在日益減少，儘管跨國企業在水資源的短缺中飽賺獲利，但只要我們現在立即行動仍然不嫌晚。要實現自來水系統的普遍性和公平性並不是不可能，我們可以把水資源這項公共財產從入侵者的手中拯救出來。當瓶裝水商來到一個地方抽盡地下水源，賺足獲利一走了之時，當地的公民絕不能只能站在一邊，冷冷觀看，他們可以對水利產業民營化大聲說「不」。受到大量耗水的工業影響的人可以爭取改變現實，也可以制止對當地集水區的破壞和民營企業接管自來水系統的企圖。到目前為止，政府在這場護水抗爭中的表現令人失望。現在只有非政府組織和公民組織勇敢站出來，改變目前水資源的取得和分配方式，並為後代子孫保護好這項生命攸關的寶貴資源。

第十章　放眼未來

一般人民不但可以，而且一定要拯救全球水資源

「都成了！我是阿爾法，我是亞米茄，我是開始，我是終結。我要把生命的泉水白白地賜給口渴的人喝。」

——《啟示錄》第21章第6節

「森林和土地是誰的？
我們的，它們是我們的。
木材和燃料是誰的？
我們的，它們是我們的。
鮮花和野草是誰的？
我們的，它們是我們的。

那些牛是誰的？
我們的，它們是我們的。
那些竹林是誰的？
我們的，它們是我們的。」

——印度拯救那瑪達河運動戰歌

近年來，各國的社運人士、公眾教育者、環保主義者、工人、反貧窮主義者、人權主義者、貧窮國家債務減免支持者以及其他許多人聯合起來，在國際政治和經濟會議上大聲為人權問題和生態問題疾呼。他們正組成強大的聯合陣線，促使各國政府修改相關政策，並在世界各地推動解散或改革世界銀行這類全球金融機構，以及廢除或修改由世界貿易組織產生的國際貿易協定。他們力促訂定新國際社會與環境公約，要求各國政府捍衛民主原則，保護居民免受全球經濟造成的水資源危機損害。

正如第八章描述，國際護水運動的種子已經種下。在許多地方，獨立作戰的反擊運動已經取得一些成果。他們不是防止自來水系統民營化，就是阻止水壩修建，或是帶頭修復當地河川或集水區。這些成果都很重要，現在已經到了聯合起來，共同抗爭的時候了。我們要建立一個強而有力的聯合陣線，包括社區組織、人權運動者、環境學家、農民、原住民、公務員以及其他人來保護世界水資源，使其免受盜竊和汙染，並建立全球用水安全的模式。

這個運動已經開始了。二〇〇一年七月，在俯瞰太平洋、美麗的英屬哥倫比亞大學校園裡，來自三十五個國家八百多人聚集一堂，第一次聯合起來舉辦反對水資源商業化的國際大會。大會的主題是「水、人與自然，省水與人權」。大會由非政府組織加拿大人評議會主辦，第一次在完全沒有政府、聯合國、世界銀行的影響下，為來自各國的社運人士與專家提供一個分享經驗、信仰和計畫的場合。

大會聽取內容廣泛的報告。公務員講述向水利事業民營化抗爭的經歷；科學家向與會代表介紹他們各自的領域，並保證與社區組織合作；環境學家解釋氣候變遷、毀壞森林及其他環境問題與世界水資源危機的關係；人權專家呼籲在水資源分配問題上人人平等，並警告全世界已有許多人因為得不到飲用水而死。大會代表講述許多親身經歷的動人故事：烏拉圭農民向企圖買斷大片富含水資源土地的外資跨國企業進行抗爭；南非市政府公務員為了爭取憲法所規定的水權而抗爭等等。

大會中有兩組人員特別引人注目。數百名來自世界各地的年輕人在會中互相支持，並表示要將會議的精神帶回各自的學校與社區聯絡網。來自英屬哥倫比亞省亞瑟・曼紐（Arthur Manuel）領導的原住民代表團與來自世界各地的原住民共同制定保護水權的戰略，並簽署「原住民水資源宣言」（Indigenous peoples' Declaration of Water），這個宣言正在世界各地傳播。

最悲痛的時刻莫過於陳述哥倫比亞原住民領袖基米・帕尼亞・多米科（Kimy Pernia Domico）的「失蹤」。基米本來準備參加這次大會，可是在二〇〇一年六月二日，他被與哥倫比亞政府有關係的準軍事部隊綁架，並隨即宣布「失蹤」，可能已經死去。大會對基米表達最高敬意，並以默哀的方式，向世界上所有為爭取對土地、水資源等基本權利抗爭中獻身的人們致敬。這些權利對有些人來說天經地義，但對很多人來說，卻是遙不可及。

有很多地區已經成立各種組織積極面對這場水資源危機。歐洲許多著名知識分子呼籲發起一場國際運動，加強對水資源的保護。他們的代表里卡多・彼得雷拉向大會介紹理想中的「世界水宣言」（*World Water Contract*）。總部設在華盛頓的「人人有水運動」（Public Citizen Water）受到大家熱烈讚揚，國際地球之友和國際河流聯盟都表示將支持這個運動。來自第三世界國家和工業化國家的代表都表示要結成聯盟，共同制定政治抗爭策略。

在大會結束之前，全體代表一致呼籲，必須保持水資源的「公共財產」地位。大會發起成立「藍色星球計畫」，旨在保護全世界的水資源。大會一致通過了「關於分享與保護全球共同水資源的條約草案」（見本書開頭部分）。代表們將爭取讓世界上所有國家都簽署這個條約，保證水資源作為全球共同財產的地位。這個草案將作為全球公民運動的主要訴求之一，準備提交給二〇〇二年秋季，在南非的約翰尼斯堡舉行的「里約後十年（Rio 10）世界高峰會議」。

儘管「藍色星球計畫」將重點放在政治層面，要求恢復水資源的公共財產地位和保證人人有水可用，但我們也很清楚，在討論全球缺水的同時，幾個關鍵的環境問題也必須給予關注。對尚處於起步階段的全球水資源保障運動來說，對水資源的保護和平等用水是這個運動的兩個基石。

對水的保護

世界水資源的危機很嚴重，不能低估。為了有一個用水安全的未來，大多數國家及公民必須做出極大的努力。但解決辦法還是存在，很多社區組織、農民、科學家、環境學家都正朝這方面努力。

最重要的是要節約用水和淨化汙染的水。對很多人來說可能不容易，因為這意味著對待水資源的態度要根本轉變。簡單地說，人類不能繼續假定世界水資源無窮無盡，可以任意使用。我們必須改變生活方式，在有限的水資源下生活。正如全球水資源政策計畫的主持人珊德拉・波斯特爾指出，人類需要很快地將水的「生產率」提高一倍。她的意思是，為了滿足幾十年內世界將有八十到九十億人口的用水需求，從河川、湖泊、地下含水層取出的每一升水，必須達到過去兩升水的效用。以現有技術，在不影響經濟產出和生活品質的前提下，農業用水可以減少五〇%，工業用水可以減少九〇%，城市用水可以減少三分之一。

很多北美民眾每年使用大約五百公噸的水，其中至少有一半因為洗車或水龍頭未關緊而流失，其實一個人每年使用不到十公噸的水就夠了。僅僅多倫多一個城市，每天就沖六千六百萬次馬桶，而加州一個州就有五十六萬個游泳池。只要減少這方面的浪費，再加上改善自來水設施，就可以在全世界節省出大量的水。

美國法律規定，從一九九四年起，所有新廁所都必須使用高效率、低流量的馬桶，這種馬桶比老式設計可以減少七〇%的用水量。透過對漏水管線的維修、廢水處理後再利用，以及對浪費水資源的人罰款，全世界各大城市節約高達二五%的用水量。以西德為例，它從七〇年代開始，訂定法規要求工業必須回收工業用水加以利用。二十多年來，儘管工廠數目顯著增加，但工業用水總量卻沒有增加。美國鋼鐵工業過去每生產一噸鋼鐵需要消耗二百八十噸的水，現在只需要十四噸新加入的水。當然，工業界也同時存在大量汙染的例子。我們需要透過更多像德國和美國這樣的法律，對採礦和高科技一類的工業汙染和對水的浪費加以控制。

環境主義分析家桑德拉・波斯特爾、彼得・葛雷克及其他人指出，現有的一些技術可以節省大量的農業用水。必須停止在貧瘠的土地上耕種耗水作物，只有在自然水源非常豐富的地區才可以耕種這些作物。另外，工業化的大型農業對水源、動物及人類造成的損害證據是大量、不容質疑的。透過立法禁止或嚴格控制工業化農業是當務之急。此外，還應該透過立法禁止或控制農藥、抗生素、化肥使用在農業上。事實上，工業化農業不可能永續使用水資源，各國政府必須制止這個趨勢，同時，國際政策應該鼓勵發展小型農業。

全世界無效率灌溉系統的大量漏水實際上很容易替換成新型、更有效率的科技系統。另外，只要有更加完善的管理和運作，例如高效噴灌和滴灌，也可以節約大量的農業用水。用滴灌代替淹灌，可以直接把水送到作物的根部，減少蒸發，減少鹽分累積，節約用水和能源。滴灌的用水利用率高達九五％，幾乎所有的水都可以直接被作物吸收，而淹灌揮發和逕流造成的用水損失可高達八〇％。目前全世界耕種面積中只有一％使用滴灌，所以這方面的省水潛力很巨大。

對第三世界國家數百萬的農民來說，滴灌和其他小型農業技術是公平、永續用水的唯一途徑。因此糧食生產模式將愈來愈朝向小型農業的耕作方式。傳統蒐集淡水的方法，例如利用屋頂和山坡蒐集雨水，都證明比西方引進、維護費用昂貴的雨水收集方法還要好。水壩修建和運水工程所造成的損害已經愈來愈明顯，所以，在全世界支持小型、高效率、省錢的農業用水方式十分重要。尼泊爾糧食生產中，七〇%使用農民管理灌溉系統（Farmer Managed Irrigation Systems）。農民管理灌溉系統以當地原住民的農業知識和實際操作為基礎，管理當地的水資源，透過灌溉使整個社區受益。許多其他國家因淹灌而使農田遭受巨大破壞，它們也在試圖學習尼泊爾的榜樣。

在大力推廣這些農業技術同時，必須加強抵制修建水壩和運水工程。必須恢復被截斷的河流，使集水區重新繁茂，為水生動物提供良好棲息地，使河水與海水重新匯合，維持魚類產卵棲地。儘管達到這個目標需要很多年的努力，但只要我們堅持不懈，大自然會幫助我們，因為水壩的經濟與未來生態本來就不穩定。小型農業倡導人、自然資源保護主義者溫德爾·貝瑞（Wendell Berry）在他的詩中說道：「人類可以修建一座水壩，然後聲稱他們造了一個大湖。但它實際上仍是一條河，被禁錮的河就像一隻被關在籠子裡的野獸，隨時注視著哪怕是最小的缺口。日久天長，大河終將重新流動，阻攔它的水壩就會像古代的懸崖一樣，被洪流一點一點沖走。」

我們知道，印度中部乾旱地區在實行水土保持政策後，糧食產量提高，減少當地的飢餓人口。聯合國在全世界指定幾個生物圈保留區（Biosphere Reserve），包括一些內陸和沿海的生態系統。這些生態系統必須加以保護，同時人類仍可以一種永續的方式使用它們。指定這些生物圈保留區的目的，是以地區性和國際間合作的方式，從整體上對自然和人類發展提供保護。國際地球之友呼籲，將整個死海盆地宣布為世界文化遺址和生物圈保留區，以拯救死海。

南非人口的成長比自然水補充的速度快三倍。為了解決這個問題，南非政府開始在一些地區進行實驗，將當地社會的求職需求與水的回收連結。那裡的情況已經十分緊迫，必須儘快找到解決辦法。現在，南非人均淡水擁有量只有一九六〇年的一半，而五十年內，南非一半的河流都會乾涸。造成這種狀況的原因很多，但其中一個原因是人為造成的。早期歐洲移民來到南非時，經常懷念家鄉的大樹和公園，於是他們開始種樹。很快，耗水的松樹和桉樹就取代當地耐旱的植物，而河流的水量則開始減少。現在南非制定一個「為水而工作」的全國性、為期二十年的專案。四萬名南非人開始從森林中和草原上把耗水植物剷除。這些人大部分來自失業率很高的貧窮地區，他們一方面有尊嚴地工作，一方面對保護環境和水資源作出貢獻。這個活生生的事例表明，只要互相關心和尊重，人類與自然完全可以共存。

這種對自然的尊重必須成為全球護水運動的核心目標。如果水源周圍的棲息地被毀林、溼地消失、盲目地城市化，則這個水源本身也不可能繼續健康地存在。各級政府必須制定完整的環境保護政策，而人類必須保留一部分的水還給大自然。這意味著，人為延伸到城市和大型農業的河流必須要回歸大自然和缺水的農村。

最後，大自然的一個基本法則必須得到尊重：我們再也不能繼續以高於補水的速度取用地下水了。如果我們繼續這樣做，結果很簡單，那就是我們的子孫將來無水可用。大自然的這個法則十分簡單，就是取出的速度不得超過補充的速度，這個計算其實一點也不複雜。以一個裝滿水的澡缸為例，如果放水塞已經拔開，而只有少量水或沒有任何水補充進來，那麼過一段時間後，澡缸裡就不會再有水了。然而，很多國家的政府甚至根本不清楚當地地下水的位置和規模，更談不上制定保護地下水的政策了。

用水公平

聯合國「世界人權宣言」已經發表超過六十周年。在爭取人權和公民權高於一切政治與經濟專制的長期國際抗爭中，這個宣言是一個轉捩點。這個宣言與「經濟、社會、文化權利國際公約」和「公民與政治權利國際公約」共同成為二十一世紀的基本憲章。除了人人都擁有完全的人權，不分種族、宗教信仰、性別等任何區別，宣言還包括公民權，即每個人從政府得到服務和社會保障的權利。

這些權利包括社會安全、健康、家庭福利、工作、住房、醫療衛生等。上述兩個協定規定，政府有道義和法律義務，保護世界人權宣言中規定的人權和民主權。宣言中規定的公民權利和責任，再加上協定中規定的政府權利和責任，構成當今世界民主制度的基石。

然而，在宣言發表六十多年後的今天，全世界卻仍有十多億人得不到足夠的乾淨水，也就是說，他們還不能得到宣言中規定的基本權利。在這六十多年中，私有資本呈幾何級數成長，而世界上的貧民卻從政治地圖上消失了。世界水資源系統惡化的同時，跨國企業和全球金融機構的影響力卻愈來愈大，這絕不是偶然。從生態學的角度來看，如果把世界上的水放到市場上，而且只賣給出價最高的買主，那麼未來我們就不可能將水資源永續利用。如果公眾喪失這個寶貴的公共資源控制權，我們將沒有能力去設定條件來保護及平等分配水資源。

公民護水運動的重點必須放在保證人人都有基本水權上。這意味著必須堅決反對水利產業民營化。各國必須知道：它們必須負起責任保護當地的水源，並向當地每一個公民提供用水，因為這是他們的基本人權。如果政府需要收取水費來減少浪費，那麼賣水收入絕不能落入企業的執行長或股東口袋裡，而是要應用在汙水處理回收、基礎設施維修及保證人人有水可用的用途上。里卡多·彼得雷拉建議，一個公平的水價系統應該符合下面的條件：由社區自己決定當地的用水需求；在每個人的基本用水得到保證之後，再考慮定價問題；每個家庭和機構都要向社區水資源基金會一次性地繳納一筆資金，具體金額則按照個人的支付能力決定；每個用戶，不管是家庭還是公私機構，超過一定的用水量後，水價應該大幅增加，並給予一定的懲罰。另外，大量用水的工業用戶應被課以重稅，並不准其將此稅轉嫁於消費者。同時，不論是企業還是社區，都不准買水來濫用。不能像拉斯維加斯那樣，將大量的水浪費在游泳池、巨型噴泉、水舞等，以耗盡當地水源的代價為獲利服務。

全球用水安全運動必須以用水公正為指導原則，同時努力爭取保持公眾對水資源服務的控制權。然而，在民營企業已經介入的地區，必須制定嚴格的規定，確保公共健康、適當的工作條件以及水資源分配的平等。太平洋發展環境安全研究所的彼得·葛雷克和同事建議，在這種情況下應該遵守以下的條件：所有與民營企業的合約都必須保證免費提供社區所有居民基本用水服務，並提供當地生態系統的基本需求。水價必須公正、公開，並提供鼓勵節約用水的誘因（例如對揮霍用水者提高水價）。政府必須保持或收回水資源和基礎設施的控制權，只有政府才能負責水質檢測和執行水質法。另外，任何合約都必須保證當地社區可以參與和監控。

對民營自來水公司來說，以上的要求十分苛刻，可能讓很多跨國自來水公司打退堂鼓。其實，這些要求只不過是鼓勵民營企業遵守水資源管理的職業道德，而且這些原則也可以運用在其他行業。

用水安全的十個步驟

在廣泛談完解決全球水資源危機的辦法後，該是加入國際用水安全運動，並採取行動保護水源不受商業染指的時候了。在保護和節約寶貴的水資源，並以公平和對生態系統負責任的態度對水資源進行分配時，應該遵守下面的方針：

一、推動制定「水生命線憲法」（*Water Lifeline Constitution*）。
二、建立社區「水資源管理委員會」（Water Governance Councils）。
三、推動通過「國家水資源保護法」（*National Water Protection Acts*）。
四、反對水資源商業貿易。
五、支持反建壩運動。
六、與國際貨幣基金組織和世界銀行進行抗爭。
七、向全球水資源企業宣戰。

八、爭取全球用水公平。

九、宣傳「共同水資源條約草案」（*Water Commons Treaty Initiative*）。

十、推動制定「全球水資源公約」（*Global Water Convention*）。

一、推動制定「水生命線憲法」

水是全人類和生態系統的財產，所有的社區都有使用權利。文明社會首先應該做的是，宣布水是公共財產，由透過選舉產生的領導人負責保衛。對這個公共財產的管理責任必須由社區公民和各級政府共同承擔。

全世界的每一個人都應該被保證獲得水生命線（Water Lifeline）的要求，至少獲得二十五公升的免費乾淨水，這是不可剝奪的政治和社會權利。這必須由法律和國際法來保證，並結合三個可能的衡量條件來實施：嚴格的水資源保護措施；對為了追求獲利而大量用水的大型農業、採礦業、高科技業課稅；對浪費水資源的人祭出高價懲罰。

全球用水安全運動應該努力爭取在一個國家都通過「水生命線憲法」，讓每個政府都能保證提供每一個公民最低限度的乾淨水供應。政府應該運用公權力保證對所有社區，尤其是較窮的社區，公平供水，並告知每一個公民知道他們應該享有憲法賦予的用水權。

二、建立社區水資源管理委員會

最好的水資源保衛者就是當地社區和公民，因為他們最能觀察和感受水源被破壞帶來的影響。所以，由他們與政府共同管理當地水資源系統非常重要。當地社區必須制定一個共同管理架構，由選舉產生的公民代表與當地政府水資源管理部門一同管理水資源。例如，水資源管理委員會可以監視和保護當地水源，觀察當地農業用水狀況，並對工業汙染情況作出報告。他們可以指導當地集水區的管理，還可制定並實施當地居民和農民優先的政策。他們可以組織並用公共資金支持當地水資源政策的調查活動，還可以與當地原住民一同工作，支持原住民在保留地對水資源的自治權。

最重要的是，水資源管理委員會可以抵制當地水資源服務民營化，並促進公營共管的模式，就是當公共自來水服務遇到財務方面的困難或需要重組時，由市政府、政府負責的部門及公務員工會共同協調尋找解決辦法。這與公私合營模式完全不同，公私合營是指當公共自來水服務須重組時，民營企業進來接管當地自來水系統。水資源管理委員會應該保證運作的透明度和責任感，並確保實行公營共管模式，以公平的方式向所有用戶供水。他們還可以監督當地政府與民營企業之間簽訂的任何合約，確保水資源系統由公共控制。

三、推動通過「國家水資源保護法」

國際用水安全運動有權要求世界各國制定嚴格的法規，保護水資源，並保證每個公民的用水權。每個國家的「國家水資源保護法」應當包括以下方面：

水生命線憲法：保證每個公民都有得到乾淨水和衛生服務的權利；

水定價政策：包括對用水公平的考慮，對大型農業和工業高價收費及懲罰浪費水的人；

支持公共水資源服務系統：制定法律反對由民營企業接管市政自來水系統的控制權，對由民營企業提供的自來水和廢水服務制定嚴格的限制條件；

水源保護：指定大片水資源保護區，支持對集水區的管理和保護；

節約用水：限定工業、農業及城市用水量，嚴格制定自來水基礎設施的維修時間表，也要限定地下水的取用量；

汙水淨化：對被汙染的河流和溼地進行淨化處理。另外，政府也應該對毀壞森林、導致全球氣候變暖的行為與大型農業制定限制條件；

考慮「利害關係者」的利益：包括水生動植物和子孫後代的利益。任何關於水資源的決定都必須考慮到對其他物種、生態系統及後代的影響；

飲水測試與標準：制定法律，建立全國飲用水安全標準；

工業和大型農業汙水排放標準：各級政府必須對工業廢物傾倒、農藥的使用、排入水系和垃圾堆放場的有毒物質進行監控，制定相關法律並嚴格執行；

發展對水資源友善的技術：推動太陽能等綠能源的開發使用，代替水壩、運水、水力發電設施等；

限制瓶裝水的發展：限制地下水抽取量，制定環境保護標準，對抽取地下水的公司收取高價，對當地瓶裝水公司實行優惠政策，以創造當地工作機會。

四、反對水資源商業貿易

用水安全運動必須堅定反對水資源的商業性貿易。商業性水資源貿易尚處於初期階段，公眾強烈的反對和政府的法律完全可以阻止進一步發展。政府必須制定法律，禁止以油輪、水袋及其他運水方式進行大規模的商業性水資源出口。農民之間、社區之間傳統的小規模水資源貿易則不在限制之列。法律應該限制那些以獲利為目的、進行大規模商業貿易的水資源企業。

政府還必須對高速發展的瓶裝水工業制定嚴格的限制條件。提供安全的飲用水是政府的職責，這樣公民就不致於被迫以高價購買瓶裝水。將當地水源賣給大型瓶裝水公司的行為損害農民和社區的利益，必須以法規嚴格管理或予以禁止。

社區組織應該針對水資源危機發表觀點，並鼓勵公民對這個關鍵問題進行對話。必須組織獨立的調查活動，弄清楚大規模運水對當地生態系統的影響，進而知道如果外地發生缺水的緊急情況時，在不影響生態系統健康的情況下可以送出多少水支持。

將水作為「商品」、「服務」、「投資」的條文必須從既有的自由貿易協定（如世界貿易組織和北美自由貿易協定）和雙邊投資協定中刪除。另外，在進行服務業貿易規則的談判（如服務業貿易總協定和美洲自由貿易區）時，水資源也必須被排除在外。用水安全運動必須與其他相關組織密切合作，向現存的這類協定挑戰。如果現存協定中的有關條文不作大幅的修改，則必須堅決地予以反對。

五、支持反建壩運動

任何關心保護地球水資源的公民運動，都應該支持國際河流聯盟等組織爭取將建壩工業置於民主控制之下的抗爭。這意味著大家要團結起來，制定共同的計畫、策略及目標，並公開支持一九八八年「國際河流聯盟舊金山宣言：我們在水壩和水源管理問題上的立場」。這個宣言對所有水壩的修建提出了以下條件：運作過程的透明度；對其他「環境友善」替代方法的調查；水壩專案對環境、社會、經濟影響的評估；當地居民對水壩修建的運作擁有否決權；對水壩移民給予足夠的經濟補償；對生態系統的保護；對當地糧食生產的保護；對當地人的健康保護；將環境與社會成本納入經濟效益評估。這些條件在二〇〇〇年世界水壩委員會的報告中也被提到，所以也應該支持這份報告。

一九九四年，四十四個國家三百二十六個組織公開宣布，支持「要求對世界銀行水壩貸款延期償付的馬尼貝利宣言（Manibeli Declaration）」。宣言的標題是為了表彰印度那馬達谷馬尼貝利村的村民們在對抗活動中表現出的英雄氣概。這個宣言要求立即停止償還世界銀行的水壩專案貸款，直至世界銀行設立一筆資金，對水壩移民進行補償；在無力為移民提供生計和人權保障的國家，保證不進行強制移民；重新評估現有的水壩及對環境和社會的成本；將世界銀行的專案併入當地完整的河流系統管理計畫；允許對所有專案進行獨立監控和審計。

六、與國際貨幣基金組織和世界銀行進行抗爭

類似的條件也完全適用於國際貨幣基金組織和世界銀行贊助的水利事業民營化專案。目前，這兩個機構在許多國家推行水利事業民營化專案得到出資國政府、援外機構與聯合國的全力支持。國際護水運動呼籲，在一系列限制條件還沒達成之前，停止償還國際貨幣基金組織和世界銀行的水利事業民營化專案貸款。這些限制條件主要是保證在這些國家的公民對自來水服務擁有完全的控制權。

美國一些非政府組織起草一項法律提交國會。這些組織包括「五十年已經夠了」（50 Years Is Enough）、「結果」（Results）、「全球化挑戰開端」（Globalization Challenge Initiative）、「經濟正義中心」（Center for Economic Justice）、「經濟與政策研究中心」（Center for Economic and Policy Research）、「唐吉訶德中心」（the Quixote Center）、「基本行動」（Essential Center）等。這項草案要求，如果國際貨幣基金組織和世界銀行在一個國家推行的水利事業民營化專案不包括對每個公民「水生命線」的保證，則美國必須拒絕提供資金給這兩個機構。草案還要求，如果某個專案禁止補貼消費者和自來水系統，那麼這個專案就必須終止。另外，國會議員詹恩・斯卡科夫斯基（Jan Schakowsky）對「國際貨幣基金組織和世界銀行資金授權法案」提出一項修正案，要求美國停止支持這兩個機構導致貧民失去潔淨飲用水的政策。其他出資國也應該考慮類似的法案。

最後，國際貨幣基金組織和世界銀行必須保證所有介入的水利事業民營化專案，每個社區居民都可以得到免費的基本用水，同時滿足當地生態系統的基本需求。水價必須公正和公開，政府必須保持或建立水資源的擁有權，只有政府才有權監控水質，並執行有關的法律。所有簽訂的合約都必須保證當地社區參與專案與監督。

七、向全球水資源企業宣戰

很明顯地，只要跨國自來水公司繼續影響各國政府和國際機構制定政策，國際護水運動就不可能成功。目前，全球水資源企業正試圖在全世界的水資源民營化和商品化的過程中，毫不費力地取得各國政府批准。國際護水運動必須採取一系列措施，防止這些水資源企業為了自身永遠也填不滿的獲利欲望，破壞甚至毀滅各地水資源的野心。

我們要做的第一件事是調查。我們需要搞清楚這些企業如何對政府（包括國家和各地政府）、媒體、聯合國、世界貿易組織、國際貨幣基金組織及世界銀行施加影響；自來水公司的運作與透過國際金融機構而注入的公共資金有什麼關係；主要瓶裝水公司為什麼會對國家政策和國際貿易規則的制定擁有如此巨大的影響等等問題。

各地公民必須要求國家和地方政府通過法律，限制這些水資源企業的活動。根據聯合國的幾個協定，各國政府不但有能力，而且有責任對外國投資和跨國企業在本國的活動進行管理，使它們為當地社區的社會與環境需求服務。另外，還必須通過法律，結束對企業用水優先與補貼政策。

我們的另一個目標是要制止企業透過對政治人物捐款而對政府施加影響。我們還應該制止企業進入世界貿易組織和世界銀行的決策體系。聯合國必須停止對蘇伊士和斐凡迪這類的企業提供禮遇，重新把一般公民的利益放在第一位。各級政府必須向企業課稅，用來保護水資源及公平用水專案。各國政府必須共同合作（或許透過聯合國）剷除企業逃稅的避風港。

最後，在對全球資本制定法規的時候，還必須將跨國自來水公司的控制放進民主控制機制。護水運動應該與其他運動合作，推動對企業的「再授權」。「再授權」的意思是恢復「社會授權給企業經營」的觀念，如果「企業公民」表現不好，則社會有權收回這個授權。

八、爭取全球用水公平

在解決世界貧富不均這個大問題之前，不可能達到全球用水公平的境界。以無止境成長為目標的全球化經濟既不公正，也不可能持久。國際用水安全運動必須與其他運動和組織加強合作，致力縮小世界貧富差距，從民營企業手中收回包括水資源在內的各種「公共財產」的所有權。我們必須與反全球化運動合作，爭取建立一個新的國際機構，制定公正的國際貿易、投資規則和保護環境與人權的國際協定。

國際用水安全運動應與社會正義運動密切配合。否則，這兩個運動有可能產生矛盾。為了減少世界水資源的浪費，有一些環境學家呼籲建立一個考量全面回收成本的水價系統，這個理由可以理解，但是他們沒有考慮到這對貧民會帶來什麼影響。如果不能妥善處理好兩者的關係，這可能造成環境學家與反貧困主義者和人權組織之間的嚴重分歧。

另外，國際用水安全運動必須大力爭取解決已開發國家與開發中國家之間巨大的貧富差距問題。我們應與「五十年已經夠了」等組織一同呼籲立即停止結構調整計畫。世界銀行和國際貨幣基金組織將結構調整計畫強加給許多第三世界國家，迫使它們放棄由政府提供的衛生與教育服務。另外，我們也要參與「福音二〇〇〇年」組織（Jubilee 2000），這是一個國際基督教聯盟，基本信念來自於《聖經》中規定每五十年就應把債務一筆勾銷，它與其他的一些組織正在大力呼籲，完全免除第三世界國家繁重的債務，使這些第三世界國家有能力提供基本的衛生和用水服務給他們的國民。如果這些債務能被完全免除，第三世界國家的經濟就有希望發展，而不再依靠已開發國家的施捨度日。

工業化國家的援外預算必須恢復到以前的水準（國民生產總值的〇・七％）。不少大力推行全球化經濟的已開發國家近幾年來大幅削減外援金額。我們的運動必須與「哈利法克斯倡議」組織（Halifax Initiative）一起呼籲設立全球托賓稅，用對國際金融投機活動課稅所得收入，改善基礎設施和水服務。

九、宣傳「共同水資源條約草案」

二〇〇二年九月，數千名代表聚集在南非約翰尼斯堡郊區的一個富裕小鎮——桑頓鎮（Sandton），出席「里約後十年世界高峰會議」。南非政府為了這次大會，在桑頓修建大片的豪華代表村，包括購物中心、飯店和電影院。諷刺的是，桑頓是第三世界最富裕的城市郊區，擁有為數眾多的豪華住宅、英國式花園和游泳池，但與其相鄰的亞歷山大鎮卻是非洲大陸最窮的社區之一。兩個社區之間的小河被嚴重汙染，河岸上插著醒目的防止霍亂警告牌。

這種鮮明的對比將成為本屆大會中政治抗爭的背景。許多觀察家預測，世界銀行、世界貿易組織、財政困難的政府，以及聯合國將會在本屆大會上轉向民營企業，尋求醫治世界環境問題的藥方。由於在十多年前在里約熱內盧舉行的第一屆大會上有許多目標都沒有達到，估計不少「主要角色」會在本屆大會上宣布，依靠各國政府完成治理世界汙染的任務並不實際，只有讓民營企業介入才有可能使這個問題得到解決。尤其水資源的問題最有可能發生，南非環境部長已經宣布，水資源與全球氣候變遷將是本屆大會的兩大主題。

全球用水安全運動必須做好準備，對可能出現的不利情況進行反擊。否則，經本屆大會批准，對世界水資源商品化就會披上合法的外衣。刊於本書之首、由藍色星球計畫發起的「分享和保護全球共同水資源的條約草案」就是為這次大會而設計。草案清楚地宣稱，水資源是公共財產，是基本人權，任何人不得藉此牟利。各國政府簽署這個條約後，就應該將全世界的水資源視為共同遺產來管理。這個條約草案是我們新水權運動的重要部分，各國組織和聯盟可以將此作為發起運動的起點。從現在開始，各國水權運動應該立即說服本國政府，當公民用水安全運動將此條約草案提交本屆大會時，要求政府簽署這項條約。同時，各個非政府組織必須對用水安全運動予以全力支持。

十、推動制定「全球水資源公約」

全球用水安全運動必須爭取設立新的國際機構和公約，以保護世界共用的水資源。里卡多・彼得雷拉認為，我們急需建立一個或數個有足夠權威的世界性機構，對全球水資源狀況提供指導性意見，並對現有水資源有關的國際條約執行狀況進行監督。另外，目前也缺乏一個專門解決與水資源相關的環境、社會、司法問題的國際法。

所以，我們必須開始推動設立新的公約，保證水資源作為公共財產的地位，並以保護水資源和用水公平為前提，催生新的國際法。一個有法律效力的「全球水資源公約」應該符合：

接受「分享和保護全球共同水資源的條約草案」；

將「人人有用水權」的內容加入聯合國「世界人權宣言」以及其他已有的關於保護女性、兒童及原住民權利的國際公約；

建立一個全球規劃的水資源管理系統；

起草國際法，執行「分享和保護全球共同水資源的條約草案」中的原則；

訂定「人人有水可用」的具體目標；

協調各國制定保護水資源、治理水汙染的法律；

制定新的國際條約，保護世界水資源免受汙染與濫用；

必要時召集各國議會議員，以公平分配和「公平利用水資源來達到和平」的原則，解決國際間用水糾紛。

很明顯，「全球水資源公約」將產生一個永久性的國際機構，對這項繁重的任務進行總體規劃。這能否成真，首先得看「全球水資源公約」能否成為現實，然後還要取決於約翰尼斯堡高峰會將出現多大的靈活性。這次峰會是推動「全球水資源公約」的理想場所。另一個好時機則是二〇〇三年三月在日本京都召開的第三次「世界水資源論壇」和二〇〇六年三月於加拿大蒙特婁召開的第四次「世界水資源論壇」。

對全球公民運動來說，面對這樣強大而又與我們意見針鋒相對的對手挑戰是個艱鉅而又非成功不可的任務。我們有五年的時間準備蒙特婁論壇，時間還很充裕，我們必須馬上開始制定行動計畫，讓認同我們觀點的組織都能參加論壇，把相關議題排入大會議程，爭取參加論壇的大多數代表認同水資源是全球公共財產的觀點。

我們必須設立一個目標，在第四次世界水資源論壇召開前，人們在水資源的觀念已經發生根本變化，各國政府和聯合國都同意簽署「公共水資源條約」和建立「全球水資源公約」。

伊蓮諾・羅斯福（Eleanor Roosevelt）[14]曾說過，「未來屬於那些堅信自己夢想的人。」全世界屬於藍色星球計畫和其他爭取用水安全的組織，以及愈來愈多的各國公民都應該抱持充分信心，相信目前這場全球性水資源危機將成為導致世界和平的契機；人類終將向大自然屈服，學會如何心甘情願地在大自然給予的限制之內生活，並學會如何與其他人共同和平地生活；透過我們共同的努力，全世界人民最終將宣布，對生命至關重要、神聖的水資源屬於地球和生活於其上的所有生物，我們必須為了後代子孫對它加倍愛護。

14　伊蓮諾・羅斯福（Eleanor Roosevelt）為美國前總統羅斯福之妻。

備註

第一章　紅色警報

包括聯合國、世界觀察研究所、太平洋發展環境安全研究所、世界銀行在內的若干有影響的機構都對目前世界的缺水狀況有詳細記載。我們對由華盛頓島嶼出版社出版的彼得・葛雷克《世界的水：一九九八到一九九九年水資源報告》（*The World's Water: The Biennial Report on Fresh Water Resources, 1998-1999*）深懷感激之情。由著名教授伊格爾・西克洛曼諾夫編輯、聯合國發展組織、環境組織、教科文組織、世界衛生組織等聯合國附屬機構出版的世界資源研究所《世界淡水資源全面評估》是傑出的資料來源之一。聯合國永續發展委員會一九九七年的報告《世界淡水資源全面評估》同樣提供非常有用的資料。由佩加蒙（Pergamon）出版社在一九九八年出版的《未來》系列中，荷蘭生態管理基金會的阿勒德・斯帝克撰寫的一篇很有幫助的報告，題目是〈水的今天與明天〉（Water Today and Tomorrow）。

《時代》雜誌一九九七年十一月的環境問題特刊包含有用的資料，《國家地理》雜誌一九九三年出版北美淡水資源特刊《北美淡水的力量、前景與騷動》（*The Power, Promise, and Turmoil of North America's Fresh Water*）。威廉・史蒂文（William K. Steven）在一九九八年十二月八日在《紐約時報》發表一篇非常好的水資源文章。世界觀察研究所的萊斯特・布朗（Lester Brown）在一九九五年發表《誰來為中國提供糧食》（*Who Will Feed China*）的書中描述中國危機，原本由諾頓出版社（W.W. Norton）出版，後來又發表在一九九八年七月的《世界觀察》雜誌。

加拿大科學家和自然主義者皮耶魯在一九九八年由芝加哥大學出版社出版的《淡水》（*Fresh Water*）書中對水的變化提供十分廣泛的知識。我們對麥克・克拉維克和他在非政府組織「人與水」（People and Water）中的科學家同事心存感激。他們奠基性的實驗先以斯洛伐克文發表，後經過精簡後在二〇〇一年用英文發表，題目是《全球氣候暖化的新理論》（*New Theory of Global Warming*）。羅伯特・斯徹赫斯（Robert S. Strothers）在一九六六年發表的《獅子》書中預測墨西哥城將會發生水資源危機，而《多倫多星報》（*Toronto Star*）的琳達・迪貝爾（Linda Diebel）在一九九九年五月的系列報導中，以編年史的手法，記錄這個可怕的故事。最後，我們感謝由多倫多斯托達特出版社（Stoddaet Publishing of Toronto）於一九九九年出版的馬克・維里耶的得獎書《水》。

第二章　瀕臨滅絕的地球

所有關心水資源問題的人都應該對麻塞諸塞州安姆赫斯特的「全球水資源政策計畫」主持人珊德拉・波斯特爾表示深深的感謝。她的著作頗豐，不過我們在這裡願意特別指出其中的三本：一九九二年由諾頓出版社出版的《最後的綠洲：面對缺水》（*Last Oasis: Facing Water Scarcity*）；一九九六年為世界觀察研究所撰寫的文章〈分水：糧食保障、生態系統健康、缺水的新政治〉（Dividing the Waters: Food Security, Ecosystem Health, and the New Politics of Scarcity）；一九九九年由諾頓出版社出版的《砂柱：灌溉奇蹟可以持續嗎？》。我們感謝珍妮・亞伯拉莫碧所作的工作，特別是她發表在世界觀察研究所《一九九六年世界現狀》中的〈可持續的淡水生態系統〉部分。

「自然資源保護」發表幾篇很有價值的文章，尤其是一九九八年的〈生命之河：保護淡水生物多樣性的重要集水區〉（Rivers of Life: Critical Watersheds for Protecting Freshwater Biodiversity）和一九九六年的〈水的困境：保護我們的水生遺產〉（Troubled Waters: Protecting Our Aquatic Heritage），這些文章可向維吉尼亞州阿靈頓市的辦公室索取。加拿大山脈俱樂部的伊利沙白・梅在一九九八年發表《加拿大森林危機》（*At the Cutting Edge: The Crisis in Canada's Forests*），書中詳細描述加拿大森林遭到的破壞及負面影響。另外，本書還引用聯合國二〇〇一年八月《世界尚存的森林現狀評價》（*An Assessment of the Status of the World's Remaining Forests*）報告中的一些資料。西蒙・瑞特拉克和彼特・邦亞德共同編輯的《生態學家》雜誌在一九九九年三月有一期探討氣候變遷的特刊。智利政治生態學研究所在一九九六年出版《離開叢林的老虎：智利經濟轉型對環境的影響》（*The Tiger Without a Jungle: Environmental Consequences of the Economic Transformation of Chile*）也提供有用的資料。

我們感謝一些組織出版探討五大湖危機的作品。加拿大環境法律協會（Canadian Environmental Law Association）和五大湖聯合陣線共同發表《五大湖的命運：維持還是耗盡甜水海？》（*The Fate of the Great Lakes: Sustaining or Draining the Sweetwater Seas*）。國際聯合委員會在這個問題上發表不少調查報告，我們特別注意到二〇〇〇年二月發表的《保護五大湖：向加拿大和美國政府提供的最後報告》（*Protection of the Waters of the Great Lakes: Final Report to the Governments of Canada and the United States*）。環境問題研究專家和作家傑米・林頓為加拿大野生動物聯盟準備了一篇優秀的調查報告：《表面之下：加拿大水現狀》（*Beneath the Surface: The State of Water in Canada*）。

薩利・迪尼恩（Sally Deneen）在一九九八年十二月發表在《E》雜誌的〈失去的樂園：正在消失的美國溼地〉（Paradise Lost:America's Disappearing Wetlands）一文中列舉大量有關溼地現狀的資料。在農業工廠化生產的議題上，明尼蘇達州明尼蘇達市（Minneapolis）

的農業與貿易政策研究所馬克・李奇（Mark Ritchie）和馬利蘭州約翰霍普金斯大學未來研究中心的大衛・布魯貝克做了大量、完善的研究工作，我們表示感謝。

第三章　乾渴致死

世界觀察研究所的安妮・普拉特在水媒病這個議題上提供大量的資料，這裡特別要提出她在一九九六年三月發表的〈水中殺手〉（Water-Borne Killers）一文。社會責任醫師組織」美國分部在二〇〇〇年發表《飲用水與疾病：醫務工作人員須知》（*Drinking Water and Disease: What Health Care Providers Should Know*），山脈俱樂部法律基金會在二〇〇一年發表一篇報告：《加拿大飲用水現狀》（*Waterproof: Canada's Drinking Water Report Card*），我們對他們的工作表示感謝。

聯合國環境保護組織的克勞斯・托夫在一九九八年三月舉行的「水與永續發展國際大會」上發言，對缺水發出警報。聯合國發展組織在最近的年度報告《聯合國人類發展報告》（*United Nations Human Development Report*）中，從多方面評價人類健康狀況，包括水和衛生條件的關係。關於南非的水資源危機，我們使用幾個資料，包括帕特里克・邦德和格雷格・呂泰在二〇〇〇年為設在比勒陀利亞（Pretoria）的人類科學研究委員會所發表的《後種族隔離時代南非的缺水與水過剩》（*Drought and Liquidity: Water Shortages and Surpluses in Post-Apartheid South Africa*）。

二〇〇〇年七月雅克・萊斯利（Jacques Leslie）在《哈潑》雜誌發表的〈一個缺乏水的世界會發生什麼事〉（Running Dry: What Happens When the World No Longer Has Enough Fresh Water）對我們很有幫助。萊斯利曾敏銳地注意到，一九九六年當時擔任美國參謀長聯席會主席的科林・鮑威爾（Colin Powell）透露的一個細節。鮑威爾指出，一九九一年海灣戰爭中，美國曾考慮轟炸巴格達以北幼發拉底河和底格裡斯河上的水壩，後來因為顧慮可能會引起大規模人員傷亡而作罷。另一篇在《哈潑》雜誌的優秀文章是一九九八年六月，韋德・格雷厄姆發表的〈一百條河水奔流：水市場上漂浮著加州的未來〉（A Hundred Rivers Run through it: California Floats its Future on a Market for Water）。關於加州和其他地區的高科技產業發展資料，有不少來自聖何西（San Jose）科技業責任運動和矽谷毒物聯盟，我們對此表示感謝。英屬哥倫比亞內部聯盟與加拿大人評議會合作，在二〇〇一年發表一篇水資源與原住民問題的優秀報告《不承認神聖：對水和原住民日益成長的威脅》（*Nothing Sacred: The Growing Threat to Water and Indigenous Peoples*）。

關於水壩影響的出版物相當多，我們對世界水壩委員會的工作和它二〇〇〇年的最後報告《水壩與發展：決策的新架構》（*Dams and Development: A New Framework for Decision*

Making）表示感謝。另外，世界資源保護聯合會集合一群著名的科學家，在一九九九年十一月發表的報告《水壩對淡水生物多樣性的影響》（*Large Water Impacts on Freshwater Biodiversity*）裡面有不少好用的資料。不過，特別值得我們感謝的是國際河流聯盟的工作和它的期刊《世界河流評論》（*World Rivers Review*），以及聯盟主任派屈克・麥卡利在這方面的努力。麥卡利在一九九六年發表的《沉默的河：水壩生態學與政治》一書堪稱傑作。

第四章　任何東西都可作為商品出售

本章所引述的資料主要來自幾個不同的來源。傑爾・曼德（Jerry Mander）在為《反對全球經濟》（*The Case against the Global Economy*，二〇〇一年出版）所寫導言中，指出全球化經濟的基本組成部分和主要力量。關於「華盛頓共識」的描述，請參見本書作者的《全球決戰》（*Global Showdown*，二〇〇〇年出版）。關於三邊委員會的分析，請參見派翠西雅・馬科克（Patricia Marchak）的《一體化馬戲團：新權利與全球市場重組》（*The Integrated Circus: The New Right and the Restructuring of Global Markets*，一九九三年出版）；大衛・柯登的《當企業統治世界》（*When Corporations Rule the World*，一九九五年出版）；本書作者之一東尼・克拉克的《無聲的政變：反擊大公司對加拿大的接管》（*Silent Coup:*

Confronting the Big Business Takeover of Canada，一九九七年出版）。關於全球兩百大企業的統計資料由政策研究所提供，見莎拉・安德森、約翰・坎文納夫（John Cavanagh）、西婭・李的《全球經濟指南》（*Global Economy*，二〇〇〇年出版）。本章中引用約翰・麥克默特的話出自他發表在加拿大政策替代中心機關刊物《CCPA追蹤》（*The CCPA Monitor*）二〇〇〇年六月號的〈全球公司統治〉（The Meta Program for Global Corporate Rule）一文。

在「大自然商品化」這一節中，赫爾・達利和約翰・卡柏的評論出於他們的經典著作《共善：引導經濟走向社群、環境、持續發展的未來》（一九八九年出版）。威廉・格雷德（William Greider）在其《資本主義全球化的瘋狂邏輯》（*One World, Ready or Not: The Manic Logic of Global Capitalism*，一九九七年出版）中，對達利和卡柏關於全球化問題的觀點做了比較詳細的探討。本節所引用范達娜・席娃的觀點則出自她《盜走的農作物：全球糧食的掠奪》（*Stolen Harvest: The Highjacking of the Global Food Supply*，二〇〇〇年出版）。關於印度水資源商品化的例子和公共資源財產的觀念出自新德里的科學、技術與生態研究基金會在二〇〇〇年三月發表的《殺人執照？》（*Licence to Kill?*）。關於公共服務業民營化的資料，主要出自英國格林威治大學國際公務員聯合會的大衛・霍爾所做的調查報告。由該組織在二〇〇一年七月發表的小冊子《公眾手中的水》（*Water in Public Hands*），包含我們用來說明「公私合營」模式的資料。關於世界銀行貸款的方式敘述則來自一九八八年發表在世界銀行RMC論文集第一二二篇的戴維・哈爾邁爾（David Haarmeyer）和阿尚科・莫迪（Ashoka Mody）的〈民營企業在水與衛生服務中的風險管理〉（Tapping the Private Sector Approaches to Managing Risk in Water and Sanitation）。

關於水資源的金融投機活動資料來自二〇〇〇年由國際全球化論壇發表的莫德・巴洛的小冊子《水資源戰爭》。關於卡地斯專案的分析，包括布拉克布爾和科侯對此的評論，都是來自洛杉磯附近「制止對莫哈維水源的劫持運動」（Campaign to Stop the Mojave Water Grab）提供的文件。關於卡地斯專案在經濟和環境上的不可行論點出自山脈俱樂部在二〇〇一年二月發表的《沙漠報告》（*Desert Report*）。有關喬治・索羅斯與約翰・梅傑打賭的故事源於理查德・巴那特（Richard Barnet）和約翰・坎文納夫（John Cavanagh）在《反全球經濟案例》（*The Case against the Global Economy*）中的〈電子金錢與賭博經濟〉（Electronic Money and the Casino Economy）一文。關於外國直接投資的資料取自聯合國一九九六年發表的《世界投資報告》。關於世界出口貿易成長的資料源自《世界經濟前瞻》（一九九七年十月）、《金融統計年報》（一九九七年）和《國際金融統計》（一九九八年）。西蒙・瑞特拉克在《反全球經濟案例》中的〈全球化經濟的環境成本〉（The Environmental Cost of Economic Globalization）一文描述國際競爭對生態系統的影響，並包括第三世界國家靠農作物出口賺取外匯的資料。關於德州和新墨西哥州向耗水的電子業提供租稅補貼的資料源自國際全球化論壇發表的小冊子《水資源戰爭》。關於「企業利益至上」模式的分析和烏蘇拉・富蘭克林的評論源自《無聲的政變》。

第五章　全球水資源企業

本章資料主要來自最初為渥太華北極星研究所發表在二〇〇〇年三月的《最後的邊界：全球十大自來水公司及世界最後的公共資源民營化和公司化》（*The Final Frontier: A Working Paper on the Big 10 Global Water Corporations and the Privatization and Corporatization of the World's Last Public Resources*）調查報告。從那以後，北極星研究所的達恩・普斯克斯更新這份報告。整份報告都刊載在 www.polarisinstitute.org。由蘇伊士帶頭的合資公司在布宜諾斯艾利斯進行的水利事業民營化部分出自大衛・麥克唐納博士和艾利克斯・拉夫斯（Alex Loftus）的兩篇文章，它們分別是發表在加拿大女王大學市政服務專案的〈阿根廷的教訓：布宜諾斯艾利斯水利特許產業〉（Lessons from Argentina: The Buenos Aires Water Concession）和發表於《環境與城市化》（*Environment and Urbanization*）第十三卷第二期（二〇〇一年十月）的〈液體夢：布宜諾斯艾利斯水利事業民營化的政治生態學〉（Of Liquid Dreams: A Political Ecology of Water Privatization in Buenos Aires），我們向他們的工作表示感謝。

另外請參見尚恩・塔利（Shawn Tully）發表在《財星》雜誌（二〇〇〇年五月十五日）的〈水，到處可見的水〉（Water, Water Everywhere）。關於水利產業目前趨勢的分析（「藍色的富礦」一節）受益於《全球水情報》（二〇〇〇年八月）的「水市場行情看漲」（The Rising Tide of Water Markets）一文。

對全球水利產業兩大巨頭的描寫「蘇伊士集團的征服欲」和「斐凡迪帝國」兩節，主要取材於北極星研究所達恩・普斯克斯所作的「公司概況」。這兩家公司的概況刊載於 www.polarisinstitute.org。另外，有興趣的讀者可向 jeanphi@altern.org 索取 Jean-Philippe Joseph 未發表的文章（法文）「Vivendi: anotomie de la pieuvre」（二〇〇一年一月）。安隆集團（包括其自來水公司埃瑟里克斯）的概況亦可見於 www.polarisinstitute.org。對埃瑟里克斯自來水公司狀況的評論可參見《全球水情報》（二〇〇〇年九月）的〈安隆在思考它的下一步〉（Enron Ponders Its Next Move）。對萊茵集團的分析可參見《最後的邊界》，其公司概況載於 www.polarisinstitute.org。關於萊茵集團最近對泰晤士自來水公司的併購，包括公司營運中漏水等問題，資料主要來自於網路和 Lexis-Nexis[15] 上的消息報導。另外關於索爾集團在水利產業營運方面的資料來自於 www.polarisinstitute.org 網站的公司概況及網路上其他有關的消息報導。

15 Lexis-Nexis：一個網上資料庫，需付費。

關於蘇伊士集團在玻利維亞拉巴斯的活動，參見克里斯汀・庫米夫（Kristen Komive）在世界銀行發表的文章〈水與汙水合約應多為貧民著想：來自玻利維亞的初步教訓〉（Designing Pro-Poor Water and Sewer Concessions: Early Lessons from Bolivia Private Participation in Infrastructure Group）。蘇伊士集團在英國的活動見於一九九九年七月七日《ＡＦＸ新聞》上〈在英國與威爾斯，西南地區和西北地區水質最差〉（South West, North West Water Score Lowest for Quality in England, Wales）一文。蘇伊士集團在波茨坦的活動見於國際公務員聯合會組織的網站 www.PSIRU.UR9/news/4193.htm。阿瓜斯阿根廷公司裁員的消息見《ＮＡＣＬＡ泛美報導》第三十一卷第六期（一九九八年）中丹尼爾・塞耶（Daniel Cieza）的〈阿根廷勞工危機〉（Argentine Labour: A Movement in Crisis）一文，以及麥克唐納與拉夫斯的〈液體夢〉一文。關於雅加達民營化的報導可見一九九八年九月十八日和一九九九年五月十三日的《雅加達郵報》。

「民營化的慘敗」一節中的大部分資料來自傑爾・亞龍（Gil Yaron）的《最後的邊界》和國際公務員聯合會組織的幾篇出版物。例如，蘇伊士集團在格勒諾伯市的醜聞見於大衛・霍爾和伊曼紐勒・羅賓納（Emanuele Lobina）所作《從私有到公有：法國格勒諾伯市水利產業重新自治的國際教訓》（*Private to Public: International Lessons of Water Remunicipalization in Grenoble, France*，二〇〇一年八月出版）。斐凡迪集團在法國安古蘭市和聖・丹尼斯市的醜聞見於國際公務員聯合會組織二〇〇一年七月發表的《公眾手中的水》和大衛・霍爾發表於《發展與實踐》第九卷第五期（二〇〇一年七月）的〈民營化、跨國企業與腐敗〉（Privatization, Multinationals and Corruption）一文。

有關斐凡迪集團在波多黎各營運的資料，見於《國際新聞通訊》（*Interpress*，一九九九年八月十六日和九月十六日）；大衛・霍爾的《公眾手中的水》第十頁；《今日黑色世界》（*Black World Today*）二〇〇一年五月二十六日文章〈自來水公司即將崩潰〉（Water Company near Collapse）和二〇〇一年五月二十八日的文章〈波多黎各：自來水公司即將崩潰〉（Puerto Rico: Water Company near Collapse）。這兩篇文章的作者都是卡莫洛・呂茲・瑪拉洛（Carmelo Ruiz-Marrero）。琵約卡空間公司、斐凡迪集團、唐德蘭公司研擬中在奈洛比的聯合經營一事見於彼特・米奈塔在《東部非洲》雜誌先後發表的兩篇文章：〈與法國公司的淡水交易使肯亞人損失二千五百萬美元〉（Fresh Water deal to Cost Kenyans $25M，二〇〇〇年八月七日發表）和發表於二〇〇一年八月二十日的〈政府決定擱置斐凡迪與NCC的水利產業專案〉（Government Halts Vivendi, NCC Water Project）。有關埃瑟里克斯自來水公司在布蘭卡港的營運情況見於《美國水利產業在線消息》（*U.S. Water News Online*）二〇〇〇年五月登載的〈阿根廷市聲稱自來水被毒物汙染〉（Argentine City Says Tap Water Is Toxic）和《休士頓商報》（*Houston Business Journal*）二〇〇〇年五月五日發表的〈埃瑟里克斯自來水公司侵擾阿根廷〉（Azurix Water Bugs Argentina）。關於埃瑟里克斯自來水公司在阿根廷營運的更多的詳細情況可參閱《金融時報資訊》（*Financial Times Information*）二〇〇〇年一月十五日的〈布宜諾斯艾利斯省長將要求終止水利產業合約〉（BA Governor to Request End to Waterworks Contract-Argentina）；《美國商報》（*Business News America*）二〇〇一年一月十九日的〈布宜諾斯艾利斯省長軟化對埃瑟里克斯自來水公司的態度〉（BA Government Softens Line on Azurix-Argentina；《金融時報能源資訊》（*Financial Times Energy Newsletters*）二〇〇一年二月二十三日的〈對埃瑟里克斯自來水公司的又一次打擊〉（Argentina/Companies-Another Blow for Azurix）；《AFX歐洲焦點》（*AFX European Focus*）二〇〇一年九月七日的〈安隆的埃瑟里克斯自來水公司準備從布宜諾斯艾利斯省的自來水和廢水合約抽身〉（Enron's Azurix to Rescind Buenos Aires Province Water/Sewage Contact）。

關於貝泰集團和安隆集團等在英國的營運情況，請參閱 www.psiru.org/news/3437.htm 網站中〈英國最嚴重的汙染者包括安隆、斐凡迪、蘇伊士——里昂〉（Worst U.K. Polluters Include Enron, Vivendi, Suez-Lyonnause）一文；http://www.ukenvironment.com/archcorprespon.htm 網站中英國環境署「汙染大戶一覽表」；美國環保署資料庫 http://d1.RTKNET.org/ERN/fac.php。

世界銀行關於民營化過程的報告題目為〈腐敗政治經濟學：原因與後果〉（The Political Economy of Corruption: Causes and Consequences），由 Susan Rose-Ackerman 執筆，見於一

九九六年出版《世界銀行關於民營企業的公共政策》第七十四條注釋。關於智利公共自來水公司的效率，見《參與自來水與汙水利產業的民營企業：來自六個開發中國家的教訓》（*Private Sector Participation in the Water Supply and Wastewater Sector: Lessons from Six Developing Countries*，一九九六年出版）。關於巴西索保羅公共供水系統的情況見大衛・霍爾的《公眾手中的水》第十七頁。

第六章　水利產業卡特爾聯盟

本章所用資料也出自不同的來源。特倫斯・寇克倫等對出現全球水利產業聯盟的預測見於一九九九年二月的《國家郵報》。羅伯特・卡普蘭的〈沙漠政治〉（Desert Politics）刊於一九九八年七月號的《大西洋月刊》。關於土耳其、蘇格蘭、澳洲等地輸水管的資料，源自各種新聞報導，後由莫德・巴洛彙集，收入由國際全球化論壇出版的小冊子《水資源戰爭》。有關格達費主持、由韓國大型聯合企業修建的利比亞輸水工程的詳情，請參閱馬克・維里耶一九九九年出版的《水》。理查・博金關於在太平洋上用超級油輪運水問題所做的分析，出於一九九八年十月向英屬哥倫比亞省議會多邊投資協定特別委員會提交的說明概要。博金是加拿大製片人兼作家，專長環境問題，一九九七年曾出版《奔騰的弗雷澤河》（*Mighty River: A Portrait of the Water*）。關於從阿拉斯加的錫特卡向國外出口淡水的計畫及相關的環球 H_2O 公司和世界自來水公司的運作，《阿拉斯加商業月刊》（*Alaska Business Monthly*）是最主要的資料來源。佛瑞德・佩利的話及瓊斯法案的限制都出自《阿拉斯加商業月刊》一九九八年十一月號登載的〈阿拉斯加水資源出口」（Exporting Alaska's Water）一文。

關於美洲大運河計畫的政治背景資料出自羅伯特・徹當斯（Robert Chodos）等所著的《出賣》（*Selling Out*，一九八八年出版）第二章〈資源：修改上帝的計畫〉（Resources: Redesigning God's Plan）。理查・博金在一九七二年出版的《加拿大的水：掛牌出售？》（*Canada's Water: For Sale?*）書中，也對從加拿大透過運河向美國輸水的方案作出分析。關於北美水利能源聯盟的背景材料出於馬克・維里耶的《水》一書。關於新興的水袋技術部分，主要取材於刊登在國際水利產業聯合會會刊《二十一世紀的水》（*Water 21*）二〇〇〇年二月號的〈海洋的回答〉（Oceanic Answer）一文。關於水瓶自來水運輸公司和北歐供水公司的進一步詳細資料，可透過 Lexis-Nexis，索取二〇〇一年一月至五月有關的商業報導。關於斯普拉格的水袋運作的資料亦出於《二十一世紀的水》的同篇文章。

在「瓶裝水」一節，我們最主要的資料是來自美國國家科研答辯委員會在一九九九年二月發表的報告《瓶裝水：純飲料還是純騙局？》（*Bottled Water: Pure Drink or Pure*

Hype）。瓶裝水產量等數字出自世界野生生物基金會發起，並在一九九九年九月二十二日發表的調查報告，題目是《瓶裝水：如何理解這種社會現象》（*Bottled Water: Understanding a Social Phenomenon*）。馬丁・密特斯丹德（Martin Mittelstaedt）在《全球郵報》上發表的兩篇文章，披露瓶裝水公司如何獲取加拿大水資源。這兩篇文章分別是一九九九年九月二十一日發表的〈加拿大出賣寶貴的水源〉（Canada's Giving Away Its Precious Water）和一九九九年九月二十二日的〈瓶裝水運往南方，而加拿大未得回報〉（*Bottled Water Gushing South but Canada Gets Little in Return*）。關於瓶裝水工業的最新資訊來自二〇〇一年六月七日的〈跨國企業進入瓶裝水市場〉（Multinationals Tap into the Bottled Water Market）一文。這篇文章登載於 Centaur 通訊有限公司的《一周市場》（*Marketing Week Report*），可通過 Lexis-Nexis 索取。百事可樂與可口可樂公司在瓶裝水市場上的競爭常見於各類商業與金融報導。湯姆森公司（Thomson Corporation）旗下的資訊公司對瓶裝水市場中各大品牌的市占率進行追蹤報導（本節中水菲娜和達沙尼兩個品牌所占市占率即出於二〇〇一年二月十二日的報導）。路透社二〇〇一年五月二十五日的文章〈可口可樂、百事可樂為夏日大戰做好準備〉（Coke, Pespi Ready for Summertime Battle）綜述這兩個碳酸飲料巨人在瓶裝水市場廣告大戰的情況。《紐約時報》二〇〇一年九月二日的文章〈對水說「不」，除非它是可口可樂公司的產品〉（Just Say No to H_2O, Unless It's Coke's Own Brew）描述可口可樂為達沙尼品牌造勢的市場

策略。另一個有用的資訊來源是《亞特蘭大憲章報》（*The Atlanta Journal and Constitution*）二○○一年七月十二日的文章〈到處流動的水：可口可樂、百事可樂展開廣告大戰〉（Water, Water Everywhere: Coke, Pepsi Unleash Flood of Ad Muscle）。聯合國農糧組織關於瓶裝水的調查報告是拉桑（M.Latham）〈開發中國家居民營養狀況〉（Human Nutrition in the developing World），這是《食物與營養》（*Food and Nutrition*）系列第二十九篇，本書所引的資料出於該報告的第三十一章「飲料與調味品」。

馬克・潘德格雷斯特（Mark Pendergrast）的著作《為了上帝、國家、可口可樂公司》（*For God, Country and Coca-Cola*，二○○○年出版），對可口可樂公司的近況進行分析，是「可樂大戰」一節主要資料來源之一。可口可樂公司使用「礦物質包」一事出於《華爾街日報》一九九八年十一月三日的文章〈貨真價實：可口可樂公司在美國推銷瓶裝水〉（The Real Thing: Coke to Peddle Brand of Purified Bottled Water in U.S.）。本節中可口可樂公司前執行長羅伯特・古茲維塔的幾段引語都出自潘德格雷斯特的書。馬里奧・內斯特教授關於碳酸飲料不能充分補充水分的評論見於《圖夫大學健康與營養通訊》（*Tufts University Health and Nutrition Letter*）一九九八年七月號裡的一篇文章。根據印度新德里的實用經濟學研究全國委員會指出，印度碳酸飲料的主要消費者是小城市與農村的中低收入者，而不是大城市的有錢人。關於可口可樂公司在瓜地馬拉的介入一案，請參見亨利・弗拉恩德

（Henry J. Frundt）所著《提神的停頓：可口可樂公司與瓜地馬拉人權》（*Refreshing Pauses: Coca-Cola and Human Rights in Guatemala*，一九八七年出版）。關於哥倫比亞勞工控告可口可樂公司及當地授權的瓶裝公司一事，最初是二〇〇一年七月二十日由英國國家廣播公司（BBC）報導，之後幾個新聞媒體跟進報導。

關於全世界現有的水資源問題上，俄國聖彼得堡的國家水文研究所的伊格爾．西克洛曼諾夫所做的研究至今仍最全面。本章最後一節「全球聯盟」中所用關於水資源的統計數字，都源於西科羅曼諾夫的研究結果，轉引自彼得．葛雷克的《水資源危機：世界淡水資源指南》。然而，全世界真正的淡水總量至今仍是未知數，因為地下永久凍結地帶和許多溼地的水量從未被精確地計算過。

第七章　全球網路

本章開頭哥查班巴市的奧斯卡．奧利維拉的故事見於幾個不同的新聞報導，包括吉姆．舒茲（Jim Shultz）發表於《地球島》（*Warth Island Journal*）雜誌二〇〇〇年八月號的〈玻利維亞水資源戰爭的勝利〉（Bolivia's Water War Victory）。本章「公司的公關活動」一節中的主要資料來源於《最後的邊界》第七章〈準備開泵〉（Priming the Pump）。全國信用管理公會發表的費・韓森（Fay Hansen）的文章〈與國際金融機構打交道〉（Working With International Finance Institutions，可通過 Lexis-Nexis 索取）披露主要的國際金融機構，特別是世界銀行的兩個主要分部國際復興開發銀行（IBRD）和國際金融公司（IFC）在全球經濟中所起的作用。國際貨幣基金組織在「推動水利事業民營化和全面回收成本」中所起的作用見於〈全球挑戰之端〉，發表於二〇〇一年春季的《消息與觀察》第二卷第四期的圖表。由瑞典自然資源保護公會二〇〇〇年二月出版、英國的「角屋」調查組撰寫的報告《水壩公司化：十二個歐洲建壩公司的記錄》（*Dam Incorporated: The Record of Twelve European Dam Building Companies*）描述各國政府、建壩公司、世界銀行之間的關係。關於賴索托高地水資源專案及霍亂爆發的資料見於南非開普敦「資訊與發展選擇中心」發表的《世界銀行在南非》（*Watching the World Bank in South Africa*）。

「全球貿易」一節中的資料來自幾個不同的來源。關於世界貿易組織的介紹參見下列出版物：史蒂文・施賴布曼的《世界貿易組織：普通公民須知》（*The World Organization: A Citizen's Guide*，一九九九年出版）；羅瑞・旺拉徹（Lori Wallach）與米歇爾・斯方若（Michelle Sforza）合著的《誰的貿易組織：公司全球化與對民主的侵蝕》（*Whose Trade Organization: Corporate Globalization and the Erosion of Democracy*，一九九九年出版）；德比・巴克（Debi Barker）與傑爾・曼德合著的《看不見的政府：世界貿易組織是千禧年的全球政府？》（*Invisible Government: The World Trade Organization as Global Government for the New Millennium*，一九九九年出版）；莫德・巴洛與東尼・克拉克合著的《全球決戰：新社運人士向全球公司統治開戰》。斯科特・辛克萊（Scott Sinclair）的《GATS：世界貿易組織新「服務業」的談判對民主原則造成威脅？》（*GATS: How the World Trade Organization's New "Science" Negotiations Threaten Democracy*，二〇〇〇年出版）對GATS的談判做了有價值的介紹。史蒂文・施賴布曼的另兩篇文章〈加拿大在NAFTA和世界貿易組織限制下對水資源出口的控制〉（A Legal Opinion Concerning Water Exports Controls and Canadian Obligations under NAFTA and the WTO）和〈水與GATS：對公共政策和有關法律影響評估〉（Water and The GATS: An Assessment of the Impact of services Displines on Public Policy and Law Concerning Water）對貿易規則對水利事業民營化和水資源出口的影響做了分析。這兩篇文章可向加拿大人評議會索取。「區域性國際貿易組織」一節中，由加拿大人評議會在二〇〇一年三月發表的莫德・巴洛的《美洲自由貿易區》（*The Free Trade Area of the Americas*）和由加拿大選擇性政策中心於二〇〇一年四月發表的馬克・李的《堡壘內部：美洲自由貿易區談判中發生什麼事》（*Inside the Fortress: What's Going on at the FTAA Negociations*）都提供有用的背景及分析材料。

「投資協定」一節參考一些人對雙邊投資協定和多邊投資協定的分析。在安德魯・

傑克遜（Andrew Jackson）和馬修桑格（Mathew Sanger）合編的《摧毀民主》（*Dismantling Democracy*，一九九八年出版）書中，米歇爾・斯溫納徹科（Michelle Swenarchuk）的文章〈多邊投資協定與環境〉（The MAI and the Environment）對雙邊投資協定做了一些分析。東尼・克拉克與莫德・巴洛合著的《多邊投資協定與對加拿大主權的威脅》（*The Multilateral Agreement on Investment and the Threat to Canadian Sovereignty*，一九九七年出版）對當時研擬中的多邊投資協定及潛在影響作深入分析。值得注意的是，現在有人企圖透過世界貿易組織，重開多邊投資協定的談判。

第八章　反擊

本章開頭印度那馬達谷的故事源自國際河流聯盟所做的一些報導，例如該組織的派屈克・麥卡利發表於《包圍》（*Encompass*）雜誌第四卷第五期（二〇〇〇年六至七月）的〈意識流：二十世紀反建壩運動對河流的影響〉一文。另外，阿瑞達狄・羅伊（Arundhati Roy）所著《生活的代價》（*The Cost of Living*，一九九九年出版）對此也有提及。關於玻利維亞的哥查班巴市和法國的格勒諾伯市自來水系統恢復公有的故事見於伊曼紐勒・羅賓納（Emanuele Lobina）在二〇〇〇年六月發表於國際公務員聯合會機關刊物《焦點》

（*Focus*）的文章〈水利事業民營企業，滾出去〉（Water Privateers, Out!）。吉姆・舒茲在《世界島》雜誌發表的〈玻利維亞水資源戰爭的勝利〉一文和本書作者最初的《水資源戰爭》小冊子都提到了哥查班巴市公共自來水系統的設立情況。莫尼克・布夏德（Monique Bouchard）未發表的〈我們奪回格勒諾伯市自來水服務的抗爭〉（Our Fight for Grenoble Public Water Service）一文也提供一些有益的分析。

「與民營化作戰」一節中的資料有幾個不同的來源。關於南非抗爭的資料是我們二〇〇一年五月對南非進行實地考查旅行所獲得。〈阿克拉水權宣言〉可透過電子信箱 isodec@ghana.com 索取。烏拉圭部分的資料主要源自我們在二〇〇一年七月七日對埃德瑞那・瑪奎索（Adriana Marquisio）進行的採訪。美國自來水工程公司在各處受到抵制的材料主要出自加拿大公務員工會二〇〇一年關於水利事業民營化的年度報告，題目是《美元與民主》（*Dollars and Democracy*）。威斯康辛州對沛綠雅和水資源出口的反擊部分源於二〇〇〇年九月二十五日《時代》雜誌的報導。密西根公民護水組織對沛綠雅企業的抗爭部分，主要出自當地政府的通信記錄。而諮詢公司可能從原住民保留地取得水資源出口的報告是來自加拿大新聞社於二〇〇一年八月二十三日報導。

「水汙染」一節中，關於西方石油公司在哥倫比亞的營運部分出自伯克利「地下方案」組織於一九九八年發表的〈我們母親的血：烏瓦、西方石油公司與哥倫比亞石油工業〉（Blood of Our Mother: The U'wa People, Occidetal Petroleum and the Colombian Oil Industry）一文。達爾・華特森（Dale L. Watson）未發表的〈淡水與油田：水資源出口的結果」（Fresh Water Oil Fields: The Ultimate Bulk Water Export）一文描述亞伯達省居民對石油工業用大量的水對油井加壓所作的抗議。農藥行動網的出版物《全球反農藥運動》（*The Global Pesticide*）報導世界各地反對在農業使用農藥破壞水質的抗爭，刊於該組織的網站 www.panna.org。「水資源監護聯盟」對大養豬場的司法挑戰見二〇〇一年冬季的《動物福利研究所季刊》（*Animal Welfare Institute Quarterly*）。英屬哥倫比亞省甘露市爭取對自來水處理設施和衛生系統回歸公有的抗爭，見於加拿大公務員工會的年度報告〈美元與民主〉。

在「修復水系統」一節中，關於「生態信託」組織在凱特羅帕谷地區與艾斯拉人的合作、奧勒岡州的「雅柏蓋特合作組織」以及加州海福克鎮居民修復集水區的故事見於一九九七年秋季發表於《對光明的未來說「是」》（*Yes! A Journal of Positive Future*）雜誌的幾篇文章。緬因州爭取拆除水壩，讓肯納貝克河重新流動的運動見一九九九年七月二日的《渥太華公民報》（*Ottawa Citizen*）。由國際河流聯盟於一九九九年發表的羅瑞・龐廷葛（Lori Pottinger）的《河流監護人手冊：在南部非洲如何保護河流與集水處》（*River Keepers Handbooks: A Guide to Protecting Rivers and Catchments in Southern Africa*）描述南非「集水區社區」的組織情況。

「反建壩運動」一節中不少資料來自前面提到過的派屈克・麥卡利的〈意識流〉一文，特別是匈牙利反對在多瑙河上建壩與美國推動水壩「退役」運動等資料都出自於此。瓜地馬拉奇克索地區與泰國帕穆地區的反建壩抗爭見於國際河流聯盟發表的《世界河流綜述》第十五卷第六期（二〇〇〇年十二月）。

第九章　立場

儘管對書中關於水利事業民營化的大部分論點不敢苟同，我們還是讀了由安瑞爾・蒂納（Ariel Dinar）編輯、牛津大學出版社在二〇〇〇年出版的世界銀行《水價改革的政治經濟學》（*The Political Economy of Water Pricing Reforms*）一書。另一方面，我們在本章大量引用國際公務員聯合會及其出版物的觀點。大衛・霍爾發表在二〇〇一年的《公眾手中的水》就是一個很好的例子。《世界水觀察》雜誌曾刊登不少對民營化持正反兩面意見的文章，但不幸的是，這家雜誌已經停刊。菲律賓「大眾民主研究所」的艾瑞克・基特爾（Eric Gutierrez）一九九九年九月在英國召開的非政府組織「水支持公會」大會上發表的論文〈沸點：二十一世紀的用水安全〉（Boiling Point: Water Security in the 21th Century）展現良好的洞察力。

《渥太華公民報》的菲利普・李（Philip Lee）在二〇〇一年八月末發表解決水資源問題的辦法系列文章。約翰尼斯堡威特沃特斯蘭德大學的帕特里克・邦德，在二〇〇一年夏季寫了一篇優秀的文章，題目是「水的價值：人與環境基本需求的得失」（Valuing Water beyond 'Just Price It': Costs and Benefits for Basic Human and Environmental Needs）。我們這裡特別要感謝我們的同事、新德里科學技術與生態研究基金會的范達娜・席娃博士。她的許多書和文章對「公共財產」做了精闢的論述，例如她在一九九九年七月發表的文章「水政治：水是公共財產還是私有財產」（The Politics of Water: Water as Commons or Water as Private Property）就是一個很好的例子。

第十章　放眼未來

本章開頭的兩段詩篇之一是印度拯救那瑪達河運動的戰歌。派屈克・麥卡利聽到這首歌後，請人翻譯成英語，收入發表在一九九六年的《沉默的江河：水壩生態學與政治》一書。我們向我們的同事，位於義大利的「水宣言運動」（Wateer Manifesto Project）的里卡多・彼得雷拉表示最深切的謝意，他為了保持公眾對水利系統的控制進行努力，這裡我們特別要指出他在二〇〇一年出版的新書《水宣言：關於世界水合約的辯論》（*The*

Water Manifesto: Arguments for a World Water Contract）。珊德拉・波斯特爾在世界觀察研究所《一九九六年世界現狀》中的文章也很精彩，文章的題目是〈制定可持續的水戰略〉（Forging a Sustainable Water Strategy）。太平洋研究所的彼得・葛雷克、加利・沃爾夫、伊麗莎白・查勒基（Elizabeth Chalecki）、雷切爾・雷耶絲（Rachel Reyes）起草一篇重要的報告（尚未發表），題目是《新水資源經濟學》（*The New Economy of Water*）。我們為有機會先睹為快，向他們表示感謝。

地球之友在許多國家都深深參與當地尋求解決水資源危機問題的努力，我們對他們的傑出研究表示感謝。世界資源研究所在二〇〇一年製作、由美國公共廣播系統評論員比爾・芒耶斯（Bill Moyers）主持的影片《處於邊緣的地球》（*Earth on Edge*）為解決南非的水資源危機問題提供優秀的素材。我們在本章還引用二〇〇〇年三月在尼泊爾加德滿都舉行的關於小農經營的國際講座會議錄，題目是〈農民管理的灌溉系統面臨的挑戰〉（Challenges to Farmer Managed Irrigation Systems）。

令我們驚訝的是，一九九九年由世界銀行與聯合國發展組織共同發表的一篇《從實踐中總結》（*Learning What Works*）的報告，對耗資巨大的專案提出強烈的批評，同時提倡使用較低技術和鞏固社區對水資源的控制。最後，我們感謝美國國會正努力通過立法，停止國際貨幣基金組織和世界銀行等大力推行水利事業民營化的政策。

致台灣讀者

自從《水資源戰爭》在十年前出版之後，世界水資源危機便日益嚴重。很明顯的，世界上許多地方都出現缺水的現象。二〇一〇年九月，荷蘭烏特勒支（Utrecht University）大學的畢爾肯斯教授（Marc Bierkens）在一項跨國的全球地下水抽取報告中指出，人類抽取地下水的速度正在急速成長，而這將對世界上一些主要的農業中心造成嚴重的影響，受害地區包括印度西北部、中國東北地區、巴基斯坦東北部、澳洲、以及美國西南部。畢爾肯斯表示，人類抽取地下水的量已經多到可以讓海平面上升，事實上，每年海平面上升的二十五％正是人類抽取並使用地下水後流入海中所致。

根據美國智庫太平洋研究機構的報告，全球每天製造出的家庭、工業、與農業廢水高達兩百萬噸，相當於全世界六十八億人口的體重總和。全球每年排放的廢水總量，大約是全世界河流水量的六倍。二〇一〇年十月，麥迪遜大學的麥尹泰爾（Peter McIntyre）和紐約城市大學的伏羅斯馬地（Charles Vorosmarty）發表一項關於世界河流的研究報告，他們指出，全世界有將近八〇%的河川因為汙染、過度取水以及築壩而嚴重受創，更有五十億人口的水源安全因此受到威脅。二〇〇九年，世界銀行成員之一的國際融資公司（它的主要經濟支柱來自幾家大型自來水公司），提出報告並做出以下的預測：二〇三〇年的全球水需求總量將會比總供給量還要高出四〇%。這項研究特別點出中國與印度，認為這兩個地區的水需求量將會嚴重超過供給量。

這一切都在預料之中，過去十年裡，稀有的世界水資源供給逐漸萎縮，而與水資源有關的衝突事件也日益頻繁。衝突的模式有好幾種。其中一類衝突是由於缺水的大型城市與其周遭鄉鎮和原住民社區相互競爭用水；因為巨型城市急需開發新的水源，強行霸占鄰近郊區農民和部落的水源情況便時有所聞。另一類衝突存在於河川上游與下游使用者之間，或者來自於某些國家以其較優越的武力和科技強行抽取原本應該是多個國家共享的地下水資源或冰川融水源。第三類衝突則是起因於某些國家為了因應未來可能出現的乾旱，便透過避險基金來購買其他國家的土地或水資源使用權。光是在非洲，就有超過英國兩倍大的土地已經被外國和私人買家買走。

在過去十年中，關於水資源到底是私有財、公共信託，或甚至是基本人權的爭論才正開始白熱化。在北半球，一直有一股相當一致的聲浪在反對瓶裝水的商業銷售行為，社運人士和公共自來水系統的捍衛者都認為，自來水其實才是比較安全且受到較多控制的水源；相較之下，每年製造出的數十億瓶裝水垃圾則留下了不堪入目的水足跡與能源足跡，更別說瓶裝水的銷售將會導致水資源的商業化和民營化。至於南半球，我們必須承認有許多國家仍然無法提供潔淨的自來水，而瓶裝水也只有少數的富人才負擔得起。根據二〇一〇年的一項聯合國調查，南半球每三點五秒就有一名孩童死於腹瀉，而且情況並沒有出現任何改善。

此外，關於商業化自來水系統以及商業化廢水處理系統的爭論在許多地區也日趨激烈。雖然世界銀行一直主張要以民營自來水公司來取代對貧窮國家自來水系統的經費補助，但有許多地區和國家都認為這並不是對他們最有幫助的做法，並且已經將自來水系統重新收歸國有。世界各地的許多城市都要求蘇伊士集團和斐凡迪公司必須在合約結束後（有些甚至提前解約）離開他們的土地，包括美國喬治亞州的亞特蘭大、玻利維亞的拉巴斯、法國巴黎等城市都決定將自來水系統重新收回並改為國家管理。

在《水資源戰爭》出版後，世界出現一些不同的變化，其中較新的一項就是愈來愈蓬勃的水資源交易，也就是國家或州政府透過發行水證照來鼓勵水資源在市場上的交易。現在有愈來愈多國家都開始採行這項措施，例如德州的億萬富翁皮肯斯（T. Boone Pickens）就購買非常大量的奧加拉拉含水層；智利政府則舉行公開招標，讓國外的採礦業買下地方團體與農民在當地的使用水權利；另外，澳洲自一九九四起便開始透過水證照的制度推行水利事業民營化，在接下來的十年中，水價上漲將近一千倍。

另一方面，全球性的水資源正義風潮也在過去十年中不斷地成長擴散，在大多數國家中都找得到相互串聯的網絡（在某些區域，幾乎所有國家都參與這項串聯運動）。在二〇〇三年京都、二〇〇六年墨西哥市、以及二〇〇九年土耳其伊斯坦堡所召開的世界水資源論壇中，有愈來愈多的社運人士、環保人士和人權團體開始挑戰那些躲在暗處的企業權力掮客。在伊斯坦堡，人民團體們發表戴斯科托（Miguel d'Escoto Brockmann，第六十三屆聯合國大會主席）的一份公開信，信中批判世界水資源論壇的表裡不一：世界水資源論壇將自己偽裝成一場高峰會，並要求聯合國大會負責舉辦相關的會議活動，但實際上它卻是一場大型的交易秀。

在近幾年，人民團體獲得多次的勝利。許多城市和大學都宣稱自己不再使用瓶裝水。許多城市政府也已經取回自來水系統的操控權。很多團體也一直在打擊水資源交易，有些團體甚至已經成功地讓政府承認土地和地下水乃是一種「公共信託」（public trust），它屬於當地全體人民、屬於整個生態體系、屬於未來，任何有關它的所有權以及獲利交易都應該被禁止。

二〇一〇年七月，聯合國大會正式承認人類的飲水與公共衛生權利，這或許可以說是最大的一次勝利。在一百二十二個國家的贊成之下（四十一國棄權，沒有國家反對），世界各國共同宣示遵行這項承諾，從此之後，一段長遠的旅程就要展開，我們也將要逐步開始實行這個根本信諾：我們應該保障每一個人都能獲得生命中這項最基本的需求，沒有人應該為此而死。